湖北省学术著作
Hubei Special Funds for
Academic Publications
出版专项资金

司法改革背景下我国民事诉讼运行机制完善研究丛书／总主编　占善刚

民事诉讼听审请求权研究

倪培根　著

WUHAN UNIVERSITY PRESS
武汉大学出版社

图书在版编目(CIP)数据

民事诉讼听审请求权研究/倪培根著.—武汉：武汉大学出版社，
2020.12
司法改革背景下我国民事诉讼运行机制完善研究丛书/占善刚总主编
湖北省学术著作出版专项资金资助项目
ISBN 978-7-307-21817-8

Ⅰ.民…　Ⅱ.倪…　Ⅲ.民事诉讼—司法制度—研究—中国
Ⅳ.D925.104

中国版本图书馆 CIP 数据核字(2020)第 189101 号

责任编辑:张　欣　　责任校对:李孟潇　　版式设计:马　佳

出版发行:**武汉大学出版社**　　(430072　武昌　珞珈山)
（电子邮箱：cbs22@ whu.edu.cn　网址：www.wdp.com.cn）
印刷:武汉中远印务有限公司
开本:720×1000　1/16　印张:16　字数:228 千字　插页:2
版次:2020 年 12 月第 1 版　　2020 年 12 月第 1 次印刷
ISBN 978-7-307-21817-8　　定价:88.00 元

总　序

  民事诉讼乃为解决民事纠纷而设的司法程序。为妥当地解决民事纠纷，在民事诉讼运行的不同阶段，除应恪守各自固有的程序规范外，更应自觉遵循民事诉讼的基本原理。各国民事诉讼立法虽然具有各自不同的具体程序设计，但蕴含的基本法理是共通的。譬如，各国民事诉讼立法殆皆将处分权主义、辩论主义奉为民事诉讼运行的圭臬，将直接原则、言辞原则立为民事诉讼程序展开的基石。

  自 1999 年最高人民法院颁行第一个司法改革五年纲要迄今，中国的司法改革已推行二十余载。从最初的民事审判方式改进、举证责任的落实到近来的互联网法院、诉讼电子化，我国民事诉讼总体上已由职权主义转向当事人主义。在民事诉讼运行中，体认并遵守处分权主义、辩论主义的本旨，明了并贯彻直接原则、言辞原则的要义已成为我国民事诉讼学者与法律职业共同体的共同鹄的。在当前司法改革的大背景下，立足于立法论及解释论，进一步探究民事诉讼运行的基本法理，并就我国民事诉讼运行机制的完善提出科学的学术方案是吾人责无旁贷之职责。受湖北省学术著作出版专项资金项目资助，笔者主持完成的《司法改革背景下我国民事诉讼运行机制完善研究丛书》正是因循这一思路的学术成果。

  《司法改革背景下我国民事诉讼运行机制完善研究丛书》以民事诉讼运行原理与我国民事诉讼运行机制的完善为立论基点，分别研究了民事诉讼运行的内在机理及各具体制度良性运作应有的逻辑起点与妥当路径。本丛书共计九册，具体如下：

  1. 占善刚博士的《民事诉讼运行的内在机理研究》以程序的整体推进为视角，对民事诉讼运行应遵循的基本法理做了深入的比较法研究；

2. 刘显鹏博士的《民事证明制度改革的架构与径路研究》宏观分析了我国民事诉讼证明制度存在的问题，指出了我国民事证明制度应有的改革方向；

3. 朱建敏博士的《民事诉讼请求研究》厘定了我国民事诉讼请求的特有意涵，探讨了诉讼请求与诉讼标的在规范层面与实务中的不同功能；

4. 杨瑜娴博士的《民事诉讼鉴定费用制度研究》阐释了民事诉讼鉴定费用的性质、构成及给付路径，提出了完善我国民事诉讼鉴定费用制度的建议；

5. 刘丹博士的《民事诉讼主张制度研究》以主张内涵的界定为逻辑起点，缕析了民事诉讼中主张的类型及机能，提出了完善我国主张制度的建议；

6. 郝晶晶博士的《民事诉讼身份关系案件审理程序研究》立足于身份关系诉讼与财产关系诉讼之二元论，讨论了如何科学设计民事诉讼身份关系案件审理程序；

7. 刘芳博士的《民事诉讼担保制度研究》全面梳理了诉讼担保的性质、特征、类型，指出了完善我国民事诉讼担保制度的建议；

8. 黄鑫森博士的《民事诉讼发回重审制度研究》以发回重审与程序违法之关系为主线，探讨了构成发回重审事由的条件，界分了发回重审事由的类型；

9. 倪培根博士的《民事诉讼听审请求权研究》阐明了听审请求权在民事诉讼中的确立依据，在我国民事诉讼规范中的体现以及未来的改进方向。

需要特别提及的是，《司法改革背景下我国民事诉讼运行机制完善研究丛书》从最初的项目策划到最后的顺利付梓都倾注了武汉大学出版社张欣老师的心血，没有他的辛苦付出，丛书的面市断无可能。在此对张欣老师表示最真挚的谢意！

占善刚

2020 年 1 月 1 日

于武汉大学珞珈山

目　录

引　言

一、问题的提出

在我国，法学界自 20 世纪 90 年代开始重视并提出程序保障理念。[①] 此后 30 多年的时间里，诉讼法学者对程序正义展开了积极而深入的讨论，使得程序保障理念业已深入人心，并成为架构民事诉讼程序的指导原则。[②] 作为程序保障理念中最重要、最核心的内容，听审请求权保障往往被作为衡量诉讼制度是否满足程序保障要求的重要指标。[③] 所谓听审请求权，是指当事人在诉讼中就裁判重要事项享有陈述意见的权利。与之相应，受诉法院则应认真听取当事人陈述的意见，并对其意见予以斟酌和权衡。[④] 它被视为民事诉讼中最重要的程序法原则，构成了法治国家程序规范中不可或缺的部分。[⑤] 中共十八届四中全会明确指出，要"加强人权司法保障，强化诉讼过程中当事人和其他诉讼参与人的知情权、陈述权、辩护

---

① 参见季卫东：《法律程序的意义——对中国法制建设的另一种思考》，载《中国社会科学》1993 年第 1 期。

② 参见段文波：《程序保障第三波的理论解析与制度安排》，载《法制与社会发展》2015 年第 2 期。

③ 参见[日]谷口安平：《程序的正义与诉讼（增补本）》，王亚新、刘荣军等译，中国政法大学出版社 2002 年版，第 11 页。

④ 参见 St. Rspr.；vgl. nur BVerfG NJW 1983, 2762(2763)；BVerfGE 59, 330 = NJW 1982, 635；BVerfGE 60, 1 = NJW 1982, 1453；BVerfGE 66, 260；BVerfGE 69, 145 = NJW 1985, 1150；BVerfGE 69, 141 = NJW 1986, 833。

⑤ 参见[德]奥特马·尧厄尼希：《德国民事诉讼法》，周翠译，法律出版社 2003 年版，第 159 页。

辩论权、申请权、申诉权的制度保障"。其中，知情权、陈述权以及辩论权均属于听审请求权的具体内容。可见，我国政治决策层已经意识到听审请求权保障的重要意义，并开始着力推进民事诉讼程序的改革。但问题的关键在于，如何在民事诉讼中具体落实听审请求权保障原则。

在法治发达国家，听审请求权往往被明确写入宪法文本或宪法性文件，成为一项具有最高法律位阶的程序基本权。由于基本权利既是一种客观价值秩序又是一项公民享有的主观权利，因此听审请求权同样具有程序法基本原则和程序性权利两种面向。与两种面向相对应，听审请求权又具有不同的功能和实现路径。在客观面向，它对民事诉讼程序的架构发挥着立法指引和合宪性解释的功能，并按照比例原则协调其与其他程序法原则的关系；在主观面向，它赋予公民个人以受益权和防御权，使其能直接要求受诉法院为或不为一定行为，并在权利受损时启动救济程序排除不法侵害。事实上，这两种路径也为听审请求权的实现提供了一个完备而周密的保障体系。首先，立法机关在法律层面设立具体的诉讼制度，明确听审请求权的基本内容和法院负有的保障义务；其次，如出现法律规定漏洞或冲突的时候，作为程序法原则，听审请求权可直接适用到司法裁判中，发挥"拾遗补缺"的作用；最后，在具体案件中，如果受诉法院因疏忽或故意未履行相关义务，违反相关法律规范，当事人可行使防御权，通过启动救济程序间接实现听审请求权的内容。可见，听审请求权通过自身主、客观功能的发挥，能为当事人参与诉讼并发表意见提供一个完整的保障"链条"。

但反观我国，学术界对听审请求权的双重面向及其在不同面向的实现路径的探讨不深，仅在一般意义上倡导民事诉讼对听审请求权保障理念的贯彻，或在论述程序保障对确保审判正当性的重要作用时，附带提及听审请求权保障的内容。这种研究进路虽然有利于我国法治建设事业的进步，但欠缺对听审请求权具体实现路径的细致分析，令崇高的学术思想始终不能转化为具有可操作性的理论工具，无法为我国立法者和司法机关提供有效的指引。一方面，从我国法律规定看，既有诉讼制度在对听审请求权保障理念的贯彻时，并没有满足及时性、平等性和充分性的要求，也没有协调好该原则与其他程序法原则的冲突关系，令我国民事诉讼程序难以得到良性运转；[①] 另一方面，我国民事诉讼也没有为当事人提供完备的救济途径，令其难以有效发挥听审请求权的防御权功能，实践中的"粗疏"送达、选择性说理、突袭裁判等侵犯听审请求权的现象也难被治愈。

鉴于此，本书将对听审请求权的双重面向、主客观功能及其实现路径进行深入分析，总结出听审请求权在不同实现路径中应遵循的基本规律，并以此为理论工具检视我国民事听审请求权的保障现状，并在考察我国听审请求权保障不足的成因后，结合相关法律制度提出有针对性和可行性的完善建议。

二、研究意义

（一）现实意义

我国尽管在程序保障理念及其具体制度构建上曾经存在一些不足，但自改革开放以来，完善法治建设和发展市场经济便被确定为一项不可动摇的奋斗目标。[②] 在此目标的指引下，我国政治、经济体制改革确实取得了显著成绩，尤其是中共十八大召开以后，法治建设步伐明显加快。这主要体现为，政治决策层作出"推动法治中国建设"的决议，并相继出台一系列旨在落实该项决议的改革措施。在众多改革举措中，建设公正、高效、权威的社会主义司法制度，无疑是最引人注目的。原因是，作为解决社会纠纷的主要方式，司法制度与人们的切身利益息息相关，而构建公正、高效、权威的司法制度，也是普通民众最乐见其成的一项改革构想。

但是，若要实现这一美好的构想只凭抽象意义上的政治倡导尚不足够。因为，政治层面的改革决策仅为民众勾勒了权利的蓝图，

---

① 参见段文波：《程序保障第三波的理论解析与制度安排》，载《法制与社会发展》2015 年第 2 期。

② 参见王亚新：《民事诉讼中的依法审判原则和程序保障》，载《社会变革中的民事诉讼》，北京大学出版社 2014 年版，第 41 页。

唯在程序保障理念的指导下完善具体诉讼制度，才能真正将公民的权利落到实处。① 也唯有如此，才能实现"让人民群众在每一个司法案件中都感受到公平正义"的政治承诺。可见，具体落实程序正义理念，对于当今中国法治建设的全面深化和迅速推进发挥着至关重要的作用。

　　听审请求权所要解决的核心命题是，如何切实保障可能因裁判结果蒙受不利益的人，能够得到参加诉讼的机会，并提出自己的事实主张和证据资料以及反驳对方的主张与证据，进而实质影响法官的裁判行为。基于这一命题，听审请求权衍生出了受通知权、陈述权、意见审酌请求权以及突袭裁判禁止请求权等一系列具体权利。② 这些具体权利既统合在听审请求权这一总括性概念之下，具有极强的凝聚力；又散布于审判程序的各个环节，发挥着各自不可替代的功能，从而避免程序正义理念流于空洞化和口号化，最终保障当事人具有参与程序的机会和影响裁判的可能。从这种角度看，听审请求权本身就肩负着程序正义理念在诉讼程序中之具体化的使命。听审请求权所具有的这种特质，又恰好契合了当下中国法治建设不断深化的社会背景和公众对公正司法的正当需求，因此，对听审请求权如何实现这一课题进行研究，具有极强的现实意义。

　　(二) 理论意义

　　听审请求权保障还具有重要的理论意义。这主要体现在其在论证审判正当性过程中所扮演的重要角色。在我国，一种比较盛行的惯性思维是，仅从裁判结果正确与否的角度论证审判正当性。它在我国法条中的经典表达是，"以事实为依据、以法律为准绳"。事实上，这种论证思路存在一些问题。一方面，案件事实认定有很大的不确定性，无论多么精密的评价规则和制度措施，也无论多么高超的认知能力，都不能绝对保证法官在还原过去事实的过程中不出

---

① 参见樊崇义：《正当程序断想》，载樊崇义主编：《诉讼法学研究 (第六卷)》，中国检察出版社 2003 年版，第 7~8 页。

② 参见沈冠伶：《诉讼权保障与裁判外纠纷处理》，北京大学出版社 2008 年版，第 13~20 页。

差错，这一点只需联系证人可靠性审查的复杂程度即可明白；另一方面，法律适用也非常有主观色彩，每个法官在适用法律审理案件时，都会对法律条文进行选择、解读甚至续造，其结果妥当与否又与法官个人的知识、见闻以及经验存在密切关联，因此，殊难保证个案法官的裁判就一定具有准确性或妥当性，尤其在我国法官法律素养和职业能力尚有待提升的今天，更是如此。更重要的是，裁判结果的准确性，并不等于审判正当性。要知道，裁判结果最终是由诉讼当事人承担的，因此，诉讼裁判正当与否需由诉讼当事人评价，也应由其评价，否则，"胜败皆服"的司法愿景就只能沦为理论家所遐想的"空中楼阁"。如此一来，审判正当性问题在很大程度上便转化为当事人对裁判结果的可接受性问题。

　　基于此，富勒提出了著名的"诉讼参加命题"，即，在为达到具有拘束力的决定设计的种种法律制度中，利害关系人的参加是最足以表现司法典型性特征的。① 富勒命题揭示了一条非常重要的程序法原理，即当事人享有程序参与权（与听审权的意涵一致），是审判正当性的重要保证。美国学者基于实证研究得出的结论，也有力印证了该理论的正确性和重要性。该研究结果表明，一个人如果在涉及其利益的判决作出前，不能向法官提出自己的主张，并对裁判依据的事实进行证明，或与对方当事人进行辩论的话，就会产生强烈的不公正感，这种感觉源于他的意见没有得到法官重视，他的道德主体地位遭到了法官的否定，他的人格尊严受到了贬损。② 反之，一旦当事人的听审请求权在诉讼中得到应有的保障，其必须接受由此产生的裁判结果，哪怕这一结果对其不利，理由是，他已在诉讼中实施了充分的攻击防御行为，而这种自我行为所带来的结果也自然由其承担。这并不是说，只要让当事人在事实上接受了裁判结果，该裁判便具备正当性基础，而诉讼结果本身是否具有准确性

---

　　① 参见 Lon L. Fuller, The Forms and Limits of Adjudication, 92 Harv. L. Rev. 353(1978)。

　　② 参见 Michael. Bayles, Principles for Legal Procedure, Law and Philosophy, D. Reidel Publishing Company, 1986, p. 36。

就在所不问了。恰恰相反，"如果当事人在司法程序中提供证据、进行辩论，这更有利于事实的'重现'以及适用正确的法律，从而得到正确的结果（如果法律本身是良法的话）"。① 换言之，充分保障当事人的听审请求权，实则更有利于提升裁判结果的准确性。

在现代型诉讼中，听审请求权保障对审判正当性发挥的作用更加重要。随着社会经济、政治的快速发展，群体性案件开始涌现，同一或同因的侵权行为引发的不特定多数人受害现象，已成为当今社会冲突的一个主要表现形式。② 这类纠纷主要涉及环境污染、产品侵权、不正当竞争、证券欺诈等领域。由于群体性纠纷涉及的利害关系或利益分布带有集团性或扩散性特点，并且牵涉的人数往往众多，因此，以"两造对抗"为典型特征的传统诉讼模式很难满足大规模侵权案件中的权利救济需求。对此，各国纷纷创制了集团诉讼、团体诉讼、示范诉讼等现代型诉讼模式。③ 在一些现代型民事诉讼中，由于审判对象是在社会变革和发展中萌生的新权益，法官在处理这类案件时并无既定的实体法规范可供遵循，难以像传统型诉讼那样，从"依法审判"的角度寻求审判的正当性依据。此际，在寻求这类诉讼审判正当性依据的过程中，凸显当事人主体地位的听审请求权具有更为重要的意义。这一点从实体法基准本就十分模糊、正当程序观念却十分发达的英美法国家即可看出。当然，即便没有完备的实体法规范，或没有清楚、完整的实体法规范，法院也无需放弃"依法审判"的司法理念，因为，人们依旧希望法官不是基于个人偏好或利益独断专行，而是立足具体案情寻求甚至创造客观的规则，以妥当地解决纠纷。而这类规则，只有通过当事人双方积极提供主张和证据，并与法官展开充分而认真的对话这一透明的程序过程，才能逐渐形成并获得客观性。这便是现代型诉讼之审判

---

① R. S. Summers, Evaluating and Improving Legal Process-A Plea for "process Values", 60 Cornell L. Rev. 20(1974).

② 参见张卫平：《程序公正实现中的冲突与衡平》，成都出版社1993年版，第145页。

③ 参见范愉：《集团诉讼问题研究》，北京大学出版社2005年版，第12页。

结果，通过当事人实质参与的诉讼程序获得正当化的基础所在。①
总而言之，在实体正义相对模糊、纠纷解决涉及的利害关系愈加复
杂之当下社会，程序正义尤其是程序保障理念，将会在固有重要性
的基础上产生更加重要的理论价值。而作为程序保障理论中最为核
心的内容，听审请求权应当也需要引起法学研究者更大程度的
关注。

三、研究现状

(一) 国外研究状况

自 20 世纪中叶开始，听审请求权在世界范围内引发了宪法化、
国际化浪潮。此后，听审请求权逐步成为国际社会公认的一项程序
性基本权利。许多国家纷纷将其纳入本国宪法文本之中，并通过一
系列法律制度保障实施。国外对于听审请求权的研究已非常深入，
内容涉及其理论根据、基本内容、主客观面向，基本功能及实现路
径等方面。

1. 关于听审请求权的理论依据

在大陆法系，有学者认为，听审请求权的理论根据在于排除司
法裁判错误和追求诉讼效率。② 也有学者将言词辩论主义、平等原
则、司法保障、实质正义等理论作为听审请求权的创设依据。③ 还
有学者认为，法律上承认听审请求权原则的理由主要在于人性尊
严、法治国原则以及事实理清的必要。④ 不过，主流观点一般认

---

① 参见[日]谷口安平：《程序的正义与诉讼(增补本)》，王亚新、刘荣
军等译，中国政法大学出版社 2002 年版，第 19~21 页。

② 参见 Wolf, Rechtliches Gehör und die Beteiligung Dritter am Rechtsstreit,
JZ 1971, 406 f.

③ 参见 Rueping, Der Grundsatz des rechtlichen Gehörs und seine Bedeutung
im Strafverfahren, 1976, s. 112 ff.

④ 参见 Kenneweg, Darstellung und Kritische Würdigung der Rechtsprechung
zum Grundsatz des Rechtlichen Gehörs unter Besonderer Berücksichtigung
Verfassungsrechtlicher Gesichtspunkte, Diss. Münster, 1967, S. 20。

为，听审请求权的理论依据是法治国家原则和人性尊严的尊重与保护。① 与大陆法系学者不同，英美法系学者主要是在"自然正义"、"正当法律程序"观念的指引下，对听审请求权展开研究。英国人根据自然正义法则的第二个要求发展出听审请求权保障原则，即"当事人具有陈述意见和被倾听的权利"。随着自然正义理论的不断发展，听审请求权将受通知权和裁判说理也纳入了自己的概念范畴。② 美国学者认为，听审请求权保障的理论依据是程序性正当法律程序原则。③ 在他们看来，保障当事人的听审请求权是正当程序原则的基本要求。④ 对此，司法实务界也表示赞同。⑤

2. 关于听审请求权的基本内容

大陆法系学者认为，听审请求权一般包括三方面内容：（1）资讯请求权，即当事人具有知悉诉讼系属、对方陈述内容以及案卷材料的权利；（2）陈述权，即当事人具有在法院面前陈述观点的权利，特别是其对事实和法律上的重要事项发表看法的权利；（3）法院的知悉、考量义务，即法院对当事人提出的事实主张、证据资料

---

① 参见 Rosenberg/Schwab/Gottwald, Zivilprozesssrecht, 16. Aufl. Müchen 2004, §82. Rnd. 1；另见姜世明：《民事程序法之发展与宪法原则》，台湾元照出版有限公司 2003 年版，第 29 页。

② 参见任凡：《听审请求权保障研究》，法律出版社 2011 年版，第 110~112 页。

③ 在美国，正当法律程序又存在实体性正当程序与程序性正当程序之分。与后者不同，前者是指，政府所制定的法律应该正当合理，而且应有适当理由足以正当化其剥夺相对人生命、自由以及财产的行为。详见史庆璞：《美国宪法理论与实务》，台湾三民书局股份有限公司 2007 年版，第 253 页。

④ ［美］斯蒂文·N. 苏本等：《民事诉讼法——原理、实务与运作环境》，傅郁林等译，中国政法大学出版社 2004 年版，第 23 页。

⑤ "程序性正当程序的实质，是当事人应当被给予通知和被听审的机会。" Twining v. New Jersey, 211 U. S. 78, 110-11, 29 S. Ct. 14, 24, 53 L. Ed. 97 (1908); Baldwin v. Hale, 68 U. S. 223, 17 L. Ed. 531 (1864); 参见 also Cleveland Bd. of Educ. v. Loudermill, 470 U. S. 534, 105 S. Ct. 1487, 1493, 84 L. Ed. 2d 494 (1985).

和法律意见负有审酌义务。① 此外，大陆法系学者将突袭裁判之禁止也放在听审请求权的学术脉络中阐释②，实务界也常从反面审查的角度，通过宣告判决违反突袭裁判禁止要求来达到正面保障当事人听审请求权的积极目的。③ 也就是说，听审请求权还包括突袭裁判禁止请求权这一内容。而英美法系学者认为，听审请求权包括十方面内容：（1）获取适当通知的权利；（2）获得法院听取其意见的机会；（3）提交证据资料的权利；（4）与对方证人对质的权利；（5）对证据进行交叉质证的权利；（6）披露全部不利证据的权利；（7）向法院申请律师帮助的权利；（8）裁判的事实基础必须是当事人在庭审过程中提出的证据；（9）裁判者必须在判决书中公开裁判理由；（10）获得一个公正裁决者的权利。④

3. 关于听审请求权的双重面向

德国有学者指出，虽然《基本法》第 103 条第 1 款中的听审请求权，属于确保裁判正当性的一种客观程序法原则；但它不仅属于一种客观法律规范，也具有个人主观权利的性质。⑤ 在客观面向，德国学者指出，明确听审请求权作为客观法律原则的性质，不仅是为了表现听审请求权保障理念具有的一般性，而且是为了显示其法

---

① 参见 Radtke/Hagemeier/Epping/Hillgruber, BeckOK Grundgesetz, Verlag C. H. Beck, 33. Edition, Stand：01. 03. 2015，§103 Rn. 6-14；［日］本间靖规：《上告理由と手続保障——ドイツの議論を参考にして》，《手続保障論集》，株式会社信山社発行所 2015 年（平成二十七年）版，第 614 页。

② 有观点指出，"突袭性裁判之禁止是基本法第 103 条第 1 款之听审请求权保障作用的结果"，"至少自 1949 年基本法生效以来，突袭性裁判就注定与民事诉讼法 139 条以及民事诉讼法的基本原则不符"。BGH NJW 1980, 1794.

③ BGH MDR 1999，247.

④ 参见［美］迈克尔·D. 贝勒斯：《程序正义——向个人的分配》，邓海平译，高等教育出版社 2005 年版，第 49 页；［美］约翰·V. 奥尔特：《正当法律程序简史》，杨成明、陈霜玲译，商务印书馆 2006 年版，第 65 页。

⑤ 参见 Keidel, Der Grundsatz des rechtlichen Gehörs im Verfahren der Freiwilligen Gerichtsbarkeit, 1964, S. 35 ff.

律评价规范的意涵。① 在美国，法院向当事人提供通知和被听审的机会，是正当程序原则对法院行使审判权作出的一种合理限制。如果当事人在诉讼中并未获得这种机会，法院所作裁判将会受到间接攻击而归于无效。② 换言之，听审请求权被当做一种法律评价标准，用来衡量司法程序的正当与否。在主观面向，听审请求权是当事人个人享有的一项程序性权利。因此，在受诉法院违反程序法规定，对当事人听审请求权造成侵犯时，法律应为受害人提供救济权利的机会和路径。③

4. 关于听审请求权的基本功能

在客观面向，听审请求权具有立法指导和司法解释依据两种功能。首先，立法者在建构民事诉讼制度时，需以听审请求权保障原则为标准约束自身职权行为，使之符合其基本要求；④ 其次，在作为法解释依据时，听审请求权将影响甚至决定具体法律规范的含义阐释，并需要根据《基本法》第 103 条第 1 款规定检视下位阶之程序法规定是否满足其基本要求。⑤ 此外，法官所主导的民事审判程序，也必须受到这一程序法原则的拘束。⑥ 在主观面向，听审请求权主要发挥防御权功能。有学者指出，德国 1949 年《基本法》第

---

①　参见 Kenneweg, Darstellung und Kritische Würdigung der Rechtsprechung zum Grundsatz des Rechtlichen Gehörs unter Besonderer Berücksichtigung Verfassungsrechtlicher Gesichtspunkte, Diss. Münster, 1967, S. 14。

②　参见 Smith v. U. S. , 403F. 2d 448 (7th Cir. 1968). See also Wuchter v. Pizzutti, 276 U. S. 13, 48 S. Ct. 259, 72L. Ed. 446(1928)。

③　参见 Keidel, Der Grundsatz des rechtlichen Gehörs im Verfahren der Freiwilligen Gerichtsbarkeit, 1964, S. 5 ff。

④　参见 Knemeyer, Rechtliches Gehör im Gerichtsverfahren, in: Josef Isensee/Paul Kirchhof (Hrsg.), Handbuch des Staatrechts, BandVI, 1989, §155, Rn. 20。

⑤　参见 Knemeyer, Rechtliches Gehör im Gerichtsverfahren, in: Josef Isensee/Paul Kirchhof (Hrsg.), Handbuch des Staatrechts, BandVI, 1989, §155, Rn. 23。

⑥　参见[日]松本博之、今井貴:《民事訴訟法の立法史と解釈学》，信山社株式会社发行所 2015 年(平成二十七年)版，第 249 页。

103 条第 1 款将听审请求权纳入宪法规范的立法行为，使原本只有客观规范功能的听审请求权同时具备了主观权利功能，因为，作为一项基本权利，听审请求权不仅构成了诉讼程序的建构依据和运行基础，也能够在个案中发挥保护个人权益的作用。① 这种作用具体体现为，在听审请求权受到侵犯时，当事人以此启动诉讼救济程序救济其合法权益。

5. 关于听审请求权的实现路径

在客观面向，一来，立法者需依据听审请求权保障原则建构民事诉讼制度，并根据比例原则协调其与其他程序法原则的冲突；二来，司法者在出现法律漏洞或冲突时，可以直接运用听审请求权保障原则裁判案件②，以弥补成文法的不足。③ 但是，听审请求权在发挥其法解释功能的过程中，应注意不同法益之间的衡平。④ 无论在大法系还是在英美法系，法院依据听审请求权保障原则裁判案件时，均奉行"两害相权取其轻"的逻辑，并遵循"手段适于法律目的"的必要性要求。在主观面向，听审请求权防御权功能的发挥遵从着"权利—救济"的路径。循此路径，听审请求权受损的当事人或其他诉讼参加人，可通过国家预先设计的法律路径来维护或实现其合法权益。

(二) 国内研究现状

我国台湾地区诉讼法学者对听审请求权问题的关注较早，研究成果也相对丰富。姜世明教授的《民事程序法之发展与宪法原则》(台湾元照出版有限公司 2003 年版)一书，对听审请求权的宪法属性、基本内容、理论基础和相关法律制度进行了系统性论述。沈冠

---

① 参见 Klaus Stern, Das Staatsrechtdes Bundesrepublik Deutschlands, Band III/I, 1988, S. 986 ff。

② 参见[日]中野贞一郎：《民事裁判と憲法》，《講座民事訴訟法》1984年(昭和五十九年)，第 12 页。

③ 参见[日]新堂幸司：《新民事诉讼法》，林剑锋译，法律出版社第 2008 年版，第 90 页。

④ 参见 Morrissey v. Brewer, 408 U. S. 471, 481, 92 S. Ct. 2593, 2600, 33 L. Ed. 2d 484(1972)。

伶教授的《诉讼权保障与裁判外纷争处理》(北京大学出版社 2008 年版)一书,对听审请求权在大陆法系理论中的基本内涵、具体制度及保障现状进行了详细介绍。邱联恭教授的《程序制度机能论》(台湾三民书局 1992 年版)一书,不仅论述了程序保障与听审请求权的关系,也对听审请求权在不同程序中的实现提出了一般性要求。邱联恭教授的《诉讼法理与非讼法理之交错适用》(《民事诉讼法之研讨(四)》)和沈冠伶教授的《新世纪民事程序法制之程序正义:以民事诉讼及家事程序为中心》(《台大法学论丛》2012 年第 41 卷特刊)两篇文章,对我国台湾地区非讼程序中的听审请求权保障问题进行了论述。许士宦教授的《民事诉讼之程序权保障:以通常诉讼程序当事人之程序权为中心》(《台大法学论丛》2009 年第 4 期)一文,对近年来我国台湾地区家事审判制度对听审请求权保障理念的贯彻与发展进行了评析。魏大喨教授的《诉讼基本权在民事诉讼法之实现》(《月旦法学杂志》2004 年第 105 期)和魏伶娟教授的《听审侵害案件于民事诉讼程序之救济——从德国经验谈起》(《东海大学法学研究》2015 年第 45 期)两篇文章,分别就听审请求权在不同面向的实现方式进行了不同程度的论述。

　　虽然我国大陆地区诉讼法学者对听审请求权的关注较晚,但已经产生了一系列研究成果。江伟教授主编的《民事诉讼法专论》(中国人民大学出版社 2005 年版)一书在论述民事诉讼法与宪法的关系一节中便对听审请求权有所提及;刘敏教授的《裁判请求权研究——民事诉讼的宪法理念》(中国人民大学出版社 1999 年版)一书,对听审请求权与公正程序请求权的关系进行了阐述,其《论民事诉讼当事人听审请求权》(《法律科学》2008 年第 6 期)一文,则侧重论述了听审请求权在民事诉讼中的保障问题;邵明教授在《民事诉讼程序参与原则》(《法学家》2009 年第 3 期)一文中,详细阐释了听审请求权的程序法原则性质;侍东波博士的《程序参与及其保障》(中国政法大学 2005 年博士学位论文)一文,对程序参与权与听审请求权的区别、程序参与权对程序正义的重要意义及相关具体制度的展开进行了论述;蓝冰博士的《德国民事法定听审请求权研究》(西南政法大学 2008 年博士学位论文)一文,着重介绍了德国听审请求权的概念、理论基础及制度保障，并对听审请求权在我国的宪法化路径和在民事诉讼中的制度构建提供了建设性方案；任凡的《听审请求权研究》（法律出版社2011年版）一书，对听审请求权的意义、理论基础、保障机制进行了阐述，并针对我国听审请求权保障的不足提出了完善建议。

通过梳理国内文献可以发现：我国民诉法学界对听审请求权已有所关注，并发表了一些比较有分量的书籍与学术文章，这为后来者从事本领域的研究打下了良好基础。虽然这些研究极大提升了该领域的研究水准，但是进一步提升的空间却依然存在。

首先，在研究视野上，既有研究多侧重于介绍大陆法系国家尤其是德国的理论、制度与实践，却很少考察英美法系国家的相关理论、制度与实践，这种研究视野上的局限，很容易导致学者们认为我国唯有效仿德国才能对听审请求权进行有效的保障。这种研究进路与结论，并没有遵循比较法研究的应有规范，也缺乏足够说服力，因为，它自觉不自觉地屏蔽了其他国家的制度安排，无法兼顾各国在奉行同一价值下的制度差异和个性选择。

其次，在研究内容上，以往研究大多停留在对听审请求权的概念意涵、理论基础、具体制度进行一般性的引介层面，很少论及其所具有的双重属性、功能面向、建构原理及在不同诉讼程序中的实现路径等问题。因此，听审请求权所肩负的程序正义理念具体化之学术使命，难以通过具有可操作的理论工具予以实现。对我国而言，无论听审请求权"形塑"的外国法律制度有多么完美，也无论其承载的法律价值何其重要，终究只是"镜中花、水中月"，不能为我所用。

最后，在研究方法上，以往学术著作仅通过法律文本的简单比对，就立刻得出我国对听审请求权保障不足的结论，进而提出一整套制度引进的"整治"方案。事实上，这种研究方法既没有深入分析我国现行法规定，也没有细致考察司法实践中存在的现实问题，其结果是，我国关于听审请求权保障的既有法律条文被不当忽视甚至完全抛弃，实践中的问题本质及形成原因也无法被"查证"清楚。因此，这种研究方法就我国听审请求权保障不足问题提出的"整治"方案，往往缺乏针对性和可行性。

四、研究视角与方法

(一)研究视角

我国关于民事听审请求权的法律规定比较粗放，司法实践中对当事人听审请求权的保障也难谓周全，因此，大部分学者主张我国应比照大陆法系国家尤其是德国的做法对我国法律制度进行完善。其基本思路是，首先应在宪法中制定听审请求权保障的规定，其次在民事诉法层面完善具体的诉讼制度。① 这种观点无疑属于立法论上的对策建言，意在充分发挥听审请求权对民事诉讼程序的架构功能，从而为当事人实现听审请求权提供制度保障。本书丝毫不怀疑这种做法对听审请求权保障所具有的价值和意义，从长远看，其也昭示了我国民事诉讼程序贯彻听审请求权保障理念的必然趋势。但问题在于，以上观点并没有交代听审请求权保障原则在发挥其程序塑造功能时应遵循的基本方法，更没有注意到它对法律解释具有的指导功能。这使得，听审请求权之客观功能的发挥缺乏整体性考量，而更像是一种零散式"工程"作业。一方面，它没有说明听审请求权作为立法原则时的实现方法和限度，不能为立法者提供有效而清晰的指引；另一方面，它无法解决在现行法未修改前如何对当事人进行听审请求权保障的问题。况且，与法治先进国家不同，我国并未在宪法层面规定听审请求权保障的内容，似乎也没有表现出这样的趋势和可能。在短期内宪法尚无修改可能的背景下，以往研究提出的对策建言难免有些"不接地气"，可操作性也不强。本书并不是从宪法与民事诉讼法的关系角度探讨听审请求权保障的问题，而是以其在民事诉讼中的具体实现为视角，在明确听审请求权的双重面向、主客观功能的基础上，归纳出作为客观原则的听审请求权在架构诉讼制度时遵循的原理和方法，并梳理出作为主观权利

---

① 参见蓝冰：《德国民事法定听审请求权研究》，西南政法大学 2008 年博士学位论文，第 78～86 页；参见任凡：《听审请求权研究》，法律出版社 2011 年版，第 110～123 页。

的听审请求权在受侵犯后可以寻求哪些救济途径，进而结合我国相关法律规定和司法实践现状，提出有针对性、可行性的完善建议，以使听审请求权保障理念在我国民事诉讼中得以有效的贯彻。

(二) 研究方法

1. 历史分析方法

通过梳理两大法系关于听审请求权的概念演进历程，以全面、深入地了解听审请求权应有的内涵与外延，努力探寻听审请求权的理论依据，准确界定听审请求权的基本内容和法律性质，精准描述听审请求权所具有的不同功能面向。

2. 法比较学方法

通过考察域外有关听审请求权的学说、判例，分析不同国家及地区在听审请求权保障方面产生的理念、制度及实践经验，归纳它们在实现听审请求权过程中创设了哪些路径，遵循怎样的规律，择其善者，服务于我国听审请求权的理论研究与制度改进。

3. 实证调研方法

通过与法官座谈、整理裁判文书等方式，收集司法实践中听审请求权之保障现状的数据资料，揭示我国在听审请求保障方面存在的实际问题及其成因，以便有针对性地提出完善建议。

4. 规范分析方法

通过查阅我国有关听审请求权的法律、司法解释以及其他的法律性文件，分析当前我国对听审请求权相关法律条文存在的解读误区，以及其产生的原因为何，进而寻求具有可操作性的化解对策。

第一章　听审请求权的基础理论

第一节　听审请求权的演进历程与译文选择

一、演进历程

听审请求权概念最早可溯源至罗马法上的"听取他方陈述"原则（*audiatur et alters pans*）。该原则的德文表述是 Auch die andere Seite soll gehört werden，英文表达则为 no one should be judged without a hearing。[1] 我国学者一般将其翻译为"当事人有陈述和被倾听的权利"。

听审请求权的概念源起，明显受到斯多葛学派自然法思想的影响。该思想认为，神赋予每个人的理性都是相同的，所以人与人之间是一种相互平等的关系，如果两个人之间产生了纠纷，他们均拥有为自己进行防卫性辩护的权利。基于此，在古罗马时期，无论在法律诉讼阶段还是程式诉讼阶段，法院均十分重视保障当事人双方接受审判的权利，并将当事人参与诉讼视为程序正当性的衡量标准。因此，如若法官未经言词辩论而径行审判，致使当事人无法获得充分陈述和被倾听的机会，该裁判则当然被归于无效，即便当事人并未提出撤销申请。[2] 此后，该原则与"任何人都不能担任自己

---

① 参见徐亚文：《程序正义论》，山东人民出版社 2004 年版，第 9 页。

② 参见 Rüping, Der Grundsatz des rechtlichen Gehörs und seine Bedeutung im Strafverhren, Berlin 1976, S. 13-14。转引自蓝冰：《德国民事法定听审请求权研究》，西南政法大学 2008 年博士学位论文，第 22 页。

案件的法官"(*nemo judx inpartesua*)原则一道，构成了公正司法裁判所必须满足的最低限度之准则。①

听审请求权保障理念的发展传播与自然法思想的复兴有着巨大的关联。在欧洲中世纪时期，天主教会把控着人们的精神信仰和世俗秩序，把神学放在统领一切科学的首要位置，强调上帝意旨对人类生活的指导作用。进入 16 世纪后，天主教遭到了包括新教在内的各种欧洲改造势力的抨击。作为这种抨击的附属品，古典自然法哲学思想在欧洲得以迅速"崛起"。这种现象的产生，加快了人学与神学的分离步伐，导致人类理性、自然权利以及个人的志向和幸福在社会生活中日益占据重要地位。在此过程中，自然法的规范与评价作用也不断得到强化。② 秉持自然法思想的学者认为，人类理性派生出了符合正义最低限度的一些原则和要求。"这些要求独立于实在法制定者的意志而存在，并且需要在任何可行的社会秩序中予以承认。"③在这些要求之中，涉及司法程序的有三个：一是，没有违反法律的人不应被判处有罪；二是，在法律争辩中，各方当事人均应获得陈述己见的机会；三是，一个法律制度应为权利的保护与救济提供公正的法庭，且任何人都不得在自己的案件中充当法官。④ 而这也是自然正义法则的全部内容。由于人们一直都坚信，这些要求不仅代表了当事人应享有的最低限度的权利，而且构成了公正司法制度不可或缺的部分，所以，自然正义法则又被视为司法程序必须遵守的最基本的原则。⑤

---

① 参见 Richard Clayton and hugh Tomlinson, Fair Trial Rights, Oxford university press, 2001, p. 26。

② 参见[美]E. 博登海默：《法理学：法律哲学与法律方法》，邓正来译，中国政法大学出版社 2004 年版，第 39～40 页。

③ [美]E. 博登海默：《法理学：法律哲学与法律方法》，邓正来译，中国政法大学出版社 2004 年版，第 289 页。

④ 参见[美]E. 博登海默：《法理学：法律哲学与法律方法》，邓正来译，中国政法大学出版社 2004 年版，第 295 页。

⑤ 参见[意]莫诺·卡佩莱蒂等：《当事人基本程序保障权和未来的民事诉讼》，徐昕译，法律出版社 2000 版，第 11～12 页。

伴随自然法思想的广泛传播，越来越多的国家开始承认和接受自然正义法则，纷纷将听审请求权保障理念贯彻在其司法制度之中。受自然正义观念影响，英国在 1723 年的本特利诉剑桥大学案①中便确立了听审请求权保障原则。该案法官认为，即便是偷尝伊甸园禁果的亚当，上帝在对他作出惩罚之前，也会将其叫到跟前并倾听其看法，因此，本特利在被剑桥大学处罚前也应获得这种权利。此案判决确定了这样一条司法原则，即如果利益被裁决者没有获得告知与发表意见的机会，任何裁决都不应是有效的。随后，该原则又不断得到本和教会上诉案、柴郡运输委员会上诉案等一系列判例的确认与强化。② 而 1940 年的城市房屋公司诉牛津市政委员会一案③，更是将听审原则扩展到了行政裁决程序。在本案中，法官认为，政府在拆除围墙前应将其行政决定告知相对人，且应充分说明作出决定的理由，但市政府并未这样做，侵犯了相对人的听审请求权，故判决城市房屋公司可重建围墙。这意味着，在行政裁决程序(准司法程序)中，裁决者对于相对人也负有告知义务与说理义务。至此，英国听审请求权的意涵已臻成熟，囊括了获得公平的被倾听机会、适当告知以及说明理由三项内容。④

随着英国的殖民扩张，自然正义理念被带到美洲大陆。美国人

---

①　本案原告 Bentley 援引校方规定，认为自己在被剥夺权利之前，学校应该倾听其意见，但是校方并未这样做，有违听审原则。参见 R v. Univerdsity of Canbridge（1723）1 Str. 557。

②　参见徐亚文：《程序正义论》，山东人民出版社 2004 年版，第 24 页。

③　1933 年，城市房屋公司从地方政府手中购得部分土地，准备发展房地产业务。虽然城市规划表明由两条通往市政府的道路将经过其所购土地，但是土地转让合同中并未给市政府保留在私人土地上铺设道路的权利。1934 年该公司向市政府告知其将在自己的土地上建立围墙，随后也确实这样做了。市政局立刻派员宣布，依据相关法案政府准备在这块土地上建设高速公路，并根据市议会通过的决议拆除了围墙。参见 Urban Housing Company limited v. Oxford City Council(1940) Ch. 70。

④　参见徐亚文：《程序正义论》，山东人民出版社 2004 年版，第 26 页。

将该理念表述为正当法律程序原则（due process of law）。① 早在1641 年《马萨诸塞湾自由权通则》和独立革命前后北美殖民地各州的宪法规范中，便有很多关于正当程序原则的表述。在 1791 年，该原则经美国宪法第 5 条修正案被首次写入联邦宪法文本。到了1868 年，美国宪法第 14 修正案经各州认可并正式生效后，正当法律程序条款成为了联邦政府和州政府共同遵循的一项法律原则。在美国，该原则存在实体性正当程序原则与程序性正当程序原则之分。前者要求，国家机关制定的法律程序应正当合理，且应有适当理由足以正当化其剥夺相对人生命、自由以及财产的行为。② 后者指的是，国家机关在剥夺公民的生命、自由以及财产等相关权益前，应给予诉讼当事人合理通知（notice）和听审陈述的机会（opportunity to be heard），以确保国家机关不致基于错误信息作出不公平或错误的判断。③ 在很长一段时期内，程序性正当程序原则的适用范围都受到严格限制，仅为剥夺相对人的生命权、自由权和财产权等重要权益的情形。但到了 20 世纪 70 年代，美国联邦最高法院为落实福利国家政策，在 Goldberg v. kelly 案中首次将政府发放的福利保障金纳入公民财产权的范畴，使正当程序原则的适用范围扩张至政府剥夺受领人福利的行政程序。④ 该案法官明确了程序性正当程序的基本要求，即政府在剥夺受领人的福利待遇之前应为其提供有效的听审机会。⑤ 所谓有效听审，是指听审必须在有意义的时间、以有意义的方式举行，并应充分考虑陈述人的能力和情

---

① 参见沈冠伶：《新世纪民事程序法制之程序正义与权利救济》，台湾元照出版有限公司 2012 年版，第 5 页。

② 参见史庆璞：《美国宪法理论与实务》，台湾三民书局股份有限公司2007 年版，第 251~253 页。

③ 参见 Fuentes v. Shevin, 407 U. S. 67（1972）。

④ 参见[美]约翰·V. 奥尔特：《正当法律程序简史》，杨成明、陈霜玲译，商务印书馆 2006 年版，第 65 页；史庆璞：《美国宪法理论与实务》，台湾三民书局股份有限公司 2007 年版，第 263~265 页。

⑤ 参见[美]斯蒂文·N. 苏本等：《民事诉讼法——原理、实务与运作环境》，傅郁林等译，中国政法大学出版社 2004 年版，第 45 页。

况。法院还认为，裁判者关于领受人合格与否的认定结论，必须完全基于当事人在听审中引用的法则和证据；而为表明裁判已符合这一基本要求，裁判者应说明其作出裁判的理由和采纳的证据。① 综上，美国人将合理通知、赋予当事人陈述意见的机会以及说明裁判理由均视为听审请求权保障的当然内容。

"二战"以后，德国人开始全面接受自然法思想。出于对纳粹残暴统治的深刻反思，德国人开始逐步摆脱法律实证主义这一传统观念的束缚，并在自然正义理念的指导下重新寻求法治发展的道路，继而掀起了一阵复兴自然法的思潮。② 自然法学者一直在倡导："自然法的主要原则就在于宣称专断意志在法律上并不是终决性的。"这意味着，诉诸更高的自然正义原则对立法者制定的法律规范进行审查，始终是被允许的。③ 受这种思想的影响，德国战后制宪会议的代表们非常普遍地认为，"自然权利"是一种具有普世价值和更高效力的客观准则。一位与会代表更是在德国基本法起草阶段明确指出："我们认为权利是自然法的一部分，（自然）权利比国家更古老，也比国家更重要，它一次次地通过对抗国家而有力地维护自身。尽管愚蠢的人类曾经否定过它，但作为一种高级法，它是有效的。"④言下之意是，作为一种更高位阶的法律规范，自然法对国家机关所有的职权行为（包括立法行为）均具有拘束力。在此背景下，自然法思想尤其是自然正义法则对德国 1949 年的《基本法》产生了巨大而深远的影响。从条文内容上看，该法第 97 条关于法官独立原则的规定，第 101 条第 1 款关于法官法定原则的规定以及第 103 条第 1 款关于听审请求权保障的规定，均是对自然正义

---

① 参见 Goldberg v. Kelly, 397 U. S. 254(1970)。

② 参见张翔：《基本权利的双重属性》，载《法学研究》2005 年第 3 期。

③ 参见 Philip Selznick, Sociology and Natural Law, 6 Natural Law Forum 84, at 100 (1961)。转引自[美]E. 博登海默：《法理学：法律哲学与法律方法》，邓正来译，中国政法大学出版社 2004 年版，第 289 页。

④ 参见 Heirich Rommen, Natural Law in Decisions of the Federal Superme Court and of the Consttutional courts in Germany, 4 Nat. L. F. 6(1959)。转引自张翔：《基本权利的双重属性》，载《法学研究》2005 年第 3 期。

法则的具体贯彻。自此,听审请求权在德国便成为了一项具有宪法位阶的"法定"基本权利。

二、译文选择

我国学者关于听审请求权一词的翻译,主要是源自德国《基本法》第 103 条第 1 款的规定。该条款明文规定:"任何人在法院面前享有请求听审的权利(Vor Gericht hat jedermann Anspruch auf rechtliches Gehör)。"这一宪法规范对所有的诉讼程序都具有拘束力。它不仅适用于民事诉讼程序,而且适用于刑事、行政诉讼程序。基于此,民事诉讼当事人自然也拥有宪法所保障的听审请求权。目前而言,我国学者对听审请求权的中文译法非常繁乱。有人将其译为"听审权"或者"合法听审权"①、"审问请求权"②;也有人将其译为"听审原则"或"听审权";③ 还有人将其译为"法律上的听审请求权"④、"法定听审原则"或者"法定听审权"⑤、"法定听审请求权"⑥等。

本书认为,若要厘定这一译文的分歧,应首先搞清楚听审请求权的具体内涵如何。德国学界一般认为该权利具有三层含义:(1)要求法院充分给予资讯的权利,即,法院应向一方当事人告知他方当事人在诉讼中作出的重要陈述,并给予其阅览卷宗的权利;(2)在法院面前的陈述权,即,当事人在广泛获得资讯的基础上具有在

---

① 参见姜世明:《论合法听审权——以在民事程序法之实践为中心》,载《法学丛刊》2002 年第 188 期。

② 参见陈荣宗、林庆苗:《民事诉讼法(上)》,台湾三民书局股份有限公司 2005 年版,第 60 页。

③ 参见林钰雄:《刑事诉讼法(上册)》,中国人民大学出版社 2005 年版,第 149 页。

④ 参见陈清秀:《行政诉讼法》,法律出版社 2016 年版,第 159 页。

⑤ 参见[德]汉斯-约阿希姆·穆泽拉克:《德国民事诉讼法基础教程》,周翠译,中国政法大学出版社 2005 年版,第 61 页。

⑥ 参见蓝冰:《德国民事法定听审请求权研究》,西南政法大学 2008 年博士学位论文,第 8 页。

法院面前陈述意见的权利，特别是有权就事实及法律上的重要事项发表意见；（3）要求法院审酌当事人意见的权利，即对于当事人陈述的意见，法院负有知悉和考量的义务。德国联邦宪法法院也在判决中一再地将这种审酌义务表述为听审请求权的"固有核心"。① 这足以表明，听审权意在强调当事人对法院的请求权以及法院对其负有相应义务的权利面向。其次，从语义上看，"Anspruch auf rechtliches Gehör"虽应直译为"合法听审权"，其中，"合法"二字是为突显德文中的"rechtlich"一词，但在整个短语中，"rechtlich"一词主要指代法院"gerichtlich"的意思，而整个短语的意思应为"请求法院听审的权利"，因此将其意译为"听审请求权"即可，"合法""法定"等修饰词皆可省去。② 基于以上理由，本书通篇采用"听审请求权"这一译文。

第二节　听审请求权的基本内容

在大陆法系，学者对听审请求权具体内容的认识存在争执。有人认为，它包含当事人提起诉讼、获得程序事项通知、提出和反驳证据、证据调查时在场见证、不受他人已决判决拘束等具体性权利。③ 也有人认为，它包括三方面内容：（1）资讯请求权，即当事人具有知悉诉讼系属、对方陈述内容以及案卷材料的权利；（2）陈述权，即当事人具有在法院面前陈述其观点的权利，特别是其对事实及法律上的重要事项发表看法的权利；（3）法院的知悉和考量义务，即法院对当事人提出的事实主张、证据资料以及法律意见，负

① 参见沈冠伶：《家事非讼事件之程序保障——基于纷争类型审理论及程序法理交错适用论之观点》，载《台湾大学法学论丛》2013 年第 35 卷第 4 期。

② 参见吴从周：《法律汉字译语与法律继受——以民事诉讼法上"听审请求权"之形式译语整合与"突袭性裁判禁止"之原始意涵诠释为例》，载《成大法学》2005 年第 10 期。

③ 参见［意］莫诺·卡佩莱蒂：《比较法视野中的司法程序》，徐昕、王奕译，清华大学出版社 2005 年版，第 339~340 页。

有审酌义务。① 还有人主张在受通知权、陈述权、法官审酌义务的基础上，将突袭性裁判禁止请求权也纳入了听审请求权的概念范畴。②

英美法系学者认为，作为自然正义的第二个根本性要求，听审请求权包括：（1）获得适当通知的权利；（2）在庭审前获得证据开示的权利；（3）获取暂时休庭的权利；（4）提供证据资料的权利；（5）反驳对方当事人所提证据的权利，主要包括当事人就于己不利的证据资料进行交叉询问的权利；（6）了解听审程序记录的权利；（7）知晓裁判理由的权利。③ 也有学者依托具体的司法判例，将听审请求权涵盖的基本内容拓展至十个方面：（1）获取适当通知的权利；（2）获得法院听取其意见的机会；（3）提交证据资料的权利；（4）与对方证人进行对质的权利；（5）对证据进行交叉质证的权利；（6）披露全部不利证据的权利；（7）如果愿意，向法院申请律师帮助的权利；（8）裁判的事实基础必须是当事人在听审过程中提出的证据；（9）裁判者必须在判决文书中公开其裁判理由；（10）获得一个公正裁决者的权利。④

由上可知，英美法系学者对听审请求权的认识与大陆法系学者有两点不同：一是范围更宽广，如，将获取公正裁判者的权利、获得律师帮助的权利也纳入听审请求权的范畴；二是内容更细致、具体，如，对一些与证据相关的权利进行了更精细的划分。然而，在

① 参见 Radtke/Hagemeier/Epping/Hillgruber, BeckOK Grundgesetz, Verlag C. H. Beck, 33. Edition, Stand：01. 03. 2015，§103 Rn. 6-14；［日］本間靖規：《上告理由と手続保障——ドイツの議論を参考にして》，《手続保障論集》，株式会社信山社発行所 2015 年（平成二十七年）版，第 614 页。

② 突袭性裁判禁止请求权作为听审请求权的内容，为我国台湾地区民诉法学者邱联恭首次提出，后得到广泛承认。该内容也被我国台湾地区学者视为对德、日两国程序保障理论的突破性发展。详见许士宦：《争点整理与举证责任》，台湾新学林股份有限公司 2012 年版，第 18 页。

③ 参见［美］迈克尔·D. 贝勒斯：《程序正义——向个人的分配》，邓海平译，高等教育出版社 2005 年版，第 49 页。

④ 参见［美］约翰·V. 奥尔特：《正当法律程序简史》，杨成明、陈霜玲译，商务印书馆 2006 年版，第 65 页。

上述认知差异的背后实则隐藏了一些共通内容。其一，无论是大陆法系的知悉权还是英美法系的受通知权，都是为保障当事人能够及时、充分了解诉讼进程及相关内容，二者没有本质区别。其二，大陆法系的陈述权与英美法系的意见表达机会以及一系列与证据相关的权利，虽然在指涉范围上有些细微的区别，但均意在确保当事人对裁判重要事项拥有发表意见的权利。其三，二者都十分强调法院对当事人意见负有听取和斟酌的义务，这种义务在大陆法系被表达为审酌义务，在英美法系则主要表现为裁判理由的说明。以上这些恰恰构成了听审请求权的基本内容。

一、知悉权

知悉权又称受通知权，是指当事人享有及时获得通知，了解民事诉讼的系属、进程、对方当事人陈述和法院所作卷宗的权利。① 早在中世纪，欧洲教会法便设置了预先传唤当事人制度。按照这一制度，法院在作出裁判前应传唤当事人到庭，如果法院因为传唤不当或错误致使当事人无法到庭，所作判决便归于无效。② 可见，预先传唤实则构成了司法裁判合法、有效的必备要件。就法院而言，预先传唤是一种必须履行的程序通知义务；对当事人来讲，它属于一项程序性权利。直到今天，知悉权对听审请求权的实现依然具有重要的意义。理由是，唯有事先知道诉讼程序的启动与进度、对方陈述的内容以及法院收集或制作的案卷材料，当事人才能明确自己应在何时、何地参加庭审，才能拥有充分时间准备诉讼资料，才能有针对性地制定攻击防御策略，有效行使陈述与被听审的权利。③

一般而言，知悉权包括三方面内容：第一，知悉诉讼系属及相

---

① 参见蓝冰：《德国民事法定听审请求权研究》，西南政法大学 2008 年博士学位论文，第 50 页。

② 参见 Rüping：《法定听审的基本原则及其在刑事诉讼中的意义》，载[德]米夏埃尔·施蒂尔纳编：《德国民事诉讼法学文萃》，赵秀举译，中国政法大学出版社 2005 年版，第 165 页。

③ 参见陈刚、汪三毛：《宪法和民事诉讼程序》，陈刚主编：《比较民事诉讼法》(2000 年卷)，中国人民大学出版社 2001 年版，第 82 页。

关期日的权利。这一具体权利的实现主要依赖于法院的送达制度。当事人如因未收到合法送达而不能了解诉讼进程，以致延误诉讼期日，可通过民事诉讼中的恢复原状制度加以救济。第二，知晓他方陈述内容的权利。只有当事人事先了解对方陈述的内容，才能明确案件的争议焦点，才能有针对性地实施攻击防御行为，保障其合法权益的实现。这种针对他方陈述内容进行的通知，属于法院的义务。德国联邦宪法法院要求，法院在裁判前必须确保当事人已获得必要的通知。① 同样，对方当事人发表意见的权利也需要通过这一制度安排予以保障。② 第三，阅览案卷资料的权利。当事人可向法院申请阅览对方当事人已经提交的诉讼文件原件，也可申请抄录、影印或拍摄案卷中的诉讼文书。不过，当事人的案卷阅览权也存在一定限制。③ 譬如，案卷材料涉及了当事人或第三人的隐私或业务秘密。

二、陈述意见权

一般认为，民事审判存在两种思维方式，即规范出发型和事实出发型。④ 大陆法系奉行规范出发型的思维方式，法官裁判案件的过程也是法律适用的过程，遵循三段论逻辑。大前提是既有法律条文，小前提为具体案件事实能够为法律构成要件所涵摄，结论是对案件事实赋予既定的法律效果。⑤ 在英美法系国家，法官的思维方

---

① BVerfGE 1, 190, 194. 转引自姜世明：《民事程序法之发展与宪法原则》，台湾元照出版有限公司 2003 年版，第 71 页。

② 参见姜世明：《民事程序法之发展与宪法原则》，台湾元照出版有限公司 2003 年版，第 70 页。

③ 德国联邦法院认为，在一定情形下应限制当事人的卷宗阅览权。BVerfG, NJW 2000, 1178.

④ 所谓规范出发型的思维方式，是指法院立足于既有的法律规范来把握诉讼审判；事实出发型的思维方式则为，裁判者认真听取当事人的不满和主张，并从整个事件中发现隐藏着的法律或正义。参见[日]中村英郎：《新民事诉讼法讲义》，陈刚等译，法律出版社 2001 年版，第 18~23 页。

⑤ 参见[德]卡尔·拉伦茨：《法学方法论》，陈爱娥译，商务印书馆2003 年版，第 149~164 页。

式为事实出发型。法官裁判往往是从梳理、查证手头案件的基本事实开始的，再从判例库中检索出与手头案件相似的先例并予以比对，如果比对成功，法院可直接依据先例作出裁决，否则，法官需依照法律原则对案件进行自由裁断。① 事实上，无论在大陆法系国家还是英美法系国家，法官裁判需要的"原材料"都大致相同，即法律规范②、案件事实和证据材料。对当事人而言，其若想成功影响裁判结果的形成，就必须围绕这些"原材料"陈述意见。依据当事人陈述意见的对象，陈述权又可分为事实陈述权、证明权和法律见解陈述权。③

(一) 事实陈述权

事实陈述权存在积极意义和消极意义之分。在积极意义上，它是指当事人具有向法院提出事实主张，并就对方主张发表意见的权利。在奉行当事人主义的诉讼模式中，当事人负有向法院提供事实主张的责任。④ 如果当事人没有提供或未能充分提供事实主张，需承担其期待之法律效果无法实现的不利后果，此为主张责任。⑤ 从听审请求权保障的角度看，对裁判的事实基础进行主张也是当事人的一项诉讼权利。理由是，当事人若想影响裁判结果的形成，彰显其程序主体地位，就必须对裁判的事实基础拥有"发声"的机会。在消极意义上，它是指法院裁判时采纳的事实资料，必须经过当事人的辩论。这样一来，当事人通过行使事实陈述权，即可框定法院裁判所依据之事实资料的范围，进而防止法院在事实认定上对当事人造成突袭，同时也能确保当事人实质性地影响裁判结果的形成。

---

① 参见［美］卡多佐：《司法过程的性质及法律性质的成长》，张维编译，北京出版社 2012 年版，第 5~9 页。

② 如果考虑到英美法系的先例也属于一种重要的法律渊源，那么从宽泛的意义上讲，英美法系国家的司法裁判行为其实也依赖于法律、事实和证据等诉讼材料。

③ 参见 Waldner, a. a. O., 1989, Rdnr. 81 ff.

④ 参见［德］奥特马·尧厄尼希：《民事诉讼法（第 27 版）》，周翠译，法律出版社 2003 年版，第 124 页。

⑤ 参见占善刚：《主张责任的具体化》，载《法学研究》2010 年第 2 期。

(二) 证明权

在民事诉讼中，当事人若想法院支持其诉讼请求，不仅要提出于己有利的事实主张，而且要提供充足的证据资料，证明其事实主张为真。反之，如果当事人欲阻止对方诉讼请求的实现，则需提供相反的证据，证明对方当事人主张的事实为伪。这意味着，当事人若想赢得诉讼，必须拥有就证据资料发表意见的权利。[1] 此为证明权，是指当事人具有就裁判之重要事实提出证据资料，在法院调查证据时在场见证并对证据调查结果陈述意见的权利。它可以细分为证据提出权、在场见证权和证据调查结果陈述权。[2] (1) 证据提出权。其是指当事人具有申请法院调查证据的权利。与之对应，法院需根据该申请进行证据调查。对于那些不具备调查必要性的证据申请，法院可以驳回。这类申请涉及的事实一般包括，众所周知的事实、法院在职务行为中已获知的事实、自认的事实以及法律上推定的事实等。由于这些事实属于免证事实，法院可直接据之裁判案件，不必再通过证据调查认定其真伪，此时，法院即便拒绝当事人提出的证据调查申请，也不会侵害其证据提出权。[3] 但是，法院在判断某一证据申请是否具有调查必要性时，必须赋予申请人发表意见的机会，否则，将侵犯听审请求权。(2) 在场见证权。它是指当事人在法院调查证据中享有在场见证的权利。当事人惟拥有该权利，才能对书证、鉴定意见的证明力以及证人的可靠性等问题表达意见，进而有效影响法院的心证形成与事实认定。无论在依当事人申请调查证据的场合，还是在依职权调查证据的场合，法院都应通知当事人到场，使其在证据调查中能及时发表意见。(3) 证据调查结果陈述权。之所以赋予当事人对证据调查结果陈述意见的机会，很大程度上是因为，双方当事人围绕证据结果从事的对质、辩驳活

---

[1] 参见姜世明：《民事程序法之发展与宪法原则》，台湾元照出版有限公司 2003 年版，第 73 页。

[2] 参见沈冠伶：《诉讼权保障与裁判外纠纷解决》，北京大学出版社 2008 年版，第 16 页。

[3] 参见姜世明：《民事程序法之发展与宪法原则》，台湾元照出版有限公司 2003 年版，第 73~74 页。

动，可以令法官获取尽可能多的、更全面的案件信息，进而确保其认定案件事实的准确性，达到"兼听则明"的效果；但更重要的原因是，对证据调查结果进行辩论，是当事人享有的一项重要诉讼权利，它可以保障当事人按照自己的意愿制定攻击防御策略，以确保其程序主体地位。① 申言之，赋予当事人对裁判重要事项进行辩论的机会，能够大为提升当事人在诉讼中的参与度，增强裁判的可接受性，有利于维护司法的权威性和公信力。②

（三）法律意见陈述权

当事人不仅可对事实问题发表意见，也可就法律问题陈述观点。虽然按照"汝给吾事实，吾给汝法律"这一司法原则，法律适用的最终决定权属于法官，而非当事人；③ 但在具体案件中，法院应全面保障当事人的程序主体地位，使之能实质参与法律适用乃至法律形成的过程。④ 这种观点与"法院知法"原则并不矛盾，原因是，法律规范绝非那种可以直接套用在案件事实上的固定事物，而是由法院与当事人在辩论程序的有序展开中共同发现的事物。⑤ 况且，法律问题与事实问题并不总能截然两分，而常常交织在一起。⑥ 这意味

---

① 参见王亚新：《民事诉讼中质证的几个问题——以最高法院证据规定的有关内容为中心》，载《法律适用》2004 年第 3 期。

② 参见许士宧：《当事人对于证据之辩论权》，载《植根杂志》1991 年第 7 卷第 1 期。

③ 参见[英]J. A. 乔罗威茨：《民事诉讼程序研究》，吴泽勇译，中国政法大学出版社 2008 年版，第 147 页。

④ 参见姜世明：《民事程序法之发展与宪法原则》，台湾元照出版有限公司 2003 年版，第 72 页。

⑤ 参见[日]山本克己：《民事訴訟におけるいわゆる"Rechtsgesprach"について(一)》，载《法学論叢》第 119 卷 1 号，1986 年(昭和六十一年)4 月，第 9 页。

⑥ 例如，人们在描述"扰乱安宁的噪音"这一事实时，实际上已经对"某噪音是否足以扰乱安定"作出了法律评价。但是，这种案件事实又只能以本身蕴含着法律评价内容的用语来表达，除非人们对该声音的强度进行了精确的测量。参见[德]卡尔·拉伦茨：《法学方法论》，陈爱娥译，商务印书馆 2003 年版，第 188 页。

着，对于当事人陈述的事实，法院需要给予相应的法律评价。故而，当事人对案件的法律适用、法律构成要件之于案件事实的涵摄、法律的解释乃至续造等问题也应具有发表意见的机会。①。需要特别交代的是，如果法院欲以未经当事人辩论的法律条文作为裁判依据，须在辩论程序终结前将该情况告知当事人，听取其看法。倘若当事人在辩论程序结束后才得知这一情状，可要求法院重启辩论程序。②

三、意见审酌请求权

在司法裁判中，法院必须回应当事人陈述的己方意见和反驳对方陈述的意见。③ 这种回应，同样是听审请求权保障的应然要求。试想一下，即便当事人围绕案件争点充分陈述了各自的意见，若法院对这些意见不闻不问，听审请求权保障也只能沦为一种空谈。为确保当事人听审请求权尤其是陈述权的真正实现，必须赋予当事人意见审酌请求权。而法院则负有听取和斟酌当事人意见的义务。这一点已成为德国理论界和实务界的共识。④ 英美法系学者也认为，就听审请求权保障而言，仅令当事人参与诉讼尚不足够，还需赋予裁判者三种义务："1. 应当注意倾听当事人在诉讼中发表的看法；2. 必须以一种对当事人意见提供实质性答复的方式，充分说明裁判理由。3. 必须严格根据当事人提供的证据和论点作出裁判，在这个意义上，裁判结果应与这些证据和论点具有一致性，并能够得

---

① 参见沈冠伶：《诉讼权保障与裁判外纠纷解决》，北京大学出版社2008年版，第19页。

② 参见[德]米夏埃尔·施蒂尔纳编：《德国民事诉讼法学文萃》，赵秀举译，中国政法大学出版社2005年版，第172页。

③ 参见[意]莫诺·卡佩莱蒂：《比较法视野中的司法程序》，徐昕、王奕译，清华大学出版社2005年版，第221页。

④ 参见姜世明：《民事程序法之发展与宪法原则》，台湾元照出版有限公司2003年版，第79页。

到后者的证实。"①这之中，实则蕴含着审酌义务的两项内容：一是，法院应知悉和考量当事人意见；二是，法院必须充分说明其裁判理由。

就知悉与考量陈述意见的义务而言，德国联邦宪法法院认为，法院应对当事人陈述的意见进行了解和斟酌。② 换言之，法院必须认真听取当事人就裁判重要事项作出的陈述意见，并在充分斟酌、吸收当事人意见的基础上裁判案件。法院审酌义务的"服务"对象与陈述权指涉的范围具有一致性，包括事实主张、证据资料和法律见解。

就说理义务而言，由于法官是否对当事人陈述的意见履行了审酌义务，其他人一般无法知晓和审查，因此需要法院主动说明裁判理由。易言之，裁判说理制度能对法官履行审酌义务起到事后监督作用，防止法官的司法擅断。正如有学者指出的那样："当事人参加尽管在诉讼过程中得到了保证，但其结果如果不清不楚，仍不能说参加的程序保障非常充分。审判的结果如果是通过判决表现出来，就必须以判决理由的形式对当事者的主张和举证作出回答。"③因此，在大陆法系国家及地区，法律一般均会课以法官裁判说理义务。不仅如此，英美法系法官也负有这种义务。虽然英国最早的"自然正义"原则只有法官中立和听取当事人陈述两项内容，但英国大臣权力委员会于1932年又提出了两项新的自然正义原则，其中就有裁判者说理义务。④ 英国甚至将裁判说理义务的适用范围扩

---

① Melvin Aron Eisenberg, Participation, Responsiveness, and the Consultative Process: An Essay for Lon Fuller, 92 Harv. L. Rev. 411-12(1978).

② BVerfGE 11, 218, 220; BVerfGE 70, 93, 100.

③ 参见[日]谷口安平：《程序的正义与诉讼(增补本)》，王亚新、刘荣军等译，中国政法大学出版社2002年版，第16页。

④ 英国大臣权力委员会于1932年提出了两项新的自然正义原则：其一，无论处理争议的程序是司法性质的还是非司法性质的，争议各方当事人都有权了解裁决的理由；其二，如果对负责调查的官员所提出的报告草案提出了公众质询(此类官员负有向有关大臣提交调查报告，以作为大臣决断时的依据)，那么争议各方当事人都有权得到该报告的副本。参见[英]彼得·斯坦、约翰·香德：《西方社会的法律价值》，王献平译，中国人民公安大学出版社1990年版，第98页。

张到准司法领域，令行政裁决机关也负有说理义务。① 此外，美国判例法中也有关于法院说理义务的表述。

四、突袭裁判禁止请求权

突袭裁判是指法院违反其在事实及法律问题上负有的阐明义务，将未经当事人发表意见的事实资料或法律见解作为裁判依据，导致法院裁判超出当事人正常预期的后果。它包括事实上的突袭裁判和法律上的突袭裁判。② 有学者主张，民事诉讼制度的目标不仅在于发现案件真实，也注重诉讼经济价值的实现，故突袭裁判还应包括促进诉讼的突袭。③ 所谓促进诉讼的突袭，是指法院令当事人无法预测裁判的内容或进程，导致当事人在不及提供诉讼资料免除其在程序上的劳力、费用和时间等不必要支出的情形下，接受法院裁判的现象。④ 换言之，其是指，法院的裁判内容或过程超出当事人的合理预期，以致当事人无法及时发表于己有利的意见，难以在更少诉讼成本的情形下接近案件真实。

由于突袭裁判依据的事实、证据或法律见解并非当事人提供，或超出其认知范畴，当事人才无法就这些事项发表意见，难以对裁判结果产生实质影响力。这种结果与听审请求权强化和维护当事人程序主体地位的趣旨相去甚远。因此，有观点指出，"突袭性裁判之禁止是基本法第 103 条第 1 款之听审请求权保障作用的结果"，"至少自 1949 年基本法生效以来，突袭性裁判就注定与民事诉讼法 139 条以及民事诉讼法的基本原则不符"⑤。为保障当事人听审请

---

① 参见［英］J. A. 乔罗威茨：《民事诉讼程序研究》，吴泽勇译，中国政法大学出版社 2008 年版，第 225 页。

② 参见姜世明：《法律性突袭裁判之研究》，载《万国法律》2000 年第 111 期。

③ 参见沈冠伶：《诉讼权保障与裁判外纠纷解决》，北京大学出版社 2008 年版，第 20 页。

④ 参见邱联恭：《突袭性裁判》，载"民事诉讼法研究基金会"编：《民事诉讼法之研讨（一）》，台湾三民书局 1998 年版，第 39 页。

⑤ BGH NJW 1980, 1794.

求权能够顺利实现，就需要对突袭性裁判现象予以禁止。可见，大陆法系学者多是将禁止突袭裁判放在听审请求权保障的学术脉络中阐释的。实务界也常从反面审查的角度，通过宣告判决违反突袭裁判禁止要求，来达到正面保障听审请求权的积极目的。[①] 在这一角度上，当事人享有突袭裁判禁止请求权，实为听审请求权保障的一种必然延伸。

突袭裁判现象之所以会产生，往往是因为，当事人没有意识到某些事实的重要性以致未在辩论中主张，或没有正确理解特定的法律规范造成其攻防策略安排失当，令法院与当事人就一些重要事项的理解和认知产生偏差。不过，在上述情形中，若法院能及时对当事人履行释明义务，明确其在事实或法律上的判断如何，当事人便能发现与裁判者的认知差异，从而调整或补充自己在言词辩论中的攻击防御方法。如此，当事人即可充分行使听审请求权，突袭裁判也能得以有效防免。[②] 故而，在大陆法系国家及地区，为防免突袭裁判的发生，法律上都规定有法官的释明义务。

第三节　听审请求权与相关概念的辨析

一、与司法裁判请求权的辨析

在德国，司法裁判请求权又称司法保障请求权，是指公民个人在与他人发生争议或受到公权力侵害时享有的提请法院裁判的权利。[③] 该权利为德国《基本法》第 19 条第 4 款所保障，包含两方面内容：一是，当事人诉诸司法的权利；二是，这种权利不应受到苛

---

① BGH MDR 1999, 247.

② 参见蓝冰：《德国民事法定听审请求权研究》，西南政法大学 2008 年博士学位论文，第 72 页。

③ 参见蓝冰：《德国民事法定听审请求权研究》，西南政法大学 2008 年博士学位论文，第 12 页。

刻的限制(比如过高的诉讼费用),并且法院应作出适时裁判。①

德国学界一般认为,司法裁判请求权与听审请求权的区别在于:前者保障的是,权利人具有启动诉讼程序和接受司法审判的权利;后者是指,当事人在已经系属的诉讼中享有的权利。可见,德国人认为,当事人享有裁判请求权是其行使听审请求权的前提。不过,德国人关于司法裁判请求权与听审请求权的界限划分,并未在大陆法系国家及地区获得全面认可,例如,土耳其就是基于司法保障请求权推导出听审请求权的,而持有相似观点的国家还有希腊和日本。② 我国台湾地区学界和实务界也认为,听审请求权属于司法裁判请求权(诉讼权)的一项内容。我国台湾地区"大法官释字第482号解释理由书"明确指出:"所谓诉讼权,乃人民司法上的受益权,即人民于其权利受侵害时,依法享有向法院提起适时审判的请求权,且包含听审、公正程序、公开审判请求权及程序上的平等权等……"在这里,听审请求权被认为是诉讼权的一项具体内容。③我国大陆地区也有学者持有这种观点。其认为,司法裁判请求权分为接近法院的权利和公正审判请求权,而公正审判请求权又包括听审请求权,所以,听审请求权属于司法裁判请求权中的一项具体权利。④

二、与公正程序请求权的辨析

公正程序请求权又叫公平审判权。这一权利本属于英美法概念,而经《欧洲人权公约》第6条第1款规定后,在大陆法系国家

---

① 参见 Greifelds, Rechtswoeterbuch, 17 Auflalge, C. H. Beck Müenchen 2002, S. 1113。转引自蓝冰:《德国民事法定听审请求权研究》,西南政法大学 2008 年博士学位论文,第 12 页。

② 参见[德]米夏埃尔·施蒂尔纳编:《德国民事诉讼法学文萃》,赵秀举译,中国政法大学出版社 2005 年版,第 170 页。

③ 参见魏伶娟:《听审侵害案件于民事诉讼程序之救济——从德国经验谈起》,载《东海法学》2015 年第 45 期。

④ 参见刘敏:《裁判请求权研究——民事诉讼的宪法理念》,中国人民大学出版社 2003 年版,第 31~32 页。

及地区也得以"生根发芽"。作为条约成员国，德国因其已批准关于公正程序请求权保障的条约，并经由国内法将该权利转化为自身法律体系的一部分，使其具有了一般的法律位阶，进而可适用于所有诉讼程序。此外，联邦宪法法院也从法治国原则中推导出公正程序请求权的内容。① 日本更是对公正程序请求权有着明确的条文表述。《日本民事诉讼法》第 2 条规定："裁判所在审判民事诉讼时应当做到公正、迅速。"学者们一般将该条文视为公正程序请求权的法律依据。② 我国台湾地区虽没有关于该权利的明确法律规定，但理论界和实务界早将其视为民事诉讼程序运行的基本准则，并在最近几次"民诉法"的修订中非常注重对程序公正原则的贯彻。③

由于公正程序请求权是一个抽象概念，学者们对其具体意涵并未形成统一认识。一种观点认为，它包括公平听审权、公开听审权、合理期间获取裁判权、受独立无偏颇裁决机关的裁决权、接近法院权、武器平等权、公平的证据提出权、附理由裁决权等权利。④ 另一种观点认为，其囊括独立无偏倚的法庭、公平听审、公开听审、适时听审、裁判说理等五项内容。其中，公平听审是指法院应给予当事人发表意见的平等机会。⑤ 不过，人们对公正程序请求权的内在要求已基本形成共识。

首先，程序运行必须符合当事人期待。法院不得从事矛盾的审判行为，尤其不能因为法院本身或可归责的错误或延迟，对当事人

---

① BVerfGE 26，66，71；34，293，302. 转引自姜世明：《民事程序法之发展与宪法原则》，台湾元照出版有限公司 2003 年版，第 34 页。

② ［日］松本博之、今井贵：《民事訴訟法の立法史と解釈学》，信山社株式会社発行所 2015 年(平成二十七年)版，第 249 页。

③ 参见沈冠伶：《诉讼权保障与裁判外纠纷解决》，北京大学出版社 2008 年版，第 30 页。

④ 参见法治斌、董保城：《宪法新论》，台湾元照出版公司 2004 年版，第 262 页。

⑤ 参见 Richard Clayton and HughTomlinson，Fair Trial Rights，Oxford University Press，2001，p. 27。

造成程序上的不利益。① 换言之，程序进展应具有可预测性和明确性。为保障当事人的信赖利益，法院在当事人事先不知情的情形下，绝不能采取不同于实务惯例的裁判思路。② 如果受诉法院没有对当事人预告就进行审判，往往被视为违反公正程序请求权。此外，法院滥用审判权的禁止，也属于公正程序请求权的基本要求。③

其次，维护当事人的程序主体地位。公正程序请求权也要求，当事人在法院主持的程序中应被赋予程序主体地位，使其能对程序的进行和结果有所影响。④ 换言之，审判机关不可将诉讼当事人视为程序客体，而应使其具有独立影响诉讼和行使程序权利的能力，且能避免来自法院的突袭。⑤ 这一要求与听审请求权倡导的核心目标一致，均意在确保每个当事人都是程序的主体而非客体，使其在判决前拥有就重要事项表达意见的权利和机会，以便影响诉讼进程和获得其所期望的裁判结果。⑥

以上表明，听审请求权和公正程序请求权具有密切关联。我们甚至可以将前者视为后者最重要的一种形态。因为，一个没有赋予当事人在裁判前发表意见机会的诉讼程序，很难称得上公正的法律程序。但这并不意味着，二者具有完全重合的内容。事实上，公正

---

① BVerfGE 78, 123, (126). 转引自沈冠伶：《诉讼权保障与裁判外纠纷解决》，北京大学出版社 2008 年版，第 28~29 页；许士宦：《民事诉讼上之公平程序请求权》，载《现代国家与宪法》(李鸿禧教授祝寿论文集)，台湾元照出版股份有限公司 1997 年版，第 1592 页。

② BVerfG, NJW 1998, 1853. 转引自沈冠伶：《诉讼权保障与裁判外纠纷解决》，北京大学出版社 2008 年版，第 30 页。

③ 参见[日]松本博之、今井貴：《民事訴訟法の立法史と解釈学》，信山社株式会社発行所 2015 年(平成二十七年)版，第 249~250 页。

④ BVerfG, NJW 1992, 359. 转引自沈冠伶：《诉讼权保障与裁判外纠纷解决》，北京大学出版社 2008 年版，第 30 页。

⑤ 姜世明：《民事程序法之发展与宪法原则》，台湾元照出版有限公司 2003 年版，第 34 页。

⑥ 参见 BVerfGE 57, 250 [273ff.] = NJW 1981, 1719；BVerfGE 84, 188 [190] = NJW 1991, 2823。

程序请求权具体包括听审请求权、适时裁判请求权、法官中立原则以及程序平等原则等内容。若当事人能直接援引这些具体内容维护其合法权益，则可先主张之，但如果这些具体内容不能保障其利益时，当事人才可依据公正程序请求权主张之。简言之，公正程序请求权对听审请求权具有拾遗补缺的作用。①

三、与当事人权的辨析

当事人权这一概念为日本学者所创，是指当事人作为诉讼主体享有的各种程序性权利。具体包括移送申请权，除斥申请权、回避请求权、诉讼人代理人选任权、接收诉讼文书送达的权利、指定期日请求权、求问权、诉讼记录阅览权、辩论权、责问权、上诉权。此外，按照处分权主义和辩论主义要求，当事人权还包括指定裁判范围、限定法院收集裁判资料、撤诉、放弃或认诺请求、和解等各种权能。其中，辩论权是基于辩论主义和处分权主义而衍生出的一项诉讼权能，即赋予当事人对诉讼实行口头辩论、平等获取就案件重要事项发表意见的机会，并且要求法院认真听取当事人陈述的意见，以经过辩论的诉讼资料作为裁判依据。而这一权利也正是作为诉讼结果的裁判能够拘束当事人的正当性所在。因此日本学者认为，当事人权的范围越宽广，当事人受到的程序保障就越强，判决产生拘束力的正当性基础也就越稳固。②

一般而言，日本学者将德文中的听审请求权译为审问请求权，将其对应着当事人权中的辩论权进行解读。听审请求权相当于当事人权中的一部分，即辩论权和旨在保障辩论权的程序性权利，如阅卷权、受送达权等。③ 可见，当事人权的范围比听审请求权更广。此外，当事人权还经常被表述程序主体原则或当事人主体原则。该

---

① 参见沈冠伶：《诉讼权保障与裁判外纠纷解决》，北京大学出版社2008 年版，第 32~33 页。

② 参见[日]新堂幸司：《新民事诉讼法》，林剑锋译，法律出版社第2008 年版，第 89~90 页。

③ 参见[日]新堂幸司：《新民事诉讼法》，林剑锋译，法律出版社第2008 年版，第 90 页。

原则要求，任何人均应受到人格尊重，对于关涉其利益、地位、责任或权利义务的审判，均享有参与程序以影响裁判形成的权利；在判决作成前，应被适时赋予陈述意见的机会；且不许其权利遭受法院审判活动的侵害。① 事实上，这种要求与听审请求权保障要求并无不同。

四、与辩论主义的辨析

听审请求权与辩论主义都是德国民事诉讼法中的法律原则，二者肩负着不同的任务。辩论主义又被称为辩论原则或提出原则。一般是指，仅由当事人将争议的案件材料引入诉讼程序，并决定案件事实认定的必要性以及对该必要性进行确认；对于当事人没有提出的事实，法院不应考虑和认定，除非该事实是显而易见的。② 换言之，只有当事人才能向法院提供事实主张和证据资料，法院必须将当事人申请的证据和提出的事实作为裁判基础。③ 辩论主义具有三个基本要求：一是，直接决定法律效果发生或消灭的主要事实，只有在当事人辩论中出现才能作为判决基础；二是，法院应将双方当事人无争议的主要事实作为判决基础；三是，法院实施调查的证据只限于当事人提出申请的证据。④ 辩论主义或提出原则最主要的目

---

　　① 参见邱联恭：《司法之现代化与程序法》，台湾三民书局有限公司1992年版，第112页。

　　② 参见[德]罗森贝克、施瓦布、戈特瓦尔德：《德国民事诉讼法》，李大雪译，中国法制出版社2007年，第527页。

　　③ 参见邱联恭：《程序选择权论》，台湾三民书局2000年版，第99页；骆永家：《民事诉讼法1》，台湾三民书局1999年版，第116页；姜世明：《民事诉讼法基础论》，台湾三民书局2003年版，第45页。

　　④ 参见[日]兼子一、竹下守夫：《民事诉讼法》，白绿铉译，法律出版社1995年版，第71~72页；[日]谷口安平：《程序的正义与诉讼（增补本）》，王亚新、刘荣军等译，中国政法大学出版社2003年版，第87页；张卫平：《程序公正实现中的冲突与衡平》，成都出版社1993年版，第3页；刘学在：《民事诉讼辩论原则研究》，武汉大学出版社2007年版，第13页。

的便是在当事人与法院之间就诉讼资料的提供划定责任边界。① 然
而，听审请求权保障原则主要是为了促使当事人对裁判重要事项能
具有发表意见的机会。因此，辩论主义与法官法院负有知悉、审酌
当事人陈述意见的义务并没有直接联系。此外，与辩论主义不同，
听审请求权保障不会因为某一诉讼程序是否奉行当事人主义诉讼模
式而受影响。即便在依职权调查的情形下，法院也不能将裁判建立
在当事人没有发表意见的事实和证据上，譬如，家事审判或亲子诉
讼。换言之，在职权主义诉讼模式中，听审请求权同样需要受到保
障。② 正是基于此，德国民诉法教材才将听审请求权与辩论主义并
列为程序法原则。

　　此外，日本学者还基于辩论主义创设了辩论权概念。在内容
上，它大致相当于听审请求权概念下的陈述权，是指当事人具有就
诉讼中法律和事实问题发表意见的机会。严格地讲，辩论主义更多
地是在法院与当事人之间划分诉讼资料的提出责任或义务，并非旨
在保障当事人的诉讼权利。譬如，主张责任和证明责任便是由辩论
主义衍生出来的。当然，基于理论的创新和发展，我们也可以将其
解释为辩论权。辩论权有消极意义和积极意义之分：前者是指，对
于当事人没有提出的事实或证据资料，法院不得斟酌和据之裁判；
后者是指，当事人提出的诉讼资料，法院在判决时必须予以斟
酌。③ 辩论权更接近于听审请求权中的陈述权，但并不包括受通知
权、意见审酌请求权以及突袭性裁判禁止请求权等内容。④

---

　　① 参见刘明生：《辩论主义与协同主义之研究——以德国法为中心》，
载《政大法学评论》2011 年第 122 期。
　　② 参见[德]米夏埃尔·施蒂尔纳编：《德国民事诉讼法学文萃》，赵秀
举译，中国政法大学出版社 2005 年版，第 168～169 页。
　　③ 参见邱联恭：《诉讼法理与非讼法理之交错适用》，载"民事诉讼法研
究基金会"主编：《民事诉讼法之研讨（二）》，台湾三民书局 1986 年版，第
440～441 页。
　　④ 参见[日]新堂幸司：《新民事诉讼法》，林剑锋译，法律出版社 2008
年版，第 90 页。

五、与诉讼参与权的辨析

诉讼参与权是指权益受裁判影响的当事人或其他诉讼参加人，具有作为程序主体参加诉讼，通过实施攻击防御行为"左右"裁判结果形成的权利。该权利包括受通知权、知悉权、陈述权和法院的说理义务等。① 这一概念并非世界上的通行表达，为我国学者独创。②

对于听审请求权与诉讼参与权的关系，学者们一直存在争议。有学者认为，二者实际上是一回事，根本不存在区别。③ 也有学者认为，程序参与权虽然是从听审请求权演变而来，却比其范围更广，不仅包括知悉权和陈述权，也包括法官与当事人的交涉义务、法官心证和法律见解的公开义务以及突袭裁判禁止等义务。④ 还有学者认为，二者在强调当事人对诉讼程序和裁判结果的影响无区别，但听审请求权更凸显法院"听取"当事人陈述意见的义务。⑤ 本书认为，二者并无实质差异。原因有：一是，二者均意在捍卫当事人的程序主体地位，使之能对诉讼程序和裁判结果产生实质影响力；二是，它们涵盖的具体内容也无本质不同，所谓"法官与当事人的交涉义务，法官的心证和法律见解的公开义务，突袭性裁判禁止等义务"等内容，均可被听审请求权中的释明义务、审酌义务以及突袭裁判禁止义务所吸收。

---

① 参见侍东波：《程序参与及其保障》，中国政法大学 2005 年博士学位论文，第 64~73 页。

② 参见邵明：《论民事诉讼程序参与原则》，载《法学家》2009 年第 3 期；侍东波：《程序参与及其保障》，中国政法大学 2005 年博士学位论文，第 2 页。

③ 参见刘敏：《裁判请求权——民事诉讼的宪法理念》，中国人民大学出版社 2003 年版，第 32 页。

④ 参见侍东波：《程序参与及其保障》，中国政法大学 2005 年博士学位论文，第 82 页。

⑤ 参见任凡：《听审请求权研究》，法律出版社 2011 年版，第 54 页。

第四节　听审请求权的理论根据

在德国，有学者认为，听审请求权的根据在于排除司法裁判的错误和追求诉讼效率。[1] 也有学者将言词辩论主义、平等原则、司法保障、实质正义等理论作为听审请求权的创设依据。[2] 还有学者认为，法律上承认听审请求权原则的理由在于维护人性尊严、法治国原则以及事实理清的必要。[3] 不过，主流观点认为，听审请求权的根据乃法治国家原则和人性尊严的尊重与保护。[4]

一、法治国家原则

在德国，法治国家原则是一个非常古老但又不断发展的法律概念，分别经历了自由主义、形式主义和实质公正主义三个阶段。德国学界目前所言及的法治国原则，主要是指其在第三个阶段上的含义。这种倡导实质公正的法治国原则也被称为现代法治国家思想。该原则主张，国家权力的运行必须受到基本程序规则的制约；并且公权力机关应尽最大可能保护公民的基本权利，使公民能和国家机关一样平等地遵守法律。在这里，基本权利被视为保障个人自由与独立发展的权利，也一项是针对国家事务的根本性权利。这意味着，权利人能够据此权利参与国家和社会事务的管理活动，并防止

---

[1]　参见 Wolf, Rechtliches Gehör und die Beteiligung Dritter am Rechtsstreit, JZ 1971, 406 f。

[2]　参见 Rueping, Der Grundsatz des Rechtlichen Gehörs und Seine Bedeutung im Strafverfahren, 1976, s. 112 ff。

[3]　参见 Kenneweg, Darstellung und Kritische Würdigung der Rechtsprechung zum Grundsatz des rechtlichen Gehörs unter Besonderer Berücksichtigung Verfassungsrechtlicher Gesichtspunkte, Diss. Münster, 1967, S. 20。

[4]　参见 Rosenberg/Schwab/Gottwald, Zivilprozesssrecht, 16. Aufl. Müchen 2004, § 82. Rnd. 1；另见姜世明：《民事程序法之发展与宪法原则》，台湾元照出版有限公司 2003 年版，第 29 页。

国家对其自由的不当干预。① 可见，现代法治国思想也在强调公民对国家和社会公共事务进行积极参与的民主理念。由于作为社会生活纠纷的一种处理方式，司法程序能够在很大程度上反映出一国的民主化形象以及发展状况，因此，国家立法机关在塑造司法程序时，应对公民的程序参与权进行充分保障，以突显其程序主体地位。

听审请求权的核心内容主要体现为程序参加人具有的意见陈述权，即当事人拥有对裁判重要事项发表意见的权利或机会，以影响裁判结果的形成。当事人通过行使这种权利，能够有效防止国家机关尤其是司法机关对个人自由的不当干预。而这一点恰恰也是法治国家原则的内在要求之一。在现代法治国家中，对当事人进行听审请求权保障与依法审判原则一道，构成了司法正当化的依据。换言之，法院作出的裁判所以能拘束当事人，是因为，当事人的程序权尤其是听审请求权受到了保障，即其富有实质影响力地参加了司法裁判的形成过程。② 不仅如此，当事人基于自己的利益和认知能力行使听审请求权，还能为法官裁判案件提供不一样的思维方式和充足的诉讼资料，帮助其查清案件事实和审视自身法律见解，保证司法裁判的准确性和公正性。一言以蔽之，在现代法治国家原则中，无论是基于实体正义的追求还是基于程序公正的价值，均能够推导出国家机关必须确保公民个人在参与诉讼程序时能够获得听审请求权的保障。③

二、人性尊严的尊重与保护

在德国，听审请求权的第二个依据是人性尊严的尊重与保护。德国 1949 年《基本法》第 1 条第 1 款规定："人性尊严不可侵犯，

---

① 参见蓝冰：《德国民事法定听审请求权研究》，西南政法大学 2008 年博士学位论文，第 31~33 页。

② 参见许士宧：《民事诉讼之程序权保障：以通常诉讼程序当事人之程序权为中心》，载《台大法学论丛》2009 年第 38 卷第 4 期。

③ 参见姜世明：《民事程序法之发展与宪法原则》，台湾元照出版有限公司 2003 年版，第 30 页。

对其尊重和保护是所有国家权力机关的义务。"据此，德国大多数
学者认为，人性尊严的尊重与保护是基本权利的基本点、出发点以
及概括条款，换言之，它勾勒了基本权利的价值保护体系。① 由于
人性尊严是德国基本法明文规定的不可侵犯的法律原则，其往往被
司法机关当做一项解释法律的标准，用以保障公民个人不致沦为国
家权力的客体。② 可见，倡导尊重与保护人性尊严的主要目的在
于，防止公民个人遭受国家权力机关的任意摆布。因此，在国家机
关与公民个人这一法律关系中，每个公民应具有法律主体的地位，
并且对国家机关拥有一定的请求权。在这里，国家机关不仅包括立
法机关和行政机关，而且包括司法机关。具体到民事诉讼程序的构
建和运行层面，诉讼当事人也应被赋予程序主体的地位。这种主体
地位主要体现为两方面的内容：一是，当事人不能遭受司法裁判的
突然打击，使其根本不能预见最终的裁判结果；二是，当事人能够
就裁判的重要事项陈述观点，进而可以实质影响诉讼进程和裁判结
果。③ 而这两方面的内容恰好构成了听审请求权的两项具体权利，
一个是突袭裁判禁止请求权，另一个是意见陈述权。可见，人性尊
严保障原则不但证成了听审请求权存在的合理性，甚至很大程度上
决定了其具体内容。

　　有论者认为，尊重与保护人性尊严已成为人类社会的一项普适
理念，也是世界各国应共同追求的价值目标。为实现这一目标，无
论是法治后进国家还是法治发达国家，均应致力于构建温暖而又富
有人性的司法审判制度。这意味着，司法的组织和运作必须以尊重
与保护人性尊严为指导原则，并应该正面肯定公民的法主体价值。
只有遵循这一指导原理，民事诉讼程序的建构才能有助于促进司法
与民众生活的结合，才能维系司法制度的存在意义。④ 根据这一理

---

　　①　参见 Sachs，a. a. O.，Art. 1 Rdnr. 3。

　　②　参见 Sachs，a. a. O.，Art. 1 Rdnr. 20。

　　③　参见蓝冰：《德国民事法定听审请求权研究》，西南政法大学 2008 年
博士学位论文，第 40 页。

　　④　参见邱联恭：《司法之现代化与程序法》，台湾三民书局 1992 年版，
第 19～20 页。

念，任一当事人均应受到人格上的尊重，尤其在关涉其合法权益、法律状态的审判过程中，其应被视为程序主体，并被赋予平等参与程序、充分进行攻击防御、陈述事实及法律观点、并提出证据资料或反驳对方意见的机会，进而影响裁判内容的形成，避免遭受法院的突袭裁判。①

综上，在大陆法系理论中，听审请求权的根据主要是法治国原则和人性尊严的尊重与保护。但在英美法系国家，学者们往往是从自然正义理论和正当程序原则的角度来论证听审请求权。

三、自然正义原则

自然正义原则与古希腊先哲们对于正义的思想探索具有不容分割的关键。亚里士多德主张，通过正当方式制定的法律规范才具有终极性的最高权威，而这种自然、正义的法律在任何地方都具有同等的效力，不管人们是否对其表示接受。后来斯多葛学派在此基础上创设了自然法概念，并进一步指出，理性作为一种普世力量是法律和正义的基础，它不分国界和种族地存在于所有人的心中，因此，基于理性的自然法在世界上的任何地方均有拘束力。后来，这种自然法思想借助于文艺复兴时期的"天赋人权""自然权利""社会契约论"等流行理论，在欧洲大陆受到了前所未有的追捧和发展。到中世纪时期，在自然法思想的影响下，人们已经发展出了自然正义原则，并将其作为衡量程序正义的一项基本标准。自然正义原则具有两个要求：一是，任何人不得作为自己案件的法官；二是，法官应当平等地听取双方当事人的陈述。② 之后，英国的爱德华·柯克爵士，在1610年审理博纳姆医生案之际，便阐述了法官中立原则和听审请求权保障原则对法律程序的必要性，并且赋予了自然正义原则以实质内容，即法官必须平等地对待双方当事人，不偏袒任

① 参见许士宦：《民事诉讼之程序权保障：以通常诉讼程序当事人之程序权为中心》，载《台大法学论丛》2009年第38卷第4期。

② 参见[美]E. 博登海默：《法理学：法律哲学与法律方法》，邓正来译，中国政法大学出版社2004年版，第11~29页。

何一方，并给予被告充分的辩护和申诉的权利，否则其所作判决就会被撤销。① 随后，英国人根据自然正义原则的第二个要求发展出听审请求权保障原则，即"当事人具有陈述意见和被倾听的权利"。随着自然正义理论的不断发展，听审请请求权保障原则的内容也得到了不断的丰富，最后将受通知权和裁判说理也纳入了自己的概念范畴。②

四、正当法律程序原则

如上所述，美国宪法第 5 条和第 14 条修正案均规定有"正当法律程序条款"。对于正当法律程序这一概念，美国学者还经常使用另一种更为简练的表达，即"接受听审的权利"(the right to be heard)。③ 这种表达侧重描述的是程序性正当程序原则。④ 其具体是指，国家机关在剥夺公民的生命、自由以及财产等相关权益前，应给予当事人合理的通知(notice) 和听审的机会(opportunity to be heard)。⑤ 因此，美国学者认为，听审请求权保障的依据是程序性正当法律程序原则。⑥ 换言之，在美国学者看来，保障当事人的听审请求权是正当程序原则的基本要求。

对此，美国的司法机关也予以认可。联邦最高法院在 1951 年的反法西斯难民联合委员会诉麦格拉斯一案中曾明确指出，根据正

---

① 参见[美]约翰·V. 奥尔特:《正当法律程序简史》，杨成明、陈霜玲译，商务印书馆 2006 年版，第 64 页。

② 参见任凡:《听审请求权保障研究》，法律出版社 2011 年版，第 110~112 页。

③ [美]斯蒂文·N. 苏本等:《民事诉讼法——原理、实务与运作环境》，傅郁林等译，中国政法大学出版社 2004 年版，第 23 页。

④ 在美国，正当法律程序又存在实体性正当程序与程序性正当程序之分。与后者不同，前者是指，政府所制定的法律应该正当合理，而且应有适当理由足以正当化其剥夺相对人生命、自由以及财产的行为。详见史庆璞:《美国宪法理论与实务》，台湾三民书局股份有限公司 2007 年版，第 253 页。

⑤ 参见 Fuentes v. Shevin，407 U. S. 67(1972)。

⑥ [美]斯蒂文·N. 苏本等:《民事诉讼法——原理、实务与运作环境》，傅郁林等译，中国政法大学出版社 2004 年版，第 23 页。

当程序原则，这些社会组织在被司法部贴上贬损性的标签前，应获得被听审和提供证据的机会。大法官们给出的理由是："在一个人的名誉因一个针对他的案件而受到严重损坏时，没有什么制度设计比给他一个案件通知并使他有机会亲历这个案件更能令审判接近真实了，也无法找到更好的方式产生一种被公正对待的感觉，这种感觉对于民主的政府而言太重要了。"[1]对于听审请求权与正当程序原则的这种关系，我们还可以在其他一些判例中寻觅到踪迹。例如，有法官指出，正当法律程序原则的一项基本要求便是，法院在剥夺当事人的生命、自由或财产前，应给予其事先通知以及与案件性质有关的听审之机会。[2] 还有法官认为，"我们已经习惯把正当程序条款的'基本要求'，称为'在剥夺个人任何重大财产利益之前给予其听审机会'"。[3]

　　表面上看，两大法系对听审请求权根据的认识存有差异，但进一步分析即可发现，二者实则具有共同的价值追求。

　　一方面，自然正义原则和正当程序原则意在强调"非经法律程序，任何人的正当权益不受剥夺"，这恰恰也是法治国原则倡导的核心价值。英美法系国家的司法机关认为，在一般性的法律规则之外，存在着一种"更高位阶法律（higher law）"。在这里，"更高位阶法律"主要指"法治国家"、"自然正义"或"正当程序"等法律原则。由于这些原则是一种根本性或基本性的原则，一般法律规则不

---

① 在该案中，三个民间组织对美国司法部将它们列入"积极主义的、法西斯的、或颠覆主义"的名单之决定提出了异议。它们认为，这种行政行为是在没有通知三个组织，也没有为它们提供陈述和申辩机会的情形下作出的，有违正当程序原则，也对三者造成了损害。参见 Joint Anti-Fascist Refugee Committee v. McGrath, 341 U. S. 123(1951)。

② 参见 Mullane v. Central Hanover Bank & Trust Co., 339 U. S. 306, 313, 70 S. Ct. 652, 656, 94 L. Ed. 865 （1950）; 参见 also Cleveland Bd. of Educ. v. Loudermill, 470 U. S. 532, 541, 105 S. Ct. 1487, 1493, 84 L. Ed. 2d 494(1985)。

③ 参见 Boddie v. Connecticut, 401 U. S. 371, 379, 91 S. Ct. 780, 786, 28 L. Ed. 2d 113 （1971）; 参见 also Bell v. Burson, 402 U. S. 535, 542, 91 S. Ct. 1586, 1591, 29 L. Ed. 2d 90(1971)。

得与之抵触，否则便被宣告无效。基于这种认识，英美法系国家的司法机关创制了司法审查制度，而这些更高位阶的法律原则便是其行使司法审查权的准则。借助于司法审查制度，自然正义原则和正当程序原则能有效阻止行政、立法等国家机关的不公正行为，从而使程序公正具有可供操作的含义。① 这预示着，在英美法系国家，以听审请求权保障为核心的自然正义原则和正当程序原则，实则扮演了一种法律评价规范的角色，以确保国家公权力在行使职权时符合特定程序规则的要求。有学者认为，自美国宪法第 14 条修正案生效以后，正当程序原则便成为了公民个人免受政府侵害的最坚固的磐石。② 而法治国家原则的要义也在于，防止国家机关对公民自由的肆意干预，使其职权受到程序规则的应有约束。由此看来，正当程序原则和自然正义原则与法治国家原则其实均在贯彻同一个价值理念。

　　另一方面，自然正义原则和正当法律程序原则同样倡导对人性尊严价值的维护。在论及确保当事人参加诉讼程序的重要性时，有学者强调："与程序的结果有利害关系或者可能因该结果而蒙受不利影响的人，都有权参加该程序并得到有利于己的主张和证据以及反驳对方提出之主张和证据的机会。这就是'正当法律程序'原则最基本的内容或要求，也是满足程序正义的最重要条件。"③无论是自然正义原则还是正当程序原则，都非常强调当事人作为程序主体的参与价值，藉此寻求程序的正义。对接受裁判结果的当事人来说，坚持程序正义能使其感受到公平、人道的对待，产生一种人格被尊重的感觉。这种感觉往往有利于当事人对裁判结果的接受，进

---

　　① 参见［美］约翰·V. 奥尔特：《正当法律程序简史》，杨成明、陈霜玲译，商务印书馆 2006 年版，第 64 页。

　　② 参见史庆璞：《美国宪法法律与实务》，台湾三民书局股份有限公司 2007 年版，第 251 页。

　　③ 参见［日］谷口安平：《程序的正义与诉讼（增补本）》，王亚新、刘荣军等译，中国政法大学出版社 1996 年版，第 12 页。

而承认诉讼程序的公正性。① 因此，自然正义原则和正当程序原则均强调当事人在司法裁判剥夺其合法权益前享有被告知和听审的机会，使其能对裁判结果产生实质影响，避免司法权对公民自由的侵犯。基于此，有学者认为，正当程序原则在美国及其各州宪法上的全面确立，是美国政府崇尚人性尊严和提倡公民基本自由的一个具体表征。② 法拉克福大法官也指出："'正当程序'不能禁锢在任何一个公式化的暗藏危险的限制之中。它用于表达一种对于人的尊重的终极分析，这种尊重由法律保障执行以获得公正对待的感觉，而这种感觉在英美法建构的历史和文化中历经了几个世纪……"③这足以说明，自然正义理论和正当程序原则同样体现了维护人性尊严的价值。

本 章 小 结

听审请求权概念起源于罗马法上的"听取他人陈述"原则，后伴随自然法思想在欧洲各国的兴起而得以迅速传播，逐渐成为各国司法制度中必不可少的法律原则和当事人享有的一项程序性权利。我国学者对听审请求权的中文译法非常繁乱，但基于德国《基本法》第 103 条第 1 款主要是在强调当事人对法院具有请求权这一权利面向，本书通篇采用"听审请求权"这一中文表达。

听审请求权可以细分为知悉权、陈述权、意见审酌请求权和突袭裁判禁止请求权。其中，知悉权又称受通知权，是指当事人具有知悉诉讼系属、对方陈述内容以及案卷资料的权利。陈述权是指当事人具有就裁判依据的事实、证据以及法律意见等事项发表意见的权利。意见审酌请求权是指，对于当事人陈述的意见，法官应认真

---

① 参见陈瑞华：《程序正义的理论基础——评马修的"尊严价值"理论》，载《中国法学》2000 年第 3 期，第 78 页。

② 参见史庆璞：《美国宪法法律与实务》，台湾三民书局股份有限公司2007 年版，第 251 页。

③ 参见［美］斯蒂文·N. 苏本等：《民事诉讼法——原理、实务与运作环境》，傅郁林等译，中国政法大学出版社 2004 年版，第 22~23 页。

听取并在予以考量。而突袭裁判禁止请求权指的是，法院应对当事人及时履行释明义务，以防止其裁判结果超出当事人的合理预期，造成突袭。

在与听审请求权相近的概念中，司法裁判请求权是指公民个人具有接近司法审判的权利，侧重强调当事人启动诉讼程序的权利；公正程序请求权或公正审判权，除要求对当事人进行听审请求权保障外，还要求法官必须中立无偏颇、且程序的运行应具有可预见性和公开性；当事人权比听审请求权的范围更大，其是指当事人享有的所有程序性权利，并不限于受通知权、陈述权、意见审酌请求权和突袭性裁判禁止请求权；辩论权是指当事人具有向法院提事实主张和证据资料的权利，其范围大致相当于听审请求权中的陈述权；诉讼参与权与听审请求权在主要目的和具体内容上都没有本质差异，二者可以进行替换使用。

大陆法系学者认为，听审请求权的根据在于法治国原则和人性尊严的尊重与保护；而英美法系学者认为，听审请求权属于自然正义原则和正当程序原则的核心内容。虽然两大法系对听审请求权的理论根据有着不同的认识，但进一步分析即可发现，在这不同认知的背后实则隐含着共同的价值追求，即均是为了实现程序的正义，防止国家公权力对公民自由的不当干预。

第二章　听审请求权之基本权利性质及双重面向

第一节　基本权利性质之明确

对于基本权利的含义，学术界一直存在争论。一种观点认为，它是指那些先于国家存在并对国家机关具有拘束力的权利；另一种观点认为，其是一国宪法或宪法性文件明确规定的权利。① 很显然，前者是自然法思想学派的见解，后者则是法律实证主义者的主张。二者的争论焦点是，基本权利能否超越实定法存在。随着听审请求权之宪法化、国际化运动的展开，这种争论对听审请求权的性质界定逐渐失去意义，因为在听审请求权被多国宪法和国际性法律文件明确以后，无论采用上述何种观点，听审请求权均具有基本权利的性质。

一、早期的宪法化运动

听审请求权的宪法化运动，最早可追溯到英国 1215 年颁行的《大宪章》。其第 39 条规定："凡是自由的公民，如不经同级贵族的依法审判或者国法判决，不得被逮捕、监禁、没收财产、剥夺法律保护之权，放逐或加以其他伤害。"在大法官科克看来，该法条是英国关于正当程序原则的最早的规范性表达。此后，经《伦敦威斯敏斯特自由法》《权利请愿书》等法律文件的反复表述，该原则的

---

① 参见吴庚：《宪法的解释与适用》，台湾三民书局股份有限公司 2004 年版，第 85 页。

基本意涵逐渐明确，即指一个人只应接受包含辩论的、体现为书面的命令，或曰一个人只有在满足上述条件时才能被审判。① 在这里，"辩论"一词就是指当事人陈述意见的权利。可见，正当程序原则包含了听审请求权的内容。②

　　随着英国的殖民扩张，正当程序理念又被传到美国，最终被其宪法第 5 条和第 14 条修正案吸纳。其中，第 5 条修正案第 2 节规定："……任何人不得因同一罪行而遭受两次生命或身体的危害；不得在任一刑事案件中被迫自证其罪；未经正当法律程序，不得被剥夺的生命、自由和财产……"之后，第 14 条修正案对其适用范围进行了拓展。第 14 条修正案第 1 节规定："……任何一州，都不得制定或实施限制合众国公民的特权或豁免权的任何法律；不经正当法律程序，不得剥夺任何人的生命、自由或财产；对于在其管辖下的任何人，亦不得拒绝给予平等的法律保护。"与第 5 条修正案相比，第 14 条修正案不仅将正当程序原则的拘束主体从联邦政府扩展至各州政府，也令其保护对象从刑事诉讼被告人扩张至全体公民。至此，正当法律程序便构成了美国宪法明文规定的一项程序性基本权利。美国人认为，正当法律程序最基本的要求，就是赋予当事人陈述和被听审的权利。③ 因此，作为正当法律程序原则的核心内容，听审请求权同样具有基本权利的性质。

---

　　① Lucius Pollk McGehee, Due Process of Law under the Federal Constitution. (Fred B. Rotman & Co. Littleton, Corado, 1980), p. 10. 转引自徐亚文：《程序正义论》，山东人民出版社 2004 年版，第 5 页。

　　② 需明确的是，虽然《大宪章》在制定之初并不属于宪法规范，但后来英国国王通过一系列的法律文件使之实际拥有了宪法规范的地位。先是，爱德华一世于 1297 年颁布的《宪章确认书》，确立了《大宪章》的普通法地位及其对司法裁判的约束力；再是，爱德华三世于 1368 年以成文法形式明确了其高于一般成文法的效力。从此，西方学者便将《大宪章》视为欧洲最早的一部旨在保护公民自由权利的成文宪法。参见徐亚文：《程序正义论》，山东人民出版社 2004 年版，第 6~8 页。

　　③ 参见 Grannis v. Ordean, 234 U. S. 385, 397(1914)。

二、"二战"后的宪法化、国际化运动

"二战"后,听审请求权迎来了更大规模的宪法化运动。① 虽然此前听审请求权已得到了许多国家的重视,并被不同程度地贯彻到其司法制度之中;但在经受了"二战"后宪法化、国际化运动的"洗礼"之后,其基本权利的性质才得到最广泛的承认和接受。

如上所述,德国在 1949 年《基本法》第 103 条第 1 款中率先对听审请求权进行了明文规定,使之成为一项具有宪法位阶的程序性权利。此后,意大利《宪法》第 24 条第 2 款、塞内加尔《共和国宪法》第 6 条、巴西《联邦宪法》第 24 条第 2 款以及土耳《宪法》第 36 条第 1 款也相继对听审请求权进行了规定。② 除这种在宪法条文中直接规定听审请求权的做法外,还有一些国家则是通过对既有宪法条文进行扩张性解释,来明确听审请求权之基本权利性质的。最典型的国家就是日本。日本《宪法》32 条规定:"任何人在法院接受审判的权利均是不可剥夺的。"虽然该条文并未直接体现听审请求权保障的内容,但学者依据法治国原则,并根据《宪法》第 31 条③,第 76 条第 3 款④以及第 82 条第 1 款⑤的规定,将听审请求权解释为《宪法》第 32 条明确规定之司法保障请求权的当然内容,从赋予

---

① 有学者认为,"二战"后,越来越多国家将自然正义原则(包括听审原则)作为一种普遍的程序正义予以肯认,很多国际性法律文件也将其吸收为基本的内容,因此,国际化成为了自然正义原则的一个重要的发展趋势。参见孙祥生:《论自然正义原则在当代的发展趋势》,载《西南政法大学学报》2006 年第 2 期。

② 参见[意]莫诺·卡佩莱蒂:《比较法视野中的司法程序》,徐昕、王奕译,清华大学出版社 2005 版,第 338~339 页。

③ 《日本宪法》第 31 条规定:"非依法定的程序,任何公民均不得被剥夺生命、自由等权利,或者被科处刑罚。"

④ 《日本宪法》第 76 条第 3 款规定:"所有法官依良心独立行使职权,只受本宪法和法律的约束。"

⑤ 《日本宪法》第 82 条第 1 款规定:"裁判的对审和判决在公开的法庭上进行。"

了其基本权利的地位。① 这种推演思路可以简略表述为：（1）因为，司法保障请求权具有基本权利的性质；（2）听审请求权是司法保障请求权的一项重要内容；（3）所以，听审请求权也具有基本权利的性质。这种做法的最大益处在于，既能维护宪法的安定性，又能明确听审请求权的宪法位阶。与之类似，西班牙则从其《宪法》规定之"当事人有效权利保护的请求权"中推导出了听审请求权的内容；瑞士从其《宪法》第 4 条第 1 句之"法律面前人人平等"规定中推演出了当事人平等享有听审请求权的内容。②

在经历宪法化运动的同时，听审请求权的国际化趋势也日益增强。这一趋势非常明显地体现为，一些具有重大影响力的国际性法律文件均规定了听审请求权的内容。③ 先是，1948 年 12 月 1 日发表的《世界人权宣言》第 10 条规定："任何人都完全平等地享有由一个独立无偏倚的法庭进行公开、公正审判的权利，以确定其权利义务或者针对他提出的刑事指控。"其后，1950 年 11 月 4 签署的《欧洲人权公约》第 6 条第 1 款规定："任何人在其私法上的权利义务或者针对其提出的任何刑事罪名被决定时，均有权在合理时间内接受一个依法设立且独立无偏私的法院对其进行公平、公开的审判。"这一条文被视为《世界人权宣言》第 10 条的持续性发展。再者，1966 年发布的《公民权利和政治权利公约》第 14 条 b 第 1 款又规定："人人在法院或法庭面前悉属平等，任何人受刑事控告或因其权利义务涉及诉讼需要裁判时，均有权受依法设立的、合格的且无偏私的法庭进行公开、公正的审判。"很明显，在这些国际性法律文件中，均有关于当事人在诉讼程序中获得公开和公平审判权利

---

① 参见［日］中野贞一郎：《民事裁判と憲法》，《講座民事訴訟法》1984年（昭和五十九年），第 14~15 页。

② 参见［德］米夏埃尔·施蒂尔纳编：《德国民事诉讼法学文萃》，赵秀举译，中国政法大学出版社 2005 年版，第 168~169 页。

③ 参见［日］中野贞一郎：《公正な手続求あゐ権利》，载《民事訴訟雑誌》1985 年第 31 号，第 7 页。

的规定。事实上，听审请求权与公平审判权就是一个事物的两面，① 因此，上述国际性法律文件的相关规定，也可以解读为听审请求权保障的内容。

综上，随着听审请求权的宪法化和国际化运动之开展，其基本权利性质也得到了世界上绝大多数国家及地区的承认和接受。②

第二节　基本权利的双重面向

德国联邦宪法法院在吕特案③的判决书明确指出："基本权利规范不仅包括个人针对国家的主观防御权，同时也蕴涵了一种客观价值秩序，作为宪法上的基本决定，这一客观价值秩序适用于各个法律领域，并构成立法、行政、司法的方针准则与推动力。"④换言之，基本权利具有个人主观权利和客观价值秩序两种面向。

一、个人主观权利

在主观权利面向上，基本权利所处理的核心问题是"个人"与

---

①　徐昕教授认为公平审判权与听审请求权实际上是一个事物的两面，于当事人而言，它是一种获得公平听审的机会或权利；而对法院来说，其则是指平等对待双方当事人、公平公正地审理案件。参见［意］莫诺·卡佩莱蒂等：《当事人基本程序保障权和未来的民事诉讼》，徐昕译，法律出版社2001版，第96~97页。译者注7。

②　参见魏伶娟：《听审侵害案件于民事诉讼程序之救济——从德国经验谈起》《东海大学法学研究》2015年第45期。

③　该案件的基本事实是，1950年汉堡新闻俱乐部主席 Lüth 号召大众抵制一部名为《永恒的情人》的电影，因为其改变自一部纳粹时代反犹太的电影。但是该电影的制造公司及其授权厂商依据民事侵权行为（德国民法第826条）的规定，诉请 Lüth 停止侵权，汉堡地方法院准许了这一请求；在 Lüth 向汉堡高等法院提起的上诉请求被驳回后，其又以基本法第5条第1句之意见表达自由权利受到侵害为由，提出了宪法抗告。最终联邦宪法法院推翻了汉堡地方法院的判决，并撤销了其针对 Lüth 的禁令。参见张翔主编：《德国宪法案例选释》，法律出版社2012年版，第20~21页。

④　BVerfGE 7, 198(205).

"国家"的关系。在这组关系中，个人是权利主体，国家是权利相对人。在这里，"国家"主要是指公权力机关和受委托行使公权力的机关或个人。有学者认为，基本权利其实就是一种权利人针对相对人享有的权利；但这种权利绝不是名义上的存在，因为在现代法治国家中，立法机关一般会出台相关法律，允许公民在符合一定条件的情形下，以提起诉讼的方式向国家请求自身权利的实现，甚至在必要时还可通过宪法诉愿程序寻求救济。① 换言之，在主观权利面向上，公民个人可依据基本权利向国家机关提出一定的要求或请求，而与之对应，国家机关则负有为或不为一定行为的义务；同时，如果公民的基本权利因国家的不当干预而遭受了侵害，国家还应为其提供必要且及时的救济。由此可见，基本权利在主观权利面向上具有两层含义：其一，个人能够依据基本权利之相关法律规定，要求国家机关进行积极的作为和消极的不作为；其二，如果基本权利遭受了国家机关的不当干预或侵犯，权利人可请求司法机关对其进行救济。②

不过，需要特别强调的是，由于宪法规范关于基本权利的规定往往比较抽象，一般不会涉及国家给付行为的种类、范围、条件等具体内容，故个人无法直接依据宪法规范要求国家履行积极的给付行为。而只有在立法者通过下位法对给付行为的种类、范围、条件等具体内容进行明文规定时，公民才能依据这些具体的法律规定，请求国家从事相应的给付行为。

二、客观价值秩序

在这一面向上，基本权利是宪法规范明确规定的一种价值秩序。该价值秩序不仅是立法者构建一国法律制度的指导原则，而且

---

① 参见吴庚：《宪法的解释与适用》，台湾三民书局股份有限公司 2004 年版，第 150~151 页。

② 参见 Helmut Goerlich, Fudamental Constitutional rights: Content, Meaning and General Doctrines, in The Constitution of the Federal Republic of Germany, Ulrich Karpen ed. Nomos Verlagsgesellschaft (1988), pp. 49-50。转引自张翔：《基本权利的双重性质》，载《法学研究》2005 年第 3 期。

是行政和司法机关在执行或适用法律时必须恪守的最高标准。①

　　与主观面向强调个人权利的实现和救济不同，基本权利的客观面向是以确保人格以及人性尊严在社会共同体中的自由发展为中心，构成了国家机关乃至全体人类都必须遵循的价值标准。② 换言之，在主观权利面向上，基本权利的实现与维护很大程度取决于权利人的主观意志，即权利主体可以自由选择是否行使自己的权利，并可自由决定是否对遭受侵犯的权利进行救济；然而，作为一种客观价值秩序，基本权利在被实现的过程中并不以个人主观意志为转移，因此，对所有国家机关而言，它在任何时间、任何地点都必须得到贯彻和执行。

　　作为客观价值秩序，基本权利具有三层含义：一是，它是规制整个社会共同体的价值秩序，其影响力遍及社会生活的各个角落和层次，并对法律调整的全部领域均具有拘束力；二是，它是国家机关职权活动的行为准则，立法权、行政权和司法权均要时刻以该准则规范和约束自身的职权行为；三是，国家机关应尽最大可能为公民个人实现基本权利积极创造条件和设立保障措施，这些措施包括组织保障、制度保障和程序保障。③ 其中，前两层含义侧重描述基本权利的法律规范效力，即它对社会活动的价值指导作用；最后一层含义则主要强调国家机关对基本权利负有的保障义务。这种保障义务与主观面向的受益权较为相像，均为国家机关赋予了一定的积极义务。所不同的是：后者着眼于国家在微观层面对个人基本权利所负有的义务，往往是公权力主体在具体情境下应当从事的一些行为，譬如，司法机关对特定公民的权益损害进行救济的行为；前者则是从宏观角度出发，对国家负有之保障义务提出一般意义上的要求，即它并不针对某个特定的权利主体或者特定的场景，具有抽象性特征。例如，我国为保障公民受教育权设立的九年义务教育制

---

　　① 参见张翔：《基本权利的双重性质》，载《法学研究》2005 年第 3 期。
　　② 参见洪慧敏：《听审请求权之研究》，中正大学法律学研究所 2010 年硕士学位论文，第 51~52 页。
　　③ 参见张翔：《基本权利的双重性质》，载《法学研究》2005 年第 3 期。

度，其面向的权利主体是全国范围内所有符合基础教育条件的青少年或儿童，而不是特定的公民个人。

正如有学者指出的那样，基本权利的双重面向可以概括为："在个人得向国家主张"的面向上，基本权利是一项公民个人享有的主观权利，其核心内容在于防御权，公民个人可以依据这一权利排除国家机关的侵犯；同时，它还是一种客观价值秩序，对于这一价值秩序，国家机关在行使职权时必须自觉遵守，并尽可能创造和维持基本权利的实现条件。①

第三节 作为程序法原则的听审请求权

由于基本权利兼具个人主观权利和客观价值秩序两种面向，作为一种程序基本权，听审请求权同样具有这种特征。不过，具体到民事诉讼领域，听审请求权的客观面向主要表现为程序法原则。在德国，虽然《基本法》第 103 条将"获取听审"明确规定为公民享有的一项主观权利，但无论理论界还是实务界均不排斥对"听审原则"一词的使用。② 换言之，听审请求权的主观权利性质并不妨碍它成为一项程序法原则。③

一、程序法原则地位的确立

早在德国的帝国法院时期，人们便将获得听审视为一种客观程序法规范。这意味着，在《德国基本法》于 1949 年制定之前，听审请求权已在诉讼法领域发挥着法律原则的作用。虽然 1877 年颁布的《德国民事诉讼法》并未将听审权规定为一般性的程序法规范，

---

① 参见[德]罗伯特·阿列克西：《作为主观权利和客观规范之基本权》，程明修译，载《宪政时代》1999 年 4 月第 24 卷第 4 期，第 83 页。

② 参见 Schumann, Die Wahrung des Grundsatzes des rechtlichen Gehörs-Dauerauftrag für das BVerfG NJW 1985, S. 1134。

③ 参见 Musielak, Grundkurs ZPO, 4. Aufl., 1998, Rdnr. 93。

只是制定了一些零散而具体的能够体现听审权保障的法律条文①，但实务部门早已将它视为诉讼法上的基本原则，理论界也基本肯认其作为司法判决正当性和准确性之必备原则的法律地位。②

　　不过，在相当长的一段时期内，德国民诉法教科书在编写基本原则一章时，都未将听审请求权纳入其中。直到"二战"以后，这种现象才得到根本改观。这一转变的历史背景是，德国 1949 年制定的《基本法》第 103 条第 1 款明确了听审请求权的宪法规范性质，使之具有了浓厚的"客观程序法规范"色彩。依据该条文，司法机关顺理成章地将"获得听审保障"看做一种具有普遍意义的程序法原则，同时也将其视为一种具有最高位阶（宪法位阶）的法律原则。与之呼应，学术界对"听审请求权保障原则"一词的使用也比以往更加普遍，该术语不仅在宪法规范的层面被广泛使用，在程序法规范层面也得到了大量的运用。③ 一时之间，听审请求权被冠以"民事诉讼法的通用原则"④"整个民事诉讼法的支柱"⑤"民事诉讼法的基本思想"⑥等众多称谓。甚至有学者指出，听审请求权乃民事诉讼领域最重要的一项程序法原则⑦，在每一个法治国家的程序法规

————————

　　① 参见[德]奥特马·尧厄尼希：《民事诉讼法(第 27 版)》，周翠译，法律出版社 2003 年版，第 159~160 页。

　　② 参见 Schwartz, Gewährung und Gewährkwustung des rechtlichen Gehörs durch einzelne Vorschriften der Zivilprozessoadnung, 1977, S. 10 m. W. N。转引自姜世明：《民事程序法之发展与宪法原则》，台湾元照出版有限公司 2003 年版，第 57 页。

　　③ 参见姜世明：《民事程序法之发展与宪法原则》，台湾元照出版有限公司 2003 年版，第 55~57 页。

　　④ BayOBLG 1951, 16, 18.

　　⑤ OLG Nuernberg MDR 57, 45, 46.

　　⑥ OLG Koeln NJW 52, 1191.

　　⑦ 有学者认为，可按照法律位阶的不同来识别程序法原则的重要性，法律位阶越高程序法原则就越具有重要性。因此作为一项宪法性规范，听审请求权构成了民事诉讼中最重要的一项基本原则。参见[德]汉斯-约阿希姆·穆泽拉克：《德国民事诉讼法基础教程》，周翠译，中国政法大学出版社 2005 年版，第 60~61 页。

范中，均是一项不可或缺的内容①。此外，德国目前的民诉法教材也大多将听审请求权与处分权主义、辩论主义、直接言词以及集中审理等原则并列在一起，从而使其程序法原则的地位得到了进一步明确。② 一言以蔽之，经过这一发展过程，听审请求权在德国的民事诉讼领域最终获得了基本原则的地位。

　　而在其他大陆法系国家和地区，听审请求权的程序法原则性质也得到了承认。譬如，荷兰便将听审请求权视为一项程序法原则。③ 不仅于此，《欧洲人权公约》第 6 条规定："在决定民事权利即义务或任何刑事追诉时，人人享有在合理时间受到依法设立的独立法庭之公开、公正审判之权利，判决应公开宣判，但为了民主社会中道德、公共秩序或国家安全之利益，或少年之利益或保障当事人私人生活之必要，或法院与特殊情况认为公开将违反公平正义而确有必要时，得排除记者及民众旁听全部或部分审判程序。"德国有学者认为，该条款的公正审判权与听审请求权具有相通之处，并主张法院在解释《基本法》第 103 条第 1 款时应参照该条款。④ 加之，欧盟基本权利宪章在前言中明确将公正审判权视为一项法律原则，因此听审请求权在欧其他盟国家也具有程序法原则的性质。⑤ 在我国台湾地区，虽然其"宪法"规范并未明文规定听审请求权，但"大法官释字第 482 号解释书"已将其十分清楚地纳入了"宪法"

---

　　① 参见［德］奥特马·尧厄尼希：《民事诉讼法（第 27 版）》，周翠译，法律出版社 2003 年版，第 159 页。

　　② 参见［德］罗森贝克、施瓦布、戈特瓦尔德：《德国民事诉讼法》，李大雪译，中国法制出版社 2007 年版，第 569~573 页；［德］奥特马·尧厄尼希：《民事诉讼法（第 27 版）》，周翠译，法律出版社 2003 年版，第 159 页；［德］汉斯-约阿希姆·穆泽拉克：《德国民事诉讼法基础教程》，周翠译，中国政法大学出版社 2005 年版，第 61~71 页。

　　③ 参见［日］中野贞一郎：《民事訴訟ぃぁける憲法的保障》，载《民事訴訟法の争点》，1988 年第 31 号，第 15 页。

　　④ 参见 Sachs, Michael（Hrsg.）, Grundgesetz Kommentar, 4. Aufl, 2007, Art. 103, Rn. 6。

　　⑤ 参见洪慧敏：《听审请求权之研究》，中正大学法律学研究所 2010 年硕士学位论文，第 43 页。

第 16 条之诉讼权的内涵，故学界对其基本权利的性质并无疑义。但有疑问的是，能否将该宪法权利同时视为程序法基本原则。不过，有学者认为，承认听审请求权的程序法原则性质有利于实现宪法权利保障的目的，因此肯定观点更符合目的性解释规则。①

　　无独有偶，英美法系法系也基本肯认听审请求权的程序法原则性质。在美国的法律理论中，存在一种与听审请求权对应的程序法概念即诉讼参加原则。该原则又被表述为"获得法庭审判机会"（the opportunity to be heard），属于正当法律程序的第一要素。其核心思想在于，法院应保障当事人能够富有成效地参与审判活动，并能对纠纷解决结果的形成施加实质影响。② 由于这种程序法原则比较符合社会大众那种"找个地方出口气"的普遍心理，往往有助于消弭当事人之间的对抗情绪和紧张关系。因此，如果法院能够保障当事人获得这种"出口气"的机会，令其可以通过自己的攻击防御行为"左右"裁判结果，即便该当事人最终没有赢得诉讼，也可能因为其已穷尽攻击防御之能事而更愿意承担或服从这种不利结局。简言之，参加原则能够促使参与诉讼的当事人易于接受裁判结果，从而有利于民事纠纷的最终解决。③ 从本质上讲，诉讼参加原则体现的是一种维护人性尊严的价值追求。④ 一个人至少有理由产生这样的期待：当法院所作裁判可能影响其合法权益或正常生活之时，当事人应被给予充分表达观点的机会，并且其所表达的观点也应得到法院的认真听取乃至合理采纳。也就是说，在诉讼程序中，当事人对于一切可能影响裁判结果的重要事项均享有发言权。而当事人只有切实拥有了这种权利，才能掌握自己的命运，才能保障自身的人格

---

　　① 姜世明：《民事程序法之发展与宪法原则》，台湾元照出版有限公司 2003 年版，第 59 页。

　　② 参见陈瑞华：《程序正义理论》，中国法制出版社 2010 年版，第 147 页。

　　③ 参见［美］迈克尔·D. 贝勒斯：《法律的原则——一个规范的分析》，张文显等译，中国大百科全书出版社 1996 年版，第 35 页。

　　④ 参见陈瑞华：《程序正义理论》，中国法制出版社 2010 年版，第 150~153 页。

尊严。正如学者指出的那样，假如一个人被允许参加到诉讼程序之中，并被赋予了陈述意见的机会，就足以说明他的人格得到了法院的尊重，其个人尊严也得到了维护。① 综上，无论从核心内容还是从价值追求上看，诉讼参加原则与德国法上所言及的听审请求权都具有一致性，均是为了保障当事人的程序主体地位，从而最终实现维护人性尊严的价值追求。基于此，我们可以得出的结论是，听审请求权保障在美国同样被视为程序法上一项基本原则。此外，听审请求权的程序法原则性质在英美法其他系国家也具有广泛的认可度。譬如，在英国和加拿大，正当法律程序原则是程序法原则的上位概念，其主要包括诉讼告知和被听审等内容。换言之，作为正当法律程序的一项重要内容，听审请求权保障在英美法系国家也具有程序法原则的地位。只不过，该原则在英国和加拿大的法律理论中被表述为获得公正审判(fair trial)的原则而已。②

二、作为程序法原则的独立价值

如上所述，听审请求权可细化为知悉权、陈述权、法官审酌请求权以及突袭性裁判禁止请求权等具体权利。因此，依赖于这些具体权利，当事人的听审请求权便可得到顺利的实现，并不需要一个总括性概念再来发挥作用。具体而言，知悉权可保障当事人能够及时了解到程序事项及相关内容，陈述权能保证当事人针对裁判的重要事项发表辩论意见，而审酌请求权和突袭性裁判禁止请求权又能促使法官认真听取、斟酌当事人陈述的观点，并及时提醒当事人发表或补充发表陈述意见。换言之，由于以上这些具体权利可分阶段地保障当事人的陈述权和意见被听取的权利，听审请求权作为一种概括性概念而独立存在，似乎意义不大。

然而事实并非如此，从程序法原则的角度看，听审请求权作为

---

①　参见[美]迈克尔·D. 贝勒斯：《法律的原则——一个规范的分析》，张文显等译，中国大百科全书出版社 1996 年版，第 35 页。

②　参见[德]米夏埃尔·施蒂尔纳编：《德国民事诉讼法学文萃》，赵秀举译，中国政法大学出版社 2005 年版，第 179 页。

一个独立的概念存在依然是必要的。理由在于，听审请求权实际上是一种法律价值秩序，或者说是一种评价标准。作为自然正义原则的一项核心内容，当事人的听审请求权是否得到保障，不仅是判定某一诉讼程序是否具有正当性的标准之一，也是评价程序法规范或制度是否完备、现代化的标准之一。与民事诉讼中的处分权原则一样，听审请求权虽然需要通过一些具体的法律规范或制度予以具体化落实，但与此同时，它又是一种衡量诉讼法制度、规范以及程序是否完备或正当的指标。总之，听审请求权不仅可以具体化为微观意义上的权利形态，而且可以抽象为宏观意义上的价值标准。

　　进一步阐释，客观程序法原则的性质，使得听审请求权区别于那种纯粹统合性的法律概念。这一点通过对比一组法律概念即可予以说明，例如，合同权利统摄的具体权利包括继续履行请求权、支付违约金请求权以及合同解除权等，一般而言，当事人依据这些具体权利即可维护自身权益或从事民事活动，而无须再使用合同权利这一总括性概念；但与之不同，尽管听审请求权也能划分为很多具体权利，但由于该权利具有程序法原则的属性，它在作为一种复合型法律权利概念使用时，往往能够发挥一种法律评价规则的作用。正如有学者指出的那样，明确听审请求权的程序法基本原则之性质，不仅是为了表现出听审请求权保障具有的一般性，而且是为了显示其法律评价规则的意涵，尤其是为了揭示听审请求权保障原则对司法审判程序的重要性。[①] 在美国，法院应适式、适时地向当事人提供通知和被听审的机会，是正当法律程序这一宪法原则对法院行使审判权作出的一种合理限制。如果当事人在诉讼中并未获得这种机会，法院的裁判行为就不具有正当性，而其所作裁判也会受到间接攻击而被归于无效。[②] 可见，在美国，听审请求权被当做一种

---

　　① 参见 Kenneweg, Darstellung und Kritische Würdigung der Rechtsprechung zum Grundsatz des rechtlichen Gehörs unter besonderer Berücksichtigung verfassungsrechtlicher Gesichtspunkte, Diss. Münster 1967, S. 14。

　　② 参见 Smith v. U. S., 403F. 2d 448(7th Cir. 1968); Wuchter v. Pizzutti, 276 U. S. 13, 48 S. Ct. 259, 72L. Ed. 446(1928)。

法律评价标准，用来衡量司法程序正当与否。这意味着，听审请求权在美国同样具有程序法原则的性质。

在学理上，法律原则是一种指导并协调某一领域或全部领域的社会关系的法律调整机制。无论对立法机关制定法律，还是对司法者适用法律，法律原则均发挥着重要的指导作用。特别在出现新型案件或疑难纠纷的情形下，法院必须对相互冲突或彼此重合的利益作出衡平，此际，法律原则对法院寻求合法且妥当的纠纷解决方案可谓意义重大。① 换言之，立法者在建构民事诉讼程序或制度的过程中，必需以听审请求权保障原则为标准约束自己的职权行为，使之符合该程序法原则的基本要求；② 而对于司法机关而言，其在审判过程中对于民事诉讼法的解释也必须符合听审请求权的基本要求，否则其所作裁判便不具有正当性。

总之，作为一种程序法原则，听审请求权并非那种纯粹意义上的统合型概念，而具有独立存在的价值。而这种独立价值主要体现在两个方面：一则，它作为一种客观价值秩序，对于立法行为具有极大的指导意义；二则，其能够对司法活动起到拘束作用。

三、听审请求权保障的基本要求

有学者指出，听审请求权的保障应具有公平性(fair)、及时性(timely)、充分性(adequate)。虽然各国的法律规定和司法制度因其历史、政治、意识以及经济不同，而使听审请求权保障的实际效果难以整齐划一；但一个毋庸置疑的事实是，在越来越多的国家，任何关于听审请求权保障的法律规范和司法制度，都必须满足公正性、及时性、充分性这些基本的要求。③

---

① 参见张文显：《二十世纪西方法哲学思潮研究》，法律出版社 2001 年版，第 390~391 页。

② 参见 Knemeyer, Rechtliches Gehör im Gerichtsverfahren, in: Josef Isensee/Paul Kirchhof (Hrsg.), Handbuch des Staatrechts, BandVI, 1989, § 155, Rn. 20。

③ 参见[意]莫诺·卡佩莱蒂等：《当事人基本程序保障权和未来的民事诉讼》，徐昕译，法律出版社 2000 年版，第 50 页。

（一）公平性要求

听审请求权源于古罗马时期的"听取他人陈述"这一法谚，该法谚最原始的含义乃是，法官不仅要听取一方当事人的陈述意见，而且要听取对方当事人的陈述意见。换言之，在两造对立的民事诉讼中，所有当事人均拥有同等表达意见的机会。而这种同等表达意见的机会也是罗马法上"对造亦有听审权"（*Audiatur et altera pars*），以及"单方陈述不为陈述，而应公正地听取双方陈述"（Eines Mannes Rade ist Keine Rede, Man soll sie billing höre Beede）等法律思想在民事诉讼中的体现。① 可见，听审请求权保障原则自产生之初便带有平等性的"品格"。这种"品格"不仅内化为大陆法系国家及地区的程序法"要素"，而且也被英美法系国家的正当程序原则所吸收。② 当然，这种公平性保障要求在一开始仅指双方当事人在庭审过程中具有主张事实和提供证据的平等机会。③ 这一点被学者称为武器平等权（the right to equality of arms），属于听审请求权保障的核心内容。④ 但随着听审请求权内涵的不断丰富，其公平性保障要求也适用于阅览案卷的权利⑤、对证人进行相互诘问的权利⑥、被告知他方陈述意见的权利⑦等内容。

（二）及时性要求

听审请求权的核心任务在于，保障当事人通过自身的攻击防御

---

① 参见 Hartmut Maurer：《法治国家的诉讼法》，吴信华译，载 Peter Badura、Horst Dreier 主编：《德国联邦宪法法院五十周年纪念论文集》（下册），联经出版社 2010 年版，第 532 页。

② 在英美法系国家，公正性被视为正当程序的一项普遍性规则。参见 Ellen Jones v. Nuclear Pharmacy, 741 F. 2d 322（10th Cir. 1984）。

③ 参见 Dombo Debeer B. V. v. The Netherlands（1994）18 EHRR 213, para. 33. 参见 also Francis G. Jacobs and Robin C. A. White, op. cit., fn. 19, p. 124；Donna Cpmien etc., op. cit., fn. 16, p. 172。

④ 参见蔡进良：《宪法上公平听审权于行政程序中之适用——以欧洲人权公约为中心》，《政大法律评论》第 70 期，2003 年 12 月。

⑤ Lobo Machado v. Portugal（1996）23 EHRR 79, para. 31.

⑥ Richard Clayton and Hugh Tomlinson, op. cit., fn. 22, pp. 648-649.

⑦ Karen Reid, op. cit., fn. 16, pp. 81-82.

行为影响裁判结果的形成。为此，法院应尽量赋予当事人在裁判前表达意见的机会。虽然当事人或可通过事后救济程序达到间接实现听审请求权的目的，但两种路径存在根本性差异。① 这是因为，一些案件事实的证据可能会面临无法长期保存（季节性商品的腐烂）或可靠性降低（譬如证人的记忆力）的问题，而事后救济程序（二审或再审）与一审程序往往存在较长的时间间隔，不仅会影响到当事人攻击防御方法的提出，也难以保证其左右裁判结果的有效性。故而，一般而言，法院应在裁判前对当事人进行听审请求权保障，唯在例外情形才考虑为其安排事后保障制度，比如假扣押、假执行制度中的事后异议机制。

（三）充分性要求

听审请求权保障的充分性要求包括三方面内容：其一，权利行使时间的充分性。一方面，法院应尽早将与诉讼程序相关的信息告知当事人，以使其能拥有充分时间准备诉讼资料、制定诉讼策略；另一方面，法院应给予当事人充分时间发表意见，保障其可以穷尽攻击防御之能事。其二，程序保障阶段的周延性。当事人的听审请求权保障并不局限于言词辩论程序。以证明权为例，仅在诉讼审理过程中赋予当事人就重要证据发表意见的机会并不足够，原因很简单，如果当事人没有收集到足够的证据，根本无法与对方当事人开展有效的攻击防御活动。所以，立法者还应为当事人设置完善的证据收集制度，以弥补当事人证据收集能力的不足。② 其三，权利保障方式的完备性。一方面，立法机关需要设立各种具体制度，如送达、证据收集、释明、裁判说理等，全面保障当事人听审请求权的实现；另一方面，立法者还应为当事人设置必要的事后保障机制。理由是，在很多时候，当事人很容易遭受听审请求权被剥夺或侵犯的命运，此际，当事人便需要利用诉讼救济机制来间接实现其听审

---

① 参见 Dieter Leipold, in: Stein/Jonas, Kommentar zur Zivilprozessordnung, Band. 3: §§128-252., 22. Aufl., Tübingen 2005, vor §128 Rn. 79。

② 参见许士宦：《当事人对于证据之辩论权》，载《植根杂志》1991 年 1月第 7 卷第 1 期。

请求权。

第四节　作为程序性权利的听审请求权

在民事诉讼中，虽然德国《基本法》第 103 条第 1 款中的听审请求权，属于一项确保裁判正当性的客观程序法原则；但是，它不仅属于一种客观程序法原则，而且具有个人主观权利的性质。[①]

一般而言，任何一种权利均包括主体、内容以及相对人三方面的内容，而作为程序性权利的听审请求权自然也不例外。不过，由于听审请求权的基本内容已经在第一章的第四节进行专门论述，本节只对听审请求权的权利主体和相对人进行阐述。

一、权利主体

德国《基本法》第 103 条第 1 款规定："任何人在法院面前都享有听审请求权。"从字面上看，这里的"任何人"似乎系指世界上的每一个人，即无论他是自然人还是法人，也不管他国籍、宗教、出身与性别如何，其均享有听审请求权。然而，如果考虑到听审请求权的适用场域仅为司法程序，这种解读就显得过于宽泛。[②] 因此，德国民诉法的经典教材认为，虽然依照该条款的规定，每个人均可获得法院为其提供发表意见和被听审的机会；但这并不是说，任何一个人在特定的司法程序中都能切实享有听审请求权，即便是该诉讼程序的参加人，只要其自身权利或法律状态没有受到司法裁判行为的剥夺，也不能享有听审请求权。[③] 换言之，这里的"任何人"只是一种抽象意义上的泛指，虽然它在最广泛的意义上将听审请求权之主体资格赋予了所有的自然人和法人，但这种权利之主体资格的

---

① 参见 Keidel, Der Grundsatz des rechtlichen Gehörs im Verfahren der Freiwilligen Gerichtsbarkeit, 1964, S. 35 ff.

② 参见姜世明：《民事程序法之发展与宪法原则》，台湾元照出版有限公司 2003 年版，第 61 页。

③ 参见[德]罗森贝克、施瓦布、戈特瓦尔德：《德国民事诉讼法》，李大雪译，中国法制出版社 2007 年版，第 569 页。

实际获取，还必须满足一定的条件。

（一）权利人资格的获取标准

对于这一问题的回答，应先从听审请求权这一程序性基本权利的功能着手。我们知道，程序基本权利是一个对应于实体基本权利的概念。事实上，程序基本权利对公民的生存保障和个人发展具有与实体基本权利同样重要的意义。理由是，如果失去了程序基本权利的保障，公民个人（权利主体）在实体基本权利遭受侵害时就无法得到直接而有效的救济。① 也就是说，程序基本权利具有保障实体基本权利免受不当侵害的功能，并在其遭受侵犯或产生损害之虞时为之提供救济路径。当然，程序基本权利对于实体基本权利的保障作用，不仅体现在其对国家机关不当干预行为的消极防御上，而且表现为国家机关在积极履行给付和保护义务时应遵循的程序要求，这种要求主要包括公权力行使的顺序、方式以及步骤等内容。② 一般而言，依赖于程序基本权利对实体基本权利的第二种保护路径，公民的实体基本权利即可得到实现，但在有些情形，其实体基本权利也会遭受来自国家机关或第三人的损害，此际，程序基本权利为实体基本权利提供的第一种保障路径便被"派上用场"。而听审请求权就是在这种"用场"上发挥功能的。学理上认为，听审请求权最核心的功能或意义就在于，保障那些利益（可能）受到裁判行为直接影响的人们能够充分、及时且有效地参加到诉讼过程之中，以促使其对裁判结果的形成产生实质性的影响。③

如此看来，听审请求权之权利人资格的获取条件应当是：个人权益或法律状态必须受到司法裁判的影响。这一标准也可以表述

---

① 参见吴庚：《宪法的解释与适用》，台湾三民书局股份有限公司 2004 年版，第 120 页。

② 参见袁立：《公民基本权利野视下国家义务的边界》，载《现代法学》2011 年第 1 期。

③ 日本学者谷口安平认为，当事人仅参与诉讼程序尚不足够，还必须保证这种参与行为具有充分的实质性内容，即能够保障其诉讼活动对裁判结果产生实质影响。参见［日］谷口安平：《程序的正义与诉讼（增补本）》，王亚新、刘荣军等译，中国政法大学出版社 2002 年版，第 13 页。

为，公民个人必须因为其参加的诉讼程序而遭受或可能遭受权益损害，而且这种损害确实与裁判结果具有直接的关联性。①

（二）权利人的具体范围

德国学界的主流观点认为，听审请求权的权利主体不仅包括民事诉讼中的形式当事人，而且包括法律上利害关系人尤其是受裁判效力影响的第三人。② 而德国实务界也认为："合法听审之权利人乃包括所有在法院程序以充当当事人或以类似地位参与者，或因程序而直接受有法律上之影响者。"③基于此，听审请求权的权利主体又具体分为形式参与人和实质参与人。前者系指法律明确规定具有当事人权利或被赋予类似当事人地位的人；后者则是那些虽没有当事人的形式地位，却实际受到裁判结果影响的人。④

在民事诉讼中，享有听审请求权的权利主体首先为诉讼当事人。理由在于，当事人的权利状态或法律地位往往会受到裁判结果的直接影响。基于此，在诉讼进程中，法院应赋予当事人对裁判结果之形成施加影响的机会。需明确的是，在不同的民事程序中，当事人的称谓并不相同。譬如，在诉讼程序中，当事人多被称为原告与被告、上诉人与被上诉人等；而在非讼程序中，其又被称为申请人与相对人、债权人与债务人等。而无论当事人是否具有诉讼行为能力，都不会影响其成为听审请求权的权利人。⑤ 一般而言，就无诉讼行为能力人而言，其听审请求权是由法定代理人具体实施的。

---

① BVerfGE 17, 356(361)= NJW 1964, 1412.

② 参见沈冠伶：《诉讼权保障与裁判外纠纷解决》，北京大学出版社2008年版，第11页。

③ BVerfGE 60, 7/13; 65, 227/233; 75, 201/215. 转引自姜世明：《民事程序法之发展与宪法原则》，台湾元照出版有限公司2003年版，第61页。

④ 参见 Baur, Anspruch auf rechtliches Gehoer, Acp, 153, 403。转引自洪慧敏：《听审请求权之研究》，中正大学法律学研究所2010年硕士学位论文，第33页。

⑤ 参见 Hamann, Rechtliches Gehör, AnwBI, 1958, 146。转引自姜世明：《民事程序法之发展与宪法原则》，台湾元照出版有限公司2003年版，第63页。

但是，如果某当事人是否具有诉讼行为能力成为了诉讼的争议焦点，被指认无诉讼能力的当事人需亲自行使听审请求权。原因是，此种情形已涉及当事人的人格领域，不应再按照通常的法秩序要求而拒绝其亲自实施攻击防御。①

形式参加人的另一种类是职务当事人，即因职务行为而成为诉讼当事人的人，譬如破产管理人、遗产执行人等。关于此种情形下听审请求权人的权利主体究竟为谁，存在"代理说"和"职务说"两种观点。前者主张，听审请求权的权利主体应是被代理人本人，职务当事人不过是为被代理人利益负责具体实施听审请求权的人；后者认为，职务当事人就是听审请求权的权利人。② 考虑到职务行为的特殊性，本书赞同第二种观点。理由是，即使将听审请求权赋予权利人本人，限于自身能力的不足或其组织形式的灭失，权利人也难以真正行使这一权利，而只能依赖于职务当事人的具体诉讼行为。与其令当事人本人空有听审请求权主体之名，不若直接让职务行为人"实至名归"。

实质参加人主要是指裁判结果对其直接产生影响的第三人，属于听审请求权的第二种权利主体。德国著名法学家罗森贝克认为，听审请求权不仅应向形式上的参与人提供，而且要向实质上受到侵犯的第三人提供；但前提条件是，第三人的权利确实受到法院判决的影响，这种影响并非仅为事实上的影响，还要对第三人法律上的权利状态产生影响。③ 此外，诉讼第三人不能通过其他可期待的路径来保障自身权利，而且其法律地位不能实质性地取决于诉讼当事

---

① 参见 Waldnr, a. a. O. , 1989. Rdnr. 393 f。

② 参见 Kurth, a. a. O. , S. 72。转引自姜世明：《民事程序法之发展与宪法原则》，台湾元照出版有限公司 2003 年版，第 63 页。

③ 例如，在德国《民事诉讼法》第 900 条规定的拘留债务人程序中，该拘留裁定对于债务人的家属便会产生事实上的影响，但这种影响并没有涉及家属在法律上的权利状态，因此家属也就不享有听审请求权。参见任凡：《听审请求权研究》，法律出版社 2011 年版，第 13 页。

人的处分权。① 因此，在民事诉讼中，有独立请求权的第三人一般均能够享有听审请求权，而无独立请求权第三人，唯在法院判决其实际承担民事责任时才能享有听审请求权。但是，对于那些受司法裁判直接影响的诉讼第三人而言，他们即便没有在形式上参加诉讼，也应被给予听审请求权的保障。这种情形主要有：有限责任公司的股东在另一名股东提起的公司解散之诉中享有听审请求权，子女在夫妻提起的婚姻撤销之诉中享有听审请求权，未成年人的父亲在检察机关针对未成年人提起的否认婚生关系的诉讼中享有听审请求权。②

而就诉讼代理人能否作为听审请求权的权利人这一问题，大陆法系学者给出的答案是否定的。理由在于，诉讼代理人是被代理人的意思执行者，因此判决效力只拘束被代理人，换言之，诉讼裁判并不会侵犯或剥夺诉讼代理人的合法权益。③ 就证人（包括专家证人）、鉴定人而言，虽然他们直接参与了诉讼，但其权益一般不会受诉讼裁判的影响，因此，他们并不属于听审请求权的权利主体。不过，在涉及切身利益的司法程序中，这类诉讼参加人也享有听审请求权的保障。④ 譬如，在证人因拒绝作证被判处罚金的情形下，法院必须赋予其就拒绝作证事由陈述意见的机会。⑤

二、权利相对人及其保障义务

在民事诉讼中，听审请求权的相对人为司法机关，具体而言就

---

① 参见[德]罗森贝克、施瓦布、戈特瓦尔德：《德国民事诉讼法》，李大雪译，中国法制出版社 2007 年版，第 569 页。

② 参见[德]米夏埃尔·施蒂尔纳编：《德国民事诉讼法学文萃》，赵秀举译，中国政法大学出版社 2005 年版，第 170 页。

③ 参见姜世明：《民事程序法之发展与宪法原则》，台湾元照出版有限公司 2003 年版，第 66 页；任凡：《听审请求权研究》，法律出版社 2011 年版，第 14 页。

④ 参见 KS/Nolte Rn. 2。

⑤ 参见沈冠伶：《诉讼权保障与裁判外纠纷解决》，北京大学出版社 2008 年版，第 12 页。

是指受诉法院。这意味着，受诉法院对当事人行使听审请求权负有保障义务。这种义务与听审请求权的具体内容构成"一一对应"的关系。例如，与当事人受通知权相对应，法院负有适时、适式地向当事人告知诉讼系属及相关程序事项的义务。由此扩展，我们可以得出的结论是：对应于听审请求权的基本内容，受诉法院负有妥当告知当事人、听取当事人陈述、审酌当事人意见以及不得突袭性裁判等具体义务。

此外，受诉法院还负有为当事人提供司法救助的义务。其一，法院负有为经济困难当事人提供诉讼费用救助的义务。这种义务的履行需要符合一定条件，即申请救助者应具有胜诉的希望，且其提出救助申请绝非轻率之举。倘若申请人满足了条件，但法院却不准许其救助申请，便构成对听审请求权的违反。① 至于说申请人的对方当事人是否也存在司法救助的必要性，则由法院根据相同的标准予以判断。② 其二，法院负有为不懂审判所用语言的当事人提供翻译人员之义务。这种义务也是听审请求权保障的内在要求。理由是，意见的表达必须以语言和文字为载体，如果当事人不能通晓审判活动使用的语言或文字，便不能准确、有效地表达自己对裁判重要事项持有的观点，更不能与法院及他方当事人进行正常的沟通与交流，而所谓影响裁判结果的形成，就只能沦为一种奢谈。③ 其三，法院负有为当事人提供律师救助的义务，否则，就会侵犯当事人的听审请求权。譬如，在奉行职权调查主义的司法程序中，如果法院以该程序不需要律师为由拒绝当事人的诉讼救助申请，便会构

---

① 参见[德]罗森贝克、施瓦布、戈特瓦尔德：《德国民事诉讼法（上）》，李大雪译，中国法制出版社 2007 年版，第 572~573 页；BVerfG 9, 256. 转引自姜世明：《民事程序法之发展与宪法原则》，台湾元照出版有限公司 2003 年版，第 78 页。

② 参见[德]罗森贝克、施瓦布、戈特瓦尔德：《德国民事诉讼法》，李大雪译，中国法制出版社 2007 年版，第 573 页。

③ BVerGE 40, 95, (98f). 转引自蓝冰：《德国民事法定听审请求权研究》，西南政法大学 2008 年博士学位论文，第 66 页。

成对听审请求权的违反。①

本 章 小 结

"二战"以后，听审请求权经历了宪法化和国际化运动。在此过程中，很多国家将听审请求权明确规定在其宪法规范之中，或通过对既有宪法条文的扩张性解释推演出了听审请求权的内容；而且，一些国际性法律文件也制定了关于听审请求权保障的条文，这些举动使得听审请求权的基本权利性质日益明确。换言之，经过宪法化与国际化运动，听审请求权成为了一项在国际社会具有普遍认可度和接受度的程序性基本权利。

一般认为，基本权利具有两种面向：在"个人得向国家主张"的面向，它是公民个人享有的一项主观性权利，因此，权利人可直接依据该权利排除国家机关的不当干预；同时，它还是一种客观价值秩序，对于这一价值秩序，所有国家机关在行使职权时都必须遵守，并尽可能为基本权利的顺利实现创造和维持有利条件。两种面向的最大区分在于，公民个人是否对国家机关享有直接而具体的请求权。前者强调的是个人与国家机关的对应关系，即当事人依据主观权利可直接行使具体的请求权，而作为权利相对人的国家机关必须按照其请求从事相应的行为；后者强调的是国家机关对客观价值秩序的无条件遵从，它是一般意义上的法律义务，既没有与之对应的具体权利人，也不会以公民个人的意志为转移。

作为一种程序基本权利，听审请求权同样拥有主观权利和客观价值秩序两种面向。只不过，具体到民事诉讼法领域，听审请求权的客观面向主要指代的是其具有程序法原则之性质。在客观面向，听审请求权发挥着法律评价标准的作用，它不仅是立法者建构民事诉讼制度的指导原则，也是司法者从事司法裁判的行为规范。而作为一种程序法基本原则，听审请求权保障必须满足及时性、公平性

---

① BVerfG 7, 53. 转引自姜世明：《民事程序法之发展与宪法原则》，台湾元照出版有限公司 2003 年版，第 78 页。

和充分性的要求。

　　听审请求权的主观面向则指代的是，它是诉讼参加人对受诉法院享有的一种程序性权利。作为一种主观性权利，听审请求权重点刻画的是一种权利人与义务人的对应关系。在这组关系中，权利主体为当事人和实体权益受裁判影响的第三人，义务人为审理具体案件的受诉法院。对应于听审请求权的具体内容，受诉法院负有保障当事人知悉权、陈述权、意见审酌请求权以及突袭裁判禁止请求权顺利实现的义务。

第三章　听审请求权的基本功能

有学者指出，探讨听审请求权的基本权利性质，不仅可以了解其宪法位阶及其作为个人主观权利时的救济途径，还可以明确其另一种面向——客观程序法原则，并进一步认识到其客观价值秩序的定位。这样一来，人们才不会忽视听审请求权对民事诉讼程序建构和相关法律解释具有的重要功能。[①] 可见，与其双重面向相对应，听审请求权具有两种不同的功能：一是，作为客观程序法原则，它既对民事诉讼制度的架构发挥指导功能，又对民事诉讼法的解释适用具有重要影响；二是，作为一种个人主观权利，它赋予诉讼参与人以防御权，在权利受到侵犯时成为权利人启动救济程序的请求权依据。考虑到这两种功能与听审请求权之主、客观面向的对应性以及行文表述的简洁性，本书将两种功能分别称为听审请求权的客观功能和主观功能。

第一节　听审请求权的客观功能

大陆法系学者认为，基本权利的客观功能主要包括第三人效力、制度保障、组织与程序保障以及国家保护义务四个方面。[②] 其

---

① 参见姜世明：《民事程序法之发展与宪法原则》，台湾元照出版有限公司 2003 年版，第 59 页。

② 参见张嘉尹：《基本权理论、基本权功能与基本权客观面向》，《当代公法理论(上)》，台湾元照出版有限公司 2002 年版，第 50 页；吴庚：《宪法的解释与适用》，台湾三民书局股份有限公司 2004 年版，第 110~120 页；许宗力：《宪法与法治国行政》，台湾元照出版有限公司 2007 年版，第 184 页；郑春燕：《基本权利的功能体系与行政法治的进路》，载《法学研究》2015 年第 5 期。

中，第三人效力是指，任何民事法律规范均不得与基本权利规范抵触，并在制定和解释适用的过程中需以基本权利规范为最高检验准则。① 在德国，由于听审请求权是一项拥有宪法位阶的程序法原则，故而，无论在构建民事诉讼制度还是在解释民事诉讼法条文时，它都必须得到彻底的贯彻和遵循。

一、立法指导功能

（一）对争讼程序的立法指导功能

虽然从德国民诉法典中，我们并不能找到关于听审请求权保障原则的直接法条表述，但作为法治国家程序法规范的一项基本原则，它被具体落实在了一系列的程序法制度之中。② 例如，在当事人因不服诉讼费用裁判提起的即时抗告程序中，法院裁判前应听取对方当事人的意见③；在诉讼费用救助的准许程序中，若无特殊原因，法院裁判前应给予对方当事人发表意见的机会④；在言词辩论程序中，审判长应行使诉讼指挥权保证案件能够得到充分讨论以及当事人辩论的持续性，必要时还可决定再次开庭，以保障言词辩论的充分性⑤；在改变期间的程序中，对当事人缩短或延长诉讼期间

① 参见王泽鉴：《民法思维：请求权基础理论体系》，北京大学出版社2009年版，第152页；另见张翔主编：《德国宪法案例选释》，法律出版社2012年版，第25页。

② 参见[德]汉斯-约阿希姆·穆泽拉克：《德国民事诉讼法基础教程》，周翠译，中国政法大学出版社2005年版，第61页。

③ 《德国民事诉讼法》第99条第2款："本案是根据认诺而判决终结者，对于就费用作出的裁判可以提起即时抗告……对抗告作出裁判前，应讯问对方当事人。"引自《德国民事诉讼法》，丁启明译，厦门大学出版社2016年版，第22页。

④ 《德国民事诉讼法》第118条第1款："在准许诉讼费用的救助之前，应给予对方当事人发表意见的机会，但有特殊原因不宜这样做的除外。……"引自《德国民事诉讼法》，丁启明译，厦门大学出版社2016年版，第29页。

⑤ 《德国民事诉讼法》第136条第3款："审判长应注意使案件得到充分的讨论并使辩论能持续进行，直到终结；必要时，为继续言词辩论，应即时决定下次开庭时间。"引自《德国民事诉讼法》，丁启明译，厦门大学出版社2016年版，第35页。

的申请，法院必须在询问对方当事人的意见以后方可准许；① 等
等。由此可见，德国人在构建整个民事诉讼制度时，都非常注重对
听审请求权保障原则的贯彻。这意味着，听审请求权保障原则实则
发挥着"型构"民事诉讼制度的功能。

这种"型构"功能在德国 2001 年《民事诉讼改革法》中体现得更
为明显。该法对听审请求权的保障措施进行了完善：一是，进一步
强化当事人听审请求权保障的具体内容，譬如，它明确了法官释明
义务的行使时间、行使方式以及涵盖范围，以便于当事人及时了解
法院在事实和法律问题上的观点、态度，使之获得更充分的意见表
达机会，尽量不令当事人对裁判结果感到意外；② 二是，通过创设
听审责问程序，改变以往当事人在听审请求权受损后只能提起宪法
抗告的局面，大大降低了听审请求权的救济难度。这一程序允许听
审请求权受侵犯的当事人在原审程序中即时提出听审异议，并要求
一审程序继续审理，如此，当事人通过一审法官自我纠错的方式即
可完成对听审请求权的救济，不用再诉诸宪法抗告程序。此后，德
国立法机关于 2004 年 12 月通过《关于侵犯法定听审请求权之法律
救济的法律》，将《民事诉讼改革法》321 条之 1 规定中的"判决"改
为"裁判"，扩大了听审请求权的救济范围；并取消听审责问必须
在一审中提出的限制，使当事人在任一审级均能启动听审责问程
序，救济听审请求权。③ 可见，在德国，听审请求权保障原则对民
事诉讼制度的设立及完善都发挥着指导功能。

此外，听审请求权保障原则的立法指导功能，还可从我国台湾
地区"民事诉讼法"的几次修订动向上得以体现。台湾地区在 1999
年、2000 年和 2003 年对"民事诉讼法"进行了三次大范围修订。这

---

① 《德国民事诉讼法》第 225 条第 2 款："缩短或再次延长，必须在询问
对方当事人后，方可准许。"引自《德国民事诉讼法》，丁启明译，厦门大学出
版社 2016 年版，第 51 页。

② 参见《德国民事诉讼法》，丁启明译，厦门大学出版社 2016 年版，第
36 页。

③ 参见《德国民事诉讼法》，丁启明译，厦门大学出版社 2016 年版，第
7~8 页。

一过程中，"立法机关"遵循的基本原则之一即为充实听审请求的保障程序。① 尤其是最近两次的法律修订对听审请求权保障理念的贯彻最为有利。台湾地区"立法机关"在一些条文的"立法理由"中更是明确表示，几次法律修订的目的之一就在于保障诉讼当事人的程序权、辩论权、参与诉讼的机会以及防止发生突袭裁判等。② 为切实保障当事人的听审请求权，几次法律修订不仅充实了旨在保障知悉权、陈述权、证明权等权利的具体制度，也扩充了当事人听审请求权受损后的救济方式和事由。③ 有学者指出，这一"立法"动向，使得听审请求权保障原则真正成为了我国台湾地区"民事诉讼法"中最重要的一项基本原则。④

(二) 对非讼程序的立法指导功能

所谓非讼程序，是一种司法机关为保护公民个人私法上的权益，对其民事法律关系的创设、变更、实现乃至消灭等行为进行必要干预的民事程序。⑤ 这类民事程序包括支付令程序、督促程序、宣告失踪或死亡程序等。由于非讼程序处理的案件一般不涉及实体争议，它并不奉行"两造对立"的程序结构，而实行非对抗主义的程序构造。此外，它在程序运行和案件审理上均奉行职权主义，而非当事人主义。换言之，无论是非诉程序的启动、运行，还是审理对象的确定，抑或是程序的终结，均不取决于程序关系人的意旨，而由法官依职权自由裁量。

---

① 参见许士宦：《民事诉讼之程序权保障：以通常诉讼程序当事人之程序权为中心》，载《台大法学论丛》2009 年 12 月第 38 卷第 4 期，第 231 页。

② 参见许士宦：《新民事诉讼法》，北京大学出版社 2013 年版，第 31~32 页。

③ 参见许士宦：《新民事诉讼法》，北京大学出版社 2013 年版，第 64 页。

④ 参见陈荣宗：《民事诉讼法(上)》，台湾三民书局 2005 年版，第 60~65 页；陈荣宗《审问请求权》，《司法周刊》2004 年第 1178 期；王甲乙、杨建华、郑健才：《民事诉讼法新论》，台湾三民书局 2003 年版，第 127 页；陈计男：《民事诉讼法论(上)》，台湾元照出版有限公司 2004 年版，第 271 页。

⑤ 参见郝振江：《德国非讼事件程序法的新发展》，载《河南省政法管理干部学院学报》2011 年第 2 期。

在非讼程序创设之初，各国和地区并未考虑对程序相关人进行听审请求权保障的问题。"二战"以后，大陆法系国家和地区尤其是德日两国基于对历史的反思，再度对人性尊严保障和法治国原则重视起来，开始不断强化当事人的诉讼主体地位。随着时间的推移，听审请求权保障原则也被渗透到了非讼领域。人们逐渐意识到，虽然非讼程序具有迅速性、简易性、经济性等特点，并需要法官进行必要的职权探知，但这并不意味着，其就可以不给予利害关系人参与程序、发表意见的机会。① 更重要的是，以往非讼程序那种将法院视为程序主体、把当事人视为客体的程序模式，明显带有极权国家主义色彩，有违法治国原则之程序保障的基本要求②，而且很可能诱发秘密审判的风险③。基于此，德国率先将听审请求权保障原则作为修订非讼程序的指导依据。

2002 年德国司法部启动了对 1898 年《非讼事件程序法》的修订工作，并于 2005 年 6 月公布《家事事件及非讼事件程序法草案》，德国联邦众议院于 2008 年 9 月 19 日审议通过该草案。早在修法程序启动之初，德国司法部就明确指出，此次修法的主要目标之一，便是在非讼程序中贯彻听审请求权保障原则。从法律条文看，与德国 1898 年《非讼事件程序法》相比，修订后的非讼程序法确实增加了许多旨在保障程序相关人听审请求权的内容。④

法国也将听审请求权保障原则视为"型构"非讼程序的指导原

---

① 参见邱联恭：《诉讼法理与非讼法理之交错适用》，载"民事诉讼法研究基金会"编：《民事诉讼法之研讨（四）》，台湾三民书局 1986 年版，第 442 页。

② 参见 Kollhosser/Borh/Jacoby, Freiwillige Gerichtsbarkeit, 2. Aufl., 2002, S. 101。转引自沈冠伶：《家事非讼事件之程序保障——基于纷争类型审理论及程序法理交错适用论之观点》，载《台大法学论丛》2006 年 4 月第 35 卷第 4 期。

③ 事实上，在欧洲中世纪奉行强职权主义诉讼模式的时期，秘密审判的现象便比较盛行。参见［日］中野贞一郎：《民事訴訟法の概要》，株式会社信山社发行所 2007 年版，第 431 页。

④ 参见郝振江：《德国非讼程序的新展开》，载《河南省政法管理干部学院学报》2011 年第 2 期。

则。但与德国不同，其非诉程序更侧重保障第三人的听审请求权。按照其相关法律规定，第三人享有接受讯问、查阅和复印案卷、参与审理程序、接受判决送达以及提起判决撤销之诉的权利。在保障这些权利的法律制度中，最具特色的莫过于第三人撤销之诉。该制度是一种事后程序保障机制，旨在为没有收到判决通知或未参与非讼程序而仅收到终审判决的第三人提供纠正程序瑕疵的机会。此外，程序第三人在不服一审判决时还可提起上诉。可见，法国非讼程序法对第三人听审请求权的保障非常全面、彻底，它不仅为第三人规制了充分的事前程序保障措施，而且为其提供了多元的事后救济机制。①

不止于此，奥地利在 2005 年 1 月 1 日施行的《非讼事件法》中增加了很多关于听审请求权保障的内容，其第 15 条规定："当事人就法院依职权开始程序之标的，其他当事人之声明或陈述，应有认识其内容，及陈述意见之机会。"②几年来，日本《非讼程序法》呈现出不断加强保障听审请求权的趋势。在 1947 年制定家事审判法时，日本立法机关便赋予了当事人阅览卷宗的权利，并规定法官在非讼程序中的证据调查行为必须遵循民诉法基本原则。2011 年，日本在非讼程序法修订之际落实了听审请求权保障的全部内容。③此外，台湾地区"非讼程序法"也非常重视对听审请求权保障原则的贯彻。在新修订非诉程序法时，"立法机关"不仅明确指出，程序关系人的受送达权、卷宗阅览权以及在场见证权应准用"民事诉讼法"规定，而且在分则中还增加了很多保障当事人陈述权和规范法院释明义务的法律条文。④

---

① 参见郝振江：《法国法中的非讼程序及对我国的启示》，载《河南财经政法大学学报》2012 年第 2 期。

② 参见沈冠伶：《家事非讼事件之程序保障——基于纷争类型审理论及程序法理交错适用论之观点》，载《台大法学论丛》2006 年 4 月第 35 卷第 4 期。

③ 参见郝振江：《论非讼事件审判的程序保障》，载《法学评论》2014 年第 1 期。

④ 参见沈冠伶：《家事非讼事件之程序保障——基于纷争类型审理论及程序法理交错适用论之观点》，载《台大法学论丛》2006 年 4 月第 35 卷第 4 期。

(三)对现代型诉讼的立法指导功能

随着人类社会的飞速发展,公害、环境污染、证券欺诈等大规模侵权纠纷开始频频爆发。与传统型民事纠纷不同,这类侵权行为带有明显的群体性特征。以证券领域因虚假陈述引发的大规模侵权纠纷为例,遭受损害的投资者往往人数众多,虽然单个投资者的受损金额较小,但累积起来的总体数额十分巨大。① 面对这类纠纷,针对单个纠纷所设计的传统型诉讼模式表现乏力。首先,"一对一"的诉讼构造难以容纳人数众多的诉讼主体,无法一次性解决所有纷争;其次,若对同一侵权行为引发的纠纷拆分立案和单个审理,定会增加法院和当事人的负担,有违诉讼经济价值;最后,由于这些纠纷的案情基本相同或相似,如果分案处理,很可能导致"同案不同判"的结果,诱发司法不公。②

为应对大规模侵权纠纷带来的司法挑战,德国法学界自20世纪70年代开始就是否引入美国的集团诉讼模式组织了多次立法讨论。虽然该诉讼模式在应对群体性纠纷时成绩斐然,且令欧洲人为之着迷,但德国人始终对集团诉讼的引入保持谨慎态度。经过多轮立法讨论,德国学界逐渐形成一种共识,即无论在消费者保护领域还是在大规模侵权领域,均不适宜引入集团诉讼模式。德国学者排斥集团诉讼的一个最主要原因是,它不符合德国《基本法》第103条第1款规定的听审请求权。③

首先,当事人的确定方式不符合听审请求权保障原则。集团诉讼采取选择退出制(opt-out)确定诉讼当事人。在法院审核通过集团诉讼的代表人人选后,代表人及代理律师需及时针对潜在当事人发

① 以我国"大庆联谊证券欺诈案"为例,该案涉及股民606人,遍及黑龙江、北京、上海、四川、浙江、江苏等13个省、自治区和直辖市,索赔总额高达1500多万元。参见杨严炎:《群体案件的诉讼形式及其价值取向》,载《清华法学》2011年第2期。

② 参见耿利航:《群体诉讼与司法局限性——以证券欺诈民事集团诉讼为例》,载《法学研究》2006年第3期。

③ 参见吴泽勇:《集团诉讼在德国:"异类"抑或"蓝本"?》,载《法学家》2009年第6期。

布通知。这种通知一般采用邮寄送达和报纸公告的方式。一旦通知被发布，集团成员需在规定时间内明确表示是否不参加诉讼。如明确表示不参加，可在诉讼时效届满前就自身纠纷向有管辖权的法院起诉，不受集团诉讼结果的拘束。如果潜在当事人未明确表示不参加诉讼，便自动成为集团成员，诉讼结果自会对其产生拘束力。[①]但问题在于，这种以报纸公告通知潜在集团成员的方式，不能令所有当事人及时收悉诉讼系属的情况，并在诉讼中获得表达意见和被听审的机会。[②]

其次，判决效力的扩张不符合听审请求权保障原则。在传统诉讼中，生效判决只对参加诉讼的双方当事人产生拘束力，不波及到案外第三人，此为判决相对性原则。[③] 集团诉讼的生效判决突破了该原则，不仅对参加诉讼当事人产生拘束力，也对未参加诉讼当事人具有拘束力。[④] 由于这种制度安排与听审请求权保障的基本要求并不一致，德国学者普遍不能接受。虽然也有观点认为，在现有制度不能阻止侵害消费者行为的情形下，出于对违法者进行惩罚和制裁的必要性考虑，可对听审请求权保障原则作目的限缩性解释，引入集团诉讼模式能够令违法行为人受到应有的制裁；[⑤] 但是，在涉及商业条款保护（主要是关于消费者权益保护的内容）的立法草案中，德国立法者并未采纳这种观点。因为立法者认为，其判决效力的扩张必然导致这样一种结果：如果法院驳回原告的诉讼请求，那

---

① 参见郭雳：《美国证券集团诉讼的制度反思》，载《北大法律评论》2009 年第 10 卷第 2 辑。

② 参见 Zeuner, In Adolf Homburger/Hein Kötz, Klagen Privativer inöffentlicher Interesse, Frankfurt 1975, S 104-105。转引自吴泽勇：《集团诉讼在德国："异类"抑或"蓝本"？》，载《法学家》2009 年第 6 期。

③ 参见[日]高桥宏志：《民事诉讼法——制度与理论的深层分析》，林剑锋译，法律出版社 2003 年版，第 558 页。

④ 参见张卫平：《诉讼的架构与程式》，清华大学出版社 2000 年版，第 339 页。

⑤ 参见 Vorschläge zur Verbesserung des Schutzes der Verbraucher gegenüber Allgemeinen Geschäftsbedingungen, Zweiter Teilbericht der Arbeitsgruppe beim Bundesminister der Justiz, 1975, S 50。转引自吴泽勇：《集团诉讼在德国："异类"抑或"蓝本"？》，载《法学家》2009 年第 6 期。

些即便没有参加诉讼的当事人也要受该不利判决拘束，无法再次诉诸诉讼救济自身权利。这无疑违背了听审请求权保障原则。①

德国对集团诉讼模式的坚决抵制，一度令其在群体纠纷解决机制的建构上逡巡不前。但电信欺诈案的发生改变了这一现状。2003年3月，法兰克福州法院接到针对德国电信公司的1700个诉讼。这些诉讼牵涉15000名投资者，由639名律师代理。所有诉求均指向同一事实：该公司在2001年第三期股票发行中存在虚假陈述行为。② 虽然这些案件被代理律师以共同诉讼的方式合并，但承办该案的州法院第7商事法庭依旧陷入瘫痪，直至2004年也未进行首次开庭。由于案件审理进程过于缓慢，一些受害者在同年6月向联邦宪法法院提出抗告。③ 该案将传统诉讼在解决群体纠纷时的种种弊端揭露无遗，也促使立法者不得不思考解决群体性纠纷的新思路。2005年7月8日，德国联邦参议院正式通过《投资者示范诉讼法》，创设了示范诉讼制度。

与集团诉讼不同，示范诉讼允许所有潜在当事人作为附带传唤人参加示范诉讼，以满足听审请求权保障原则的基本要求。但这种制度设计令几乎所有潜在原告都能毫无例外地参加示范诉讼，不仅加重了案件的审理负担，也使诉讼进程变得异常拖沓。对此，德国学者多有批判，认为它不但没有提升群体纠纷解决的效率，反而增加了诉讼成本。④ 即便是这样，德国立法者仍然不愿为纠纷的一次性解决而放弃听审请求权这一古老的程序法原则。以上表明，在建

---

① 参见吴泽勇：《集团诉讼在德国："异类"抑或"蓝本"?》，载《法学家》2009年第6期。

② 该案的具体案情是：德国电信公司在其1999年和2000年的股票发行书中，对自身不动产价值的估算超出实际价值20亿欧元，致使该公司股票在发行后不久就急剧下跌，大量股民因此遭受损失。参见吴泽勇：《〈投资者示范诉讼法〉：一个群体性法律保护的完美方案?》，载《中国法学》2010年第1期。

③ 参见章武生、张大海：《论德国〈投资者典型诉讼法〉》，载《环球法律评论》2008年第3期。

④ 参见吴泽勇：《〈投资者示范诉讼法〉：一个群体性法律保护的完美方案?》，载《中国法学》2010年第1期。

构群体纠纷解决机制的过程中，无论对是否引入集团诉讼的立法讨论，还是对示范诉讼的程序设计，德国人始终都将听审请求权保障原则作为一把评价"标尺"。换言之，作为一种程序法原则，听审请求权对现代型诉讼的建构起到了立法指导的作用。

综上，无论是在民事争讼程序，还是在民事非讼程序，抑或是在现代型诉讼程序中，听审请求权保障原则均得到了不同程度的贯彻和落实。在立法机关架构民事程序法制度时，听审请求权实则发挥着"衡量标尺"和"指挥棒"的作用，进而决定了民事程序法之具体制度的基本架构。

二、合宪性解释功能

由于听审请求权是德国《基本法》明确规定的一种程序法原则，它对司法机关的法律适用行为所具有的拘束力，被称为合宪性解释功能。[①] 这种功能要求，为保障法律秩序的整体一致性，任一法律规范或具体条文都应与宪法协调一致地被解释；哪怕该法律规范或条文在《基本法》制定前就已存在，在此后生效的时间内也须满足这一点。[②] 否则，这类法律规范便有可能被宣告无效。按照法律位阶理论，作为客观价值秩序的基本权利规范会产生一种破坏力，即凡是不符合基本权利保护宗旨的位阶较低的法律规范，均会因违背基本权利条款而被宣告无效。[③] 基于这一要求，《基本法》第103条第1款便成为了具体程序法条文的解释依据和检视基准，用以指导受诉法院的司法裁判行为。[④] 举例言之，在德国未修订1898年《非

---

① 参见 Wassermann, Zur Bedeutung, zum Inhalt und zum Umfang des Rechts auf Gehör(Art. 103 Abs, 1 GG), DRiZ 1984, 425。

② 参见[德]康拉德·黑塞：《联邦德国宪法纲要》，李辉译，商务印书馆 2007 年版，第 55~56 页。

③ 参见吴庚：《宪法的解释与适用》，台湾三民书局股份有限公司 2004年版，第 150 页。

④ 参见 Knemeyer, Rechtliches Gehör im Gerichtsverfahren, in: Josef Isensee/Paul Kirchhof (Hrsg.), Handbuch des Staatrechts, BandVI, 1989, § 155, Rn. 23。

讼事件程序法》前，非诉程序并无保障听审请求权的硬性要求。有观点认为，虽然德国 1949 年制定的《基本法》第 103 条第 1 款已确立了听审请求权保障原则，但程序关系人应否在非诉程序中享有听审请求权，完全由法院自由裁量。然而，德国联邦宪法法院认为，《基本法》第 103 条第 1 款规定是为了防止司法机关对当事人作出带有强权主义的裁判，进而维护该法第 1 条第 1 款确立的人性尊严价值，所以，非诉程序也应给予当事人参与程序和表达意见的机会。最终，联邦宪法法院通过作出一系列司法判例的方式在非讼程序中确立了听审请求权保障原则。[①] 简言之，在德国《非诉事件程序法》明确规定听审请求权保障的具体条文之前，联邦宪法法院便已将听审请求权保障这一程序法原则作为法律解释的根据，直接用以指导非讼案件的司法审判了。

不惟德国，在欧洲其他国家，听审请求权保障原则对司法活动也发挥着法解释依据的功能。《欧洲人权公约》（以下简称《公约》）第 6 条一般被称为"公平审判权"（right to a fair trial）或公平听审权（right to a fair hearing），也被宽泛地称为"健全司法作用有关的权利"（rights related to good administration of justice）。该条款涉及三方面内容：一是，任何人享有在合理期限内接受独立而公正的法庭审判的权利；二是，任何人享有获得公正听审请求权保障的权利；三是，司法裁判必须做到公开审判与公开宣示。一般认为，这些三项内容均属于约束三大诉讼法的一般性程序法规范。[②] 换言之，这三项程序性权利均具有程序法原则的性质。事实上，欧洲法院在审判

---

① 参见郝振江：《论非讼事件审判的程序保障》，载《法学评论》2014 年第 1 期。

② 参见 Karen Reid A Practitioner's Guide to the European Convention on Human Rights（London，1998），p. 49；Donna Comien，David Harris & Leo Zwaak，Law and practice of the European Concention on Human Rights and the European Social Charter（Strasbourg：Council of Europe，1996），pp. 157-158；参见 also Helen Fenwick，Civil Liberties and Human Rights（London，3rd ed.，2002），p. 58。转引自蔡进良：《宪法上公平听审权于行政程序中之适用——以欧洲人权公约为中心》，载《政大法律评论》第 70 期，2003 年 12 月。

案件时也常常将《公约》的基本条款作为法律原则加以适用，因此其在解释适用法律的过程中自然会受到《公约》条款的影响。① 《欧洲联盟条约》第 F 条第 2 项也明确规定，欧洲法院应将《公约》保障的基本权利视为欧共体法律体系中的一般法律原则。② 这意味着，对于欧盟国家而言，《公约》中关于基本权利的条款具有一般法律规范的价值。③ 而作为《公约》保障的一项基本权利，听审请求权自然属于规范欧盟国家司法程序的一项法律原则，对司法裁判发挥着法解释依据的作用。

如前所述，听审请求权保障原则在英美法系国家具有规范和评价司法活动的客观功能。在英美法系国家，听审请求权保障是正当程序原则的核心内容之一，同时也是检验民事诉讼程序是否具有正当性的一项基本标准。这一点在英美法系国家的司法案例中已被反复确认。

在英国的"琼斯诉全国煤炭管理局案"中，作为一名煤矿塌方死难矿工的遗孀，原告琼斯向切斯特区法院提起诉讼，要求被告英国煤炭管理局赔偿损失，但审理本案的哈里特法官并未支持其请求。判决作出后，双方当事人均提起上诉。双方的上诉理由有一条是相同的，即法官多次打断律师的发言，不当干预当事人的辩论活动，侵犯了当事人的公正审判权。上诉法庭认为，法院在审理案件时应耐心听取当事人及其律师的发言，保证"两造"对案件事实的阐述是完整而有力的，以免不当影响庭审辩论的效果。上诉庭进一步指出，在英国，每个人均拥有公正审判权，即任何人在诉讼中均具有平等向法庭发表意见的机会。如果一审法官能遵循正当程序原则的这一要求，其判决就不应遭受非难，但十分明显，该判决是在

---

① 参见廖福特：《欧盟与欧洲人权公约》，载《月旦法学杂志》第 62 期，2000 年 7 月。

② 参见 Takis Tridimas, The General Principles of EC Law（Oxford, 1999），pp. 236-243。转引自蔡进良：《宪法上公平听审权于行政程序中之适用——以欧洲人权公约为中心》，载《政大法律评论》第 70 期，2003 年 12 月。

③ 参见蔡进良：《宪法上公平听审权于行政程序中之适用——以欧洲人权公约为中心》，载《政大法律评论》第 70 期，2003 年 12 月。

未经公正审判的情形下作出的，因此上诉法院不能支持，必须同意上诉人的复审请求。① 该案表明，在英国，法官将听审请求权保障原则视为一种行为准则和评价规范，用以约束和衡量法官的司法裁判活动。进言之，平等听取双方当事人的陈述，是正当法律程序原则的一种内在要求，它构成了评判某一诉讼程序及其判决是否正当的标准。

在美国，正当程序原则对诉讼程序的正当性保障发挥着一种补充性、开放性的作用，这种作用是通过法院在个案中的法律解释及程序规则制定等行为予以具体实现的。② 例如，在马歇尔诉杰利科公司案中，法官认为："根据正当程序条款，所有人在民事和刑事案件中都具有获得不偏不倚且公正之法庭审判的权利，该原则要求同样适用于司法程序和行政程序。这一要求就是为了确保'任何人的合法利益在不经诉讼审判的情况下都不能被剥夺'，因为，在该诉讼审判过程中，当事人可以向受诉法院陈述其掌握的具体案情和理由，以保证裁决者不会作出对他存有偏见的不利判决。"③再如，在爱德华大学的克利夫兰诉劳德米尔出版社案中，法官指出："根据正当程序条款，在剥夺个人的任何重大财产权益之前，必须为其提供听审机会。它要求对于那些在受雇时享有宪法保护之财产利益的雇员在被解除职务前对其进行'某种形式的听审'……在本案中，雇员被解雇的程序给予了其对解雇决定进行回应的机会，且程序拖延部分是由该程序的彻底性所导致的，因此该程序并不构成对正当程序原则的违反。"④很显然，以听审请求权保障为核心内容的正当程序条款，在法官解释法律的过程中扮演着指导原则的角色，是法官审理案件时适用解释法律的依据。

---

① 参见[英]丹宁勋爵：《法律的正当程序》，李克强、杨百揆、刘庸安译，法律出版社1999年版，第67页。

② 参见汤维建：《正当的法律程序与美国的民事司法》，中国法制出版社2001年版，第70页。

③ Marshall v. Jerrico, Inc., 446 U. S. 238, 234(1980).

④ 参见 Cleveland Bd. of Educ. v. Loudermill, 470 U. S. 533, 535, 105 S. Ct. 1487, 1493, 84 L. Ed. 2d 494 (1985)。

　　总之，在英美法系国家，对当事人的听审请求权进行保障，被视为诉讼程序及其审判结果具备公正性的前提，也是正当程序原则的题中之义。因此，司法审判活动中，法院需要以听审请求权保障为标准约束和规范自身的行为。① 如果当事人的听审请求权没有在司法活动中得到保障，法官的裁判行为则存在程序瑕疵，将面临审判正统性的责难，其裁判结果也归于无效或可撤销。可见，在民事诉讼程序的前一阶段，听审请求权保障是一种行为规范；而在程序的后一阶段，它则属于法律评价规范。② 总之，听审请求权保障原则还发挥着规范和评价司法活动的作用。

　　综上，听审请求权作为程序法原则具有两种客观功能：一是，它在立法活动中具有型构民事程序的功能，即立法者在架构诉讼制度时需要以听审请求权保障为指导原则；二是，它在司法活动中发挥着法律解释依据的功能（也叫合宪性解释功能），能对法院的裁判行为起到规范和评价的作用。

第二节　听审请求权的主观功能

　　基本权利在主观面向具有两种功能：一是，防御权功能；二是受益权功能。防御权功能一直被视为基本权利整个功能体系的本源与核心，肩负着对抗国家公权力、保障基本权利免受国家侵犯的神圣使命。③ 它要求国家机关不得从事侵犯个人基本权利的行为。④ 受益权功能是指权利人具有请求国家机关积极从事一定行为以实现

---

　　① 参见汤维建：《正当的法律程序与美国的民事司法》，中国法制出版社 2001 年版，第 69 页。

　　② 参见许士宦：《争点整理与举证责任》，台湾新学林股份有限公司 2012 年版，第 18 页。

　　③ 参见郑春燕：《基本权利的功能体系与行政法治的进路》，载《法学研究》2015 年第 5 期。

　　④ BVerfGE 7, 198(204). 转引自宋建弘：《诉讼权之研究——以行政救济制度为中心》，政治大学法律学研究所 1999 年硕士学位论文，第 39 页。

其利益的功能。① 具体而言，国家应对基本权利的实现提供一些程序性、物质性和资讯性的给付或服务。②

作为一种程序性基本权利，听审请求权在主观面向同样具有防御权功能和受益权功能。具体到民事诉讼领域，前者特指，当事人可以依据听审请求权启动权益救济程序；后者是指，特定当事人可依据听审请求权获得法律援助。

一、防御权功能：启动权利救济程序

一般而言，任何一项民事实体权利均具有防御权功能。这种功能可以从其派生的工具性权利或手段性权利说明。举例释之，财产权不仅包括使用权、处分权等具体权利，也包括排除妨碍请求权、损害赔偿请求权等手段性权利；一旦所有权人的使用权或处分权受到他人不当干预或侵犯，便可通过行使手段性权利予以防御和救济。③ 也就是说，手段性权利的行使能够有效保障具体权利的顺利实现，进而对财产权发挥防御权功能。在学理上，具体性权利又被称为第一性权利，而手段性权利被称为第二性权利或恢复性权利。若用一种线性公式来形容两者的关系，则可以粗略表达为"第一性的权利——第二性的权利"。④ 其实，这一公式刻画出了具体性权利和该权利受侵害时的救济手段之间的关系，即人们一旦认识到某具体权益具有在法律上保护的价值，就会为这种权益设置排除不当干预和侵害的救济手段。这些法律救济手段包括排除妨碍、恢复原状及损害赔偿等。在通常情形下，这些手段还会被立法机关固定在法条中，使之具有法律稳定性。正是基于这一点，这些救济手段自身也具有法律权利的性质，能够成为当事人启动诉讼程序的权利依

① 参见张翔：《基本权利的受益权功能与国家的给付义务——从基本权利分析框架的革新开始》，载《中国法学》2006 年第 1 期。

② 参见李建良：《基本权利与国家保护义务》，载《宪法理论与实践（一）》2000 年 12 月，第 60 页。

③ 参见[日]谷口安平：《程序的正义与诉讼（增补本）》，王亚新、刘荣军等译，中国政法大学出版社 2002 年版，第 182~183 页。

④ 参见张文显主编：《法理学》，北京大学出版社 1999 年版，第 90 页。

据或请求权基础。在大陆法系国家及地区的民事诉讼理论中，这种手段性权利具体表现为司法裁判请求权或曰诉权。[①] 依据这类请求权，当事人在必要时可以向司法机关提起诉讼，以实现救济自身权益的目的。

如上所述，听审请求权细分为知悉权、陈述权、意见审酌请求权和突袭裁判禁止请求权等具体权利。虽然这些具体权利均为程序性权利，但与实体权利一样，其自身的实现，也要仰赖于那些旨在防免其受到不当干预或排除其遭受不法行为侵害的恢复性权利。换言之，听审请求权的防御权功能需要借助一些手段性权利予以实现。这种功能具有两方面内容：一是，听审请求权人利用这些手段性权利，能有效防免司法机关对具体性权利的不当干预或侵害，换言之，这些手段性权利要求司法机关不得从事侵犯当事人听审请求权的行为；二是，如果司法机关实际侵犯了这些具体性权利，受害人可直接以此为理由启动权利救济程序。正如有学者指出的那样，听审请求权既然是一种法律权利，当其受到不当干预或侵犯时，国家机关自然应为权利人提供有效的救济途径，以保障其权利内容能够恢复，否则，所谓权利只会徒有其名，而不能获得真正的贯彻与实施。[②]

由于听审请求权本身就具有程序性权利的性质，且所受损害或不当干扰均发生在诉讼程序中，其在民事诉讼中的防御权功能，与实体权利的防御权功能有所不同。首先，二者的手段性权利拥有不同内容。一般而言，民事实体权利的手段性权利除包括排除妨碍、回复原状和命令禁止等内容外，还包括金钱赔偿。但听审请求权的手段性权利只包括排除妨碍、回复原状和命令禁止等内容。如果当事人的听审请求权受到审判法院的侵犯，其只能要求法院回复原状、排除妨碍或命令禁止，并不能主张损害赔偿。其次，听审请求

---

① 参见[日]谷口安平：《程序的正义与诉讼（增补本）》，王亚新、刘荣军等译，中国政法大学出版社 2002 年版，第 185 页。

② 参见魏伶娟：《听审侵害案件于民事诉讼程序之救济——从德国经验谈起》，载《东海大学法学研究》第 45 期，2015 年第 4 月。

权能利用的救济途径与实体权利也有不同。由于实体权利的侵害行为大多发生在日常生活中，其工具性权利往往能够成为启动诉讼程序的请求权依据。然而，听审请求权均是在诉讼程序中受到不当干涉或侵犯的，其被侵犯的场域非常特定，故它可以利用的救济路径主要包括听审责问程序、上诉程序、再审程序及宪法诉愿程序。换言之，当事人或其他诉讼参与人因听审请求权受损而享有听审责问权、上诉权和控告权以及宪法诉愿请求权。虽然听审请求权的手段性权利在具体内容和救济途径上，与一般实体权利的手段性权利均有差异，但与司法裁判请求权实则拥有相同的性质，均具有启动救济程序的功能。① 易言之，在具体的民事诉讼中，听审请求权完全可以构成一种请求权依据，发挥启动救济程序的作用。

听审请求权之所以具有防御权功能，是因为大陆法系国家及地区对该项基本权利进行了实定化的法律规制。由于具有编撰成文法的传统，大陆法系国家及地区一般会将已经确认的值得保护的权益固定在法条中，最终使之成为实定法保障的权利体系中的一部分。就德国而言，其将听审请求权纳入宪法规范的立法行为，使原本只有客观规范功能的听审请求权同时具备了主观权利功能。② 对听审请求权进行主观化"改造"的最大益处在于：一方面，使得普通公民具有了要求国家机关采取公正、公开、参与的方式行使职权的操作层面的权利；另一方面，当保障基本权利的程序法规定不足以保障其重要内容时，或程序法规定以国家权益为中心导致公民个人沦为国家机关的工具时，程序基本权便能够成为公民个人主张或请求的依据。③ 譬如，在民事诉讼程序中，如果旨在保障实体权利的程序受到不当限制或侵害，且这一程序具有共同性和最低限度保障的必要性，当事人可直接将这一程序性权利作为启动司法救济程序的

---

① 参见魏伶娟：《听审侵害案件于民事诉讼程序之救济——从德国经验谈起》，载《东海大学法学研究》第 45 期，2015 年第 4 月。

② 参见 Klaus Stern, Das Staatsrechtdes Bundesrepublik Deutschlands, Band III/I, 1988, S. 986 ff。

③ BVerf GE 53, 30/65.

请求权依据。① 这预示着，在实体权利之外，程序性权利也能作为启动司法救济程序的法律依据。这种对听审原则的主观化改造具有划时代的意义，它打破了人们固有的认知局限——认为只有实体权利才能作为程序启动的请求权依据，从而避免程序权利沦为实体权利附庸的命运。

综上所述，在民事诉讼中，听审请求权的防御权功能主要借助其手段性权利予以实现。其防御权功能的发挥存在两种情形：一是，程序参与人通过行使手段性权利，要求司法机关不得从事侵犯听审请求权的行为；二是，在听审请求权受到侵犯时，当事人可依据这些手段性权利启动司法救济程序。需特别强调的是，这些工具性权利也属于听审请求权整体权利构造中的一部分，只不过在整个权利体系中，其处于较低位阶而已。②

二、受益权功能：获取法律援助

与防御权功能不同，基本权利之受益权功能强调的核心内容是，国家机关应为权利人的权益实现承担提供积极给付行为的义务。这些义务既包括物质上的给付义务，如社会福利、救助等，也包括精神上的给付行为，如为公民提供教育、文化、训练等。③ 这些义务的目的在于，保障公民基本权利的顺利实现。具体到听审请求权层面，这种义务的目的则在于，帮助当事人获得参与诉讼并发表意见的机会。在民事诉讼法中，最能体现听审请求权受益权功能的，莫过于受诉法院对当事人所肩负的法律救助义务。一般而言，

---

① 参见李震山：《程序基本权》，载《月旦法学教室》1996 年 11 月第 19 期。

② 关于权利构造的介绍，详见［日］谷口安平：《程序的正义与诉讼（增补本）》，王亚新、刘荣军等译，中国政法大学出版社 2002 年版，第 182～184 页。

③ 参见吴庚：《宪法的解释与适用》，台湾三民书局股份有限公司 2004 年版，第 119 页。

这种义务主要包括三种情形①。

(一) 诉讼费用的减免

诉讼费用上的法律救助能够为经济贫困的当事人提供"接近司法审判"(access to court)的机会。在各国程序法规范中，缴纳诉讼费用是当事人启动诉讼程序的前提。但设立诉讼费用制度的主要目的在于，防止滥诉行为的产生并为司法程序运行提供经费保障，绝非为了将那些确有司法救济必要的当事人阻挡在诉讼审判的大门之外。如果严格按照诉讼费用的收费标准，对这些诉诸司法途径当事人的经济困难不闻不问，无异于拒绝对当事人实体权益的实现，也会将其推向"同态复仇"的危险境地，进而不利于社会秩序的维护和安定。

从听审请求权保障的角度看，当事人如果因无力缴纳诉讼费用不能接近司法审判，就会失去在诉讼程序中表达意见和被听审的权利，更不用说影响裁判结果的形成进而维护其程序主体地位了。对此，美国联邦最高法院在一则判例中曾作过明确论述。在博迪诉康涅狄格州案中，上诉人博迪是居住在康涅狄格州的福利领取者，代表自己及与其具有相同处境的人向康涅狄格州联邦地方法院提起诉讼，在一审败诉又后向联邦最高法院提起上诉。其认为，康州相关法律将支付法院费用和程序服务费用作为当事人获得司法救济的先决条件，实际剥夺了当事人的听审请求权，请求最高法院宣布该法律规定违宪。最高法院认为，婚姻关系在整个社会价值体系中处于最基础的地位，且国家已经垄断处理这种关系的法律手段，因此，正当法律程序原则应禁止国家仅因个人无力支付诉讼费用便拒绝其诉诸司法途径解除婚姻。此外，最高法院再次重申，按照正当程序条款，除非某些重要的政府利益受到威胁，国家应在有效限度内向当事人提供至少一次有意义的听审机会。② 这种听审机会的获得，

---

① 参见张翔：《基本权利的受益权功能与国家的给付义务——从基本权利分析框架的革新开始》，载《中国法学》2006 年第 1 期。

② 参见 Boddie v. Connecticut, 401 U. S. 371, 91 S. Ct. 780, 28 L. Ed. 2d 113(1971)。

必须以当事人能接近法院审判为前提。假如当事人由于经济拮据而被阻挡在司法审判大门之外，听审请求权的保障根本无从谈起。德国诉讼法学者也认为，基于听审请求权的宪法保障要求，法院不仅应在诉讼进程中为当事人提供听审请求权保障，也应为当事人接近法院和接受司法保护提供机会。[①]

(二) 律师的援助服务

律师援助能够为法律资源贫困当事人有效行使听审请求权，提供强有力的保证。有学者甚至认为，接受律师服务常常意味着当事人更能接近权利或正义的实现。[②] 这种观点虽不免有夸大律师在司法审判中的功能之嫌，但也一定程度反映出，律师对充实程序保障确实发挥着非常重要的作用。在民事审判活动中，尤其是在大陆法系的民事审判活动中，法官遵循三段论式的思维模式，即分别将既定法律规范和查清的案件事实作为大小前提，推导出某一法律效果能否得到最终实现的结论。这使得，双方当事人所有的诉讼攻击防御活动均须围绕"法律效果——要件事实"这一审理框架进行，且最终会被分别放置在"主张——抗辩——再抗辩"的法律概念装置之中予以审视、考量。[③] 在这一过程中，不仅双方当事人间的对话和博弈，而且当事人和法院间的讨论与商榷，均对当事人的辩论能力和"法的能力"有着非常高的要求。[④] 一般而言，普通民众如果没有经过专业的法律培训，就很难贮备足够丰富的法律知识，所以"法的能力"往往不高。此外，民众一般也不具有较高的法庭辩论能力，因为，这种能力的获得需要在实践中逐渐累积，但对大多数人而言，很有可能一辈子都未曾与法院打过交道，更不用说掌握较

---

① 参见沈冠伶：《新世纪民事程序法制之程序正义：以民事诉讼及家事程序为中心》，载《台大法学论丛》2012 年 11 月第 41 卷特刊。

② 参见邱联恭：《司法之现代化与程序法》，台湾三民书局 1992 年版，第 179 页。

③ 参见王亚新：《对抗与判定：日本民事诉讼的基本结构》，清华大学出版社 2002 年版，第 298~299 页。

④ 参见[日]谷口安平：《程序的正义与诉讼(增补本)》，王亚新、刘荣军等译，中国政法大学出版社 2002 年版，第 87 页。

高的辩论能力和庭审技巧了。然而，作为法律专业人员，律师一方面精通实体法和程序法上的条文规定，且拥有较强的调查和收集诉讼资料的能力；另一方面也非常熟悉法律实务和诉讼程序，并通过多次出庭练就了较强的辩论本领。因此，律师能和法官、对方律师在对等的位置和共有的语言环境中沟通交流，并立足于被代理人的利益，在充分吸纳被代理人意见的基础上，以一种沉着、冷静且客观的心态说服法官和对方当事人。① 一言以蔽之，律师参与诉讼能有效弥补当事人实际参与诉讼能力的不足。当事人参加诉讼的能力或辩论能力是讨论参加命题之重要性的基本前提，只有当事人具备了足够的辩论能力和"法的能力"，才能通过其请求、主张、抗辩、举证等诉讼行为切实影响审判结果，从而维护审判制度的正当性。② 如果当事人因为经济困难无法获得律师的法律服务，将会极大影响其参与诉讼的实际效果。

　　基于此，两大法系国家及地区均对法官课加了为当事人提供律师援助的义务。其中，美国的律师援助制度比较完备，既存在司法机关为当事人聘请私人律师的法律援助服务，也包括私人律所为当事人提供的免费律师援助服务。③ 德国则更加看重律师参与诉讼的价值和意义，直接在民事诉讼和家事审判程序中制定了律师强制代理制度。④ 这种制度似乎存在强制当事人意愿进而违背处分权主义之嫌，但德国的律师费用是由败诉方承担的，且辅以完备的诉讼费用保险、律师援助等配套设施，即便当事人经济拮据，也易于获得

---

① 参见[日]谷口安平：《程序的正义与诉讼（增补本）》，王亚新、刘荣军等译，中国政法大学出版社 2002 年版，第 73~87 页。

② 参见[日]棚濑孝雄：《纠纷的解决与审判制度》，王亚新译，中国政法大学出版社 1994 年版，第 261 页。

③ 参见侍东波：《程序参与及其保障》，中国政法大学研究生院 2005 年博士学位论文，第 125 页。

④ 参见《德意志联邦共和国民事诉讼法》，谢怀栻译，中国法制出版社 2001 年版，第 16 页。

律师的法律服务。①

(三)提供翻译人员

法院为特定当事人提供翻译人员的义务，也是听审请求权之受益权功能的一个重要体现。在民事诉讼中，当事人对事实主张、证据资料及法律观点的意见表达，均以语言和文字为载体。这意味着，如当事人不能通晓审判活动所使用的语言或文字，就不能准确、有效地表达自己对上述重要事项持有的观点，也不能与法院及对方当事人进行正常的沟通、交流，更不可能对裁判结果的形成产生实质影响。②

此外，法院还应向当事人履行必要的通知义务、释明义务和说理义务。这些义务均要求受诉法院必须从事一定的积极给付行为，以帮助当事人及时了解案件信息，调整攻击防御策略和确保法院对其陈述观点予以审酌，进而保障当事人能富有实效地行使听审请求权，影响案件的裁判结果。总之，上述这些积极义务有助于当事人实质性地参与诉讼审判，从而维护其程序主体地位。故而，法官积极为当事人提供给付服务，乃听审请求权之受益权功能使然。

以上论述表明：与听审请求权之客观功能从一般意义对国家机关课以程序与制度保障义务不同，听审请求权之主观功能侧重于，在"权利人—相对人"法律关系中"刻画"国家机关对公民个人负有的具体保障义务。就听审请求权在民事诉讼中的主观功能而言，防御权功能要求受诉法院不得侵犯当事人表达意见的权利；受益权功能则意在强调法院应为当事人行使陈述权创造积极条件。两种具体主观功能的主要区别在于，与前者对应的是，法院对当事人负有的不作为(消极)义务，与后者对应的则是，法院对当事人负有的作为(积极)义务。

---

① 参见侍东波：《程序参与及其保障》，中国政法大学研究生院 2005 年博士学位论文，第 128 页。

② 参见蓝冰：《德国民事法定听审请求权研究》，西南政法大学 2008 年博士学位论文，第 66 页。

第三节　客观功能与主观功能的关系

听审请求权在客观面向具有立法指导功能，即立法机关应以听审请求权保障为指导原则构建民事诉讼制度。这一客观功能在民事诉讼中体现为两方面的内容：一是，创设事前保障程序，如送达程序、审前准备程序、辩论程序、释明制度、说理制度等；二是，构建事后救济途径，如听审责问程序、上诉程序、再审程序、第三人撤销之诉及宪法抗告程序等。按照听审请求权主观功能的要求，一方面，受诉法院负有通知、释明、说理等积极给付义务，以保障当事人能够富有实效地参与诉讼和表达意见；另一方面，在听审请求权受到不当干预或侵害时，当事人可依据该权利启动听审责问、上诉、再审、宪法诉愿等诉讼救济程序。如此看来，听审请求权的主、客观功能似乎存在不少交叉重合的部分。这不免令人质疑区分听审请求权主、客观功能的必要性和意义。但事实并非如此。

一、客观功能与主观功能的区别

（一）功能发挥的条件不同

在充当程序法原则的角色时，听审请求权发挥着"架构"民事诉讼制度、约束司法裁判行为（往往是在填补法律漏洞时）的功能。这种功能主要是在立法活动中发挥的。虽然我们偶尔也能从司法活动中找到其发挥作用的"踪影"，但由于该功能发挥的目的却是为了弥补立法的漏洞与不足，因此这种情形属于"法官造法"的范畴，完全可以归于一种"立法"场域。在这种场域中，听审请求权保障原则必须得到贯彻，最终为当事人参与诉讼和表达意见提供必要的制度支撑和程序保障。譬如，为保障当事人的知悉权，立法者需设立送达制度；为促使当事人能够行使陈述权，立法机关应当设计审前准备程序和庭审程序；为防止突袭性裁判的发生，立法者应制定法官释明制度；为保障当事人陈述意见能够为法院所审酌，立法机关应制定裁判说理制度。

但是，这些法律制度的建立，并不是公民个人直接行使听审请求权的结果。原因在于，主观权利只能赋予公民个人请求权或曰防御权等工具性权利，使之借此要求特定相对人为或不为一定的行为，但这类权利并不能用来直接要求国家机关在一般意义上制定某种法律制度。举例言之，公民享有生命、健康权，这些基本权利又进一步衍生出公民个人要求他人不得损害其生命、健康的防御性权利，如果公民行使防御权却依旧没有使其生命、健康权免受侵犯，便可通过司法途径排除侵权行为；同时，国家机关也会通过设立警察制度或其他犯罪预防制度阻止侵权行为的发生，保障公民的生命、健康权。然而，这些法律制度的构建，并不能通过公民行使其主观请求权予以实现，只能由国家机关根据客观价值秩序的要求进行。① 换言之，国家建立这类法律制度是基于客观价值秩序的内在要求，而非个人主观权利生发出来的具体义务。② 反过来看，与主观权利力图建立那种"公民个人—国家机关"的法律关系不同，客观法律规范只是单方面施加给国家机关一些义务，但这些义务并不存在与之对应的权利主体。③ 基于这一点，我们完全可以认为，客观法律规范赋予国家机关的义务及其衍生的要求和命令，并不能成为公民要求立法机关制定法律制度或程序的请求权基础。④ 而要求立法机关提供一系列的制度和程序保障，只能是听审请求权客观功能发挥作用的结果。

与之不同，听审请求权主观功能的发挥往往发生在具体的司法活动中。这种功能的发挥，往往需要当事人积极从事一定的行为。譬如，在受诉法院不给予当事人表达意见机会，或其意见不予审酌的情形下，唯有当事人主动向法院提出程序异议或排除妨害的申

---

① 参见[日]大沼保昭：《人权、国家与文明》，王志安译，三联书店2003年版，第210页。
② 参见张翔：《基本权利的双重性质》，载《法学研究》2003年第5期。
③ 参见[德]罗伯特·阿列克西：《作为主观权利与客观规范之基本权》，程明修译，载《宪政时代》第24卷第4期，1999年4月。
④ 参见[德]彼得·巴杜拉：《国家保障人权之义务与法治国家宪法之发展》，载陈新民编：《宪法基本权利之基本理论(上)》，台湾元照出版股份有限公司1999年版，第4页。

请，相关救济制度才能启动，其程序性权利也才能得到实现。此时，听审请求权实则发挥着程序启动之请求权基础的作用。但是，听审请求权客观功能的发挥，并不需要借助当事人的意思表示，因为国家机关始终负有贯彻听审请求权保障原则的客观义务。无论任何时候，也不论任何地点，国家机关只要在履行职权行为，就必须主动履行这种客观义务。易言之，听审请求权客观功能的发挥并不针对具体、特定的诉讼当事人，更不需要当事人向国家机关提出任何主张或请求。

总之，听审请求权客观功能的发挥往往存在于立法活动中，通过立法机关或司法机关履行积极程序保障义务予以实现；与之不同，其主观功能却常常作用于司法审判场域，依赖于具体权利人在特定情景下的意思表示行为予以落实。

（二）利益考量不同

听审请求权主观功能的发挥，是为了保障诉讼参与人之个人权益的实现。但其客观功能的发挥，则是为了维护听审请求权所体现的客观价值秩序。这种客观价值秩序实则代表了社会全体成员的共同利益或曰集体利益。

这种区别可通过德国的一则案例予以阐释。1977 年 9 月 5 日，一伙恐怖分子绑架了时任德国工业联合会主席的施莱耶，要求德国政府释放其 11 名同伙以换取人质，但这一要求遭到了拒绝。施莱耶的家人以国家机关负有保障公民生命权的义务为由，请求联邦宪法法院判令政府接受恐怖分子提出的要求。法院却认为，虽然宪法上的基本权利条款确实对国家机关课加了保障公民生命权的义务，但这种义务对应的权利主体是一个整体概念，而非公民个人。如果判令政府接受恐怖分子提出的要求，虽能挽救施莱耶个人的生命，但释放 11 名恐怖分子无疑会给更多人的生命带来危险。基于这种整体利益的考量，联邦宪法法院最终驳回了原告的诉请。①

很明显，在本案中，原告与法院对基本权利应发挥何种功能的

---

① BVerfGE. 46, 160 (1977). 转引自张翔：《基本权利的双重性质》，载《法学研究》2005 年第 3 期。

认识并不一致。原告将生命权视为一种主观权利，认为政府对其父亲的生命权负有直接的保障义务，并依据该权利要求政府机关从事具体的给付行为；但法官将基本权利视为一种法律价值秩序，认为应基于社会整体利益考量贯彻这一客观法秩序。在客观面向，基本权利只在强调其对国家机关的规范和约束作用，并未赋予公民个人直接要求国家为或不为具体行为的主观请求权。[1] 换言之，基本权利的客观规范属性并不能成为公民直接要求国家机关从事给付行为的权利依据，因为基本权利客观功能的发挥是为了维护公共利益，而非个人利益。

基于此，有学者提出了一种区分基本权利不同功能的方法：如果基本权利是在维护一种个人的权益，其就是在发挥主观权利功能；如若基本权利是在维护一种整体利益或曰集体利益，其便是在发挥客观法律规范功能。[2] 由于听审请求权属于一种程序基本权，因此这种方法也可用来区分听审请求权的主观功能和客观功能。

(三) 实现方式不同

在主观权利面向，听审请求权可以被拆分为一些列具体性的权利，如受通知权、证明权、在场见证权等，这些权利往往被规定在具体的法律条款之中，属于法律规则的范畴；在客观价值秩序面向，听审请求权构成了一种法律评价规范，发挥着架构和解释程序法规定的作用，属于法律原则的范畴。

法律规则是一种确定性的命令，但法律原则却是一种非确定性命令。如果将听审请求权视为一种个人主观权利，一旦权利人根据这一主观权利提出了具体的请求，国家机关必须按照该请求从事特定的行为。当然，这种请求必须满足法律上所规定的权利行使条件（即法律构成要件），否则，国家机关并不负有履行特定行为的义务（即法律效果不能实现）。但是，作为一种程序法原则，听审请求权只具有在一般意义上拘束国家机关行为的功能，此时，国家机

---

[1]　参见张翔：《基本权利的双重性质》，载《法学研究》2005 年第 3 期。

[2]　参见[德] 罗伯特·阿列克西：《作为主观权利与客观规范之基本权》，程明修译，载《宪政时代》第 24 卷第 4 期，1999 年 4 月。

关只是被概括性地赋予了保障听审请求权的客观义务，至于在实现这种客观义务时采取哪种具体的保障措施或创设何种法律制度，则完全由国家机关自由裁定，公民个人并无染指的空间和可能。

事实上，听审请求权在两种面向上的区别，也进一步决定了其主、客观功能在实现路径上的不同。与听审请求权的权利性质相对应，其主观功能的实现方式是一种排他式的，奉行全有或全无(all or nothing)的逻辑；与其程序法原则性质相对应，其客观功能的发挥路径则是一种兼容式的，往往伴随着与其他程序法原则的折中、妥协。① 基于此，听审请求权主观功能的实现方式可以表述为：如若有关听审请求权之具体权利的法律规则是有效的，且当事人满足了权利的行使条件，相对人就应不折不扣地落实该法律规则对应的法律效果，反之，相对人便不负有实现该权利的义务。具体而言，如果诉讼参与人的实体权益将被裁判剥夺，其可以行使要求法院履行送达义务、审酌义务和释明义务的权利，并在上述权利遭受不当侵犯时启动救济程序；反之，当事人则不具有行使上述权利的资格。可见，满足既定的法律构成要件，是当事人行使听审请求权的条件，也是听审请求权主观功能得以发挥的前提。

而听审请求权客观功能的实现方式则是另一种样态。作为一种程序法原则，听审请求权能在多大程度上得到实现，取决于其与其他程序法原则的协调空间。一般而言，程序法原则必须通过具体法律制度予以实现。然而，由于各国的法律传统、制度背景、实体法规范、诉讼目的以及司法资源等条件并不相同，在具体贯彻程序法原则的时候，立法机关对如何架构诉讼制度具有自由裁量权，尤其在社会高速发展、价值理念多元化的今天，现有司法资源已疲于应对日渐增多的新型社会纠纷与需求，在追求程序公正价值之外，民事诉讼程序也应对当事人纠纷解决的经济性、迅捷性需求给予回应。这意味着，在建构民事诉讼法制度或解释程序法规定时，立法者或司法者需要贯彻的法律原则不止听审请求权一个，还包括适时

---

① 参见[德]罗伯特·阿列克西：《法律原则的结构》，雷磊译，载《公法研究》2009 年 10 月卷，第 468~469 页。

审判请求权、程序平等、程序公开等原则，其中，听审请求权与适时审判请求权之间的冲突最为明显，需要国家机关在建构和解释程序法规定时进行协调。可见，民事诉讼程序的建构其实就是一种协调价值冲突的过程。在此过程中，立法者应妥当处理多种价值秩序或法律原则之间的关系，杜绝任意立法的现象产生；否则，很有可能对其他基本权利（法律原则）的核心内涵造成严重侵犯。就听审请求权保障原则而言，它要求立法机关应为当事人设置尽可能完备的程序保障，但若允许当事人不计时间成本地主张事实和提出证据，必然造成诉讼程序的臃肿和迟缓，进而与诉讼促进义务发生冲突，所以，立法者需结合其他程序法原则或价值，不断调适听审请求权保障原则的价值意涵，并制定一些具有补充性的法律制度。譬如，创设诉讼时限制度，对逾时提出的攻击防御方法课以失权效果，对放弃参加庭审的当事人进行缺席判决等。[①]

综上所述，在听审请求权发挥主观功能的情形下，受诉法院对当事人应履行何种义务是明确、具体而特定的，当事人行使主观权利的条件及效果也是具体而确定的；但是，在听审请求权发挥客观功能的情形下，国家机关（不仅限于法院）只是在原则上对听审请求权负有保障的义务，这种保障义务并不存在一个可供遵循的、明确具体的标准，而由国家机关尽其最大可能去履行。至于听审请求权保障原则能被实现的程度如何，则取决于其与其他程序法原则的协调空间。

二、客观功能与主观功能的关联

从某种意义上讲，听审请求权的客观功能之于主观功能，就如同程序保障之于程序性权利。就程序保障而言，其是指国家机关在制定、适用或解释程序法规范的过程中，应遵从并积极实现该基本

---

① 参见魏大喨：《诉讼基本权在民事诉讼法之实现》，载《月旦法学杂志》2004 年 2 月第 105 期。

权利所体现的客观价值秩序。① 这种价值秩序通常包括法治国原则、人性尊严以及程序正义等宏观层面的法治思想，其意在为整个国家和社会营造一种民主、自由、安定、有序的制度环境。但是，程序性权利是一种主观请求权，意在强调相对人对权利人实现合法权益负有的保障义务，并在必要时成为启动救济程序的依据，从而为其权利的实现扫除不当妨害行为。前一种功能面向的一般公众，代表公共利益；后一种功能则直接对应具体个人，意在保护私人利益。因此，公民个人并不能依据程序性权利直接要求国家机关创设某种法律制度或程序，与之相对，程序保障功能也不可能成为公民启动具体诉讼救济程序的请求权依据。简言之，程序保障功能课以国家机关制定法律程序的客观义务，而程序性权利赋予了公民个人启动程序的请求权依据。②

在德国，宪法学界已经达成的一个基本共识：承认基本权利在主观面向和客观面向上的双重属性要比只承认其中一种属性，更有利于基本权利条款的实现，也更能促使基本权利保障的最优化。③同样的道理，承认听审请求权双重性质及其对应的两种功能，要比只认可其中的一种性质及功能，更有利于听审请求权这一程序基本权的保障或实现。因为，听审请求权的两种功能之间具有相互依存和相互补充的关系。

正是听审请求权的程序保障功能的发挥，才使得国家制定了一系列旨在实现或保障听审请求权的法律制度，譬如送达、释明、裁判说理等事前保障制度以及听审责问、二审、再审等事后救济制度，才能保证当事人的受通知权、陈述权、审酌请求权可以依赖这些制度或程序得以实现或救济。与之相对，正是诉讼当事人通过行

---

① 参见张嘉尹：《基本权理论、基本权功能与基本权客观面向》，载《当代公法理论(上)》，台湾元照出版股份有限公司 2002 年版，第 50 页。

② 参见王锴：《宪法上的程序权》，载《比较法研究》2009 年第 3 期。

③ 参见陈爱娥：《基本权作为客观法规范——以"组织与程序保障功能"为例检讨其衍生的问题》，载李建良、简资修主编：《宪法解释之理论与实务(二)》，中山人文社会科学研究所 2000 年版，第 262 页；王锴：《宪法上的程序权》，载《比较法研究》2009 年第 3 期。

使具体性权利和手段性权利，才能不断丰富听审请求权的具体意涵，并划定其权利保障的界线，反过来，听审请求权内容的不断丰富，又会促使国家机关出台新的法律以完善民事诉讼制度。譬如，在以往科技不发达的时候，如不能对当事人进行直接送达，法院辅以邮寄送达的方式即可满足保障当事人知悉权的最低限度，但在互联网通讯技术高度发达的今天，对于无法直接送达的当事人，受诉法院除应进行邮寄送达外，还应考虑将微信、QQ 等现代通讯技术作为新的补充送达方式，否则，就很难确保法院对当事人充分履行了送达义务。而这些关于听审请求权保障之诉讼制度的逐步完善，往往肇始于当事人对其主观请求权的行使，尤其是当事人利用防御权功能对听审请求权进行救济的时候，这种主观功能对客观功能的促进作用就会变得更为明显。由此可见，听审请求权的两种功能构成了一种相辅相成的关系。

本 章 小 结

作为一项程序法基本原则，听审请求权发挥着法律评价规范的功能。这种功能具体表现在两个方面：一是，它被视为立法指导原则，用以约束立法机关对民事诉讼具体制度的构建；二是，它被作为一种法律适用依据，对司法机关的法律解释行为产生约束和评价作用。

而作为一项程序性权利，听审请求权具有防御权功能和受益权功能。一方面，当事人可依据该权利要求司法机关不得从事妨碍或侵犯其诉讼权利的行为，并可据之启动救济程序以排除受诉法院的侵害行为；另一方面，当事人可依据该权利请求司法积极履行一定的给付义务。

这两种功能在适用条件和利益维护上存在差异：客观功能往往是在一般意义上赋予立法、司法机关的程序保障义务，此时这些义务面向的是全体公众，代表着集体利益，并没有与之对应的具体权利主体，因此这种功能的发挥一定不是基于诉讼当事人的意思表示行为；其主观功能强调的内容恰恰在于，作为权利主体的诉讼参加人与作为义务主体的司法机关在具体诉讼活动中的对应关系，在这组法律关系中，诉讼参加人可直接依据听审请求权要求受诉法院为或不为一定的行为，并且在必要时可以据之启动救济程序，以排除司法机关的妨碍或侵害行为。在这一层面，庭审请求权从始至终保护的均是诉讼参加人的个人利益。此外，二者在实现路径上也有区别。听审请求权主观功能的实现路径是一种排他性的，遵循着全有或全无的逻辑；但其客观功能的实现路径却是一种兼容式的，往往伴随着与其他程序法原则的协调和折中。

不过，两种功能又是一种相辅相成的关系。一方面，听审请求权客观功能的发挥能为其主观功能的实现提供制度保障，另一方面，其主观功能的发挥又能为客观功能作用下具体诉讼制度的建构提供发展完善的契机。

第四章　听审请求权的实现路径

第一节　作为程序法原则的实现路径

某种意义上，听审请求权作为一种程序法原则被贯彻的过程，也就是其发挥客观功能的过程。由上可知，作为客观程序法原则，听审请求权主要发挥两种功能：一是，它对民事诉讼制度的建构具有立法指导功能；二是，它具有合宪性解释的功能。但无论发挥哪一种客观功能，听审请求权均应遵循固有规律，做到与其他程序法原则的协调、平衡。

一、与其他程序法原则的关系协调

作为一种程序法原则，听审请求权的实现程度往往取决于，它和其他程序法原则尤其是与之冲突的程序原则所能协调的空间有多大。在民事诉讼中，若论与听审请求权冲突最为激烈的法律原则，则非诉讼促进原则莫属。

在德国民事诉讼中，诉讼主体被赋予了程序加速义务或曰诉讼促进义务，此即诉讼促进原则。该原则具有两层含义：一是，陈述意见的当事人具有诉讼促进义务，该义务要求当事人不仅需要进行完整的陈述，而且必须在特定时间内完成陈述；[1] 二是，就对方当事人而言，其享有要求法院在适当期限内终结审判的权利[2]，此为

---

① 参见 Prütting, a. a. O., § 296 Rn. 59。
② BVerfGE 55, 349(396).

104

当事人适时裁判请求权的当然内容。① 如果当事人一方没有在特定时间内向法院提供诉讼资料，就会造成诉讼拖延，继而构成对方当事人实现适时审判请求权的直接障碍。② 正如法谚有云："迟来的正义为非正义。"德国的主流观点认为，诉讼期间过长虽不会导致胜诉结果完全无用，但一定会减损胜诉判决的价值。无论人们对实体的正当性如何解读和把握，都不会影响这样一种判断，即，只有迅速的裁判才能真正实现权利保护的目的，再也没有比缓慢的纠纷解决过程更有损司法声誉的了。理由是，漫长的诉讼审判期间通常不利于经济贫弱的人，进而加大当事人在利用诉讼机会上的差距。不仅于此，诉讼程序的拖延还会妨碍实体公正价值目标的实现，因为当事人和证人的记忆如果随着时间而消减，这会对案件事实争点的厘定带来困难。③

在德国，程序加速原则是宪法上适时裁判请求权在程序法层面的具体反映，因此其要在民事诉讼中贯彻这一宪法原则所体现的客观价值秩序。④ 一般认为，适时裁判请求权所彰显的客观价值秩序是，司法审判程序应被建构成一种方便当事人接近、程序设计经济合理且裁判作出及时的纠纷解决机制。⑤ 实务界也认为，宪法所保障的权利不仅要求立法者应为权利的实现提供完备的程序保障，而且要求这一权利能够通过诉讼程序在合适的时间、以适当的方式实现。⑥ 联邦宪法法院更是直截了当地指出："适时裁判请求权乃是

----

① 在德国，适时裁判请求权的宪法依据为《基本法》第 2 条第 1 项；而有效权利保护请求权的宪法根据为《基本法》第 19 条第 4 项。二者均具有要求法院为当事人提供有效率的程序救济之内容。参见沈冠伶：《诉讼权保障与裁判外纠纷解决》，北京大学出版社 2008 年版，第 7~10 页。

② 参见沈冠伶：《诉讼权保障与裁判外纠纷解决》，北京大学出版社 2008 年版，第 25 页。

③ 参见姜世明：《民事程序法之发展与宪法原则》，台湾元照出版有限公司 2003 年版，第 289 页。

④ 参见 Benda/weber, ZZP 96, 299。

⑤ 参见姜世明：《民事程序法之发展与宪法原则》，台湾元照出版有限公司 2003 年版，第 31 页。

⑥ 参见 Schilken, a. a. O. , Rdnr. 103。

在适当期间内的权利保护。"①这意味着，立法者在设计民事诉讼制度时必须将诉讼的效率化作为一种指导原则。

而如何设计出有效率的诉讼程序，是现代司法制度改革面临的一个共同话题。德国在 2002 年的民事诉讼改革中，程序的效率化问题被列为法律修订的重点。在此次法律修订中，无论是法官释明义务的加强，还是第二审攻防方法提出的限制，亦或是第二、三审中许可上诉制度的完善，莫不与诉讼程序的效率化存在关联。在我国台湾地区 2009 年修正的"民事诉讼法"中，就争点整理、证据保全、文书提出义务、失权规定、释明权、判决书简化、选定当事人制度、第三审制度等作出的制度变革，也是在沿着适时裁判请求权所要求的诉讼建构方向前进。②

在英美法系国家，诉讼程序的制度设计除满足诉讼参与原则的要求外，也需要遵从及时原则。所谓及时原则，是指诉讼程序应为当事人提供及时的裁判，以防诉讼拖沓和草率判决。一方面，当事人都不希望在无充分时间收集证据并考虑其证明力价值的情形下，法院就草率作出判决。因为从概率学上看，这种仓促审理必然会影响裁判的质量甚至导致错误的发生。另一方面，当事人也不希望司法裁判陷入另外一种极端，以致诉讼程序变得非常拖沓。即便这种司法现象并不会导致裁判的不公正，当事人也不愿意看到自己的纠纷久久得不到解决，正常的生活安排因此被打乱，更不愿意承担由此带来的高昂诉讼成本。及时原则就是一种草率判决和拖延诉讼的折中产物。③ 从具体内容看，这种程序法原则与德国法上的诉讼促进义务并无本质区别，均致力于将诉讼程序建构成一种具有效率性的纠纷解决机制。

这种效率化要求与听审请求权保障原则往往会发生冲突。就听

---

① BVerfGE 55，349，369.

② 参见姜世明：《民事程序法之发展与宪法原则》，台湾元照出版有限公司 2003 年版，第 33 页。

③ 参见[美]迈克尔·D. 贝勒斯：《法律的原则——一个规范的分析》，张文显等译，中国大百科全书出版社 1996 年版，第 36 页。

审请求权保障而言，民事诉讼程序为当事人实现其知悉权、陈述权以及审酌请求权提供的制度设计越充实，就越符合其充分性的保障要求。但如此一来，诉讼程序就会变得非常繁琐和拖沓。这种结果显然与诉讼加速义务的程序要求相去甚远。而这种冲突本质上属于程序公正与诉讼效率之间的冲突。有学者认为，以往诉讼程序的建构过于强调公平性和对当事人私权的维护，使得诉讼拖延成为一定时期内各国民事审判制度的"通病"，从而产生了提升诉讼效率的需求。① 这种需求也是司法审判面向大众化的必然产物，自从诉讼制度从有产阶层的独占中解脱出来，并成为所有民众均可利用的纠纷解决方式后，完全不予考虑诉讼效率价值的制度运行已变得不可能，原因在于，作为一项基本权利，诉诸法院解决纠纷是每一个公民均应享有的利益。对于这种权益要求，任何法院都不能拒绝。因此，面临案件的日益增加，司法机关不得不在提升诉讼程序的效率上下足工夫。总之，司法审判的大众化使得效率性成为了程序制度建构的重要指导方针。②

但是，对于如何协调两种价值之间的冲突这一本就具有抽象性的问题，如果仅在一般层面上予以回答，往往很难保证理论的周延，也无法探讨清楚。一个更为可行的做法是，不若根据不同的诉讼程序类型，具体讨论程序公正与诉讼效率两种价值之间的协调问题。

二、立法指导功能的发挥

值得注意的是，由于各国及地区的文化背景不同、法律发展的轨迹不同，各国民事诉讼程序在贯彻听审请求权保障原则的制度设计上也并不完全一致。③ 不仅如此，即使是在同一诉讼制度的内

---

① 参见［日］新堂幸司：《新民事诉讼法》，林剑锋译，法律出版社2008年版，第8~9页。

② 参见［日］棚濑孝雄：《纠纷的解决与审判制度》，王亚新译，中国政法大学出版社1994年版，第249~250页。

③ 参见刘敏：《论民事诉讼当事人听审请求权》，载《法律科学》2008年第6期。

部，听审请求权在具体制度中的程序保障也存在明显差异，而且会受到各种不同要素的影响。这些要素包括所涉及程序的类型如普通程序、简易程序、缺席判决程序等，程序的进程和阶段，以及当事人是否有律师代理等。① 一般而言，立法者在建构民事诉讼程序时对听审请求权保障原则的贯彻，应当"在兼顾对裁判的预测可能性及程序安定性等要求下，尽可能因事件类型之个性、特征，就个别的场合选择适合而有助于满足其特性、需求之程序保障方式"。②

(一)争讼程序中保障制度之构建

1. 知悉权的保障制度

(1)送达制度

《德国民事诉讼法》对于保障当事人知悉权的送达制度规定得非常详细。按照该法第 178 条规定，法院在对当事人进行直接送达时，若发现被送达人不在其住所、办公室和从业机构，可将诉讼文书送达给住所中同住的成年家属、家庭雇员及其他长期同住的成年人，或在同一办公场所工作的任何人，或从业机构负责人以及其授权的人。倘若在上述情形下依旧不能实施直接送达，根据该法第180 条规定，法院还可将诉讼文书留置在受送达人住所或办公室的信箱以及其他场所，以完成送达。但前提条件是，这些场所必须具有被送达人的邮寄地址，并且在一般情形下适宜对诉讼文书进行可靠的保存。此外，在当事人住所不明又无法将诉讼文书送达其代理人的情形，法院可以公告送达。与前两种送达方式强调送达的实效性不同，公告送达属于拟制送达。它仅是在理论层面保障了当事人接受诉讼文书的可能性。因此，这种送达方式的适用应遵从严格的条件：其一，受送达人必须是不可归责于己地远离了居住或工作的场所；其二，法院并不能通过其他送达方式对受送达人进行有效的送达。此外，即便法院先实施了符合条件的公告送达，但在随后

---

① 参见[意]莫诺·卡佩莱蒂：《比较法视野中的司法程序》，徐昕、王奕译，清华大学出版社 2005 年版，第 340 页。

② 参见邱联恭：《程序制度机能论》，台湾三民书局有限公司 1996 年版，第 96 页。

的审理阶段发现了当事人新的送达地址，受送达人也应被赋予参与诉讼和表达意见的机会。①

以上表明，德国民诉法为送达方式所规制的适用顺序为"直接送达—留置送达—公告送达"。也就是说，为充分保障当事人的受通知权，德国通知当事人的方式是以直接送达为原则，以间接或拟制送达为例外。

事实上，这种送达制度的设计原则在英美法系国家同样得到了遵循。在美国学者贝勒斯看来，根据听审请求权保障原则的要求，当事人享有受通知权。而通知的最佳方式则是法院将诉讼文书直接送达当事人，唯在保持直接送达成本适度或避免发生错误的情形下，变通这种最佳送达方式的做法才被接受。② 这一观点得到了实务界的认同。有法官指出，考虑到通知对诉讼当事人具有重要的意义，法院应想尽一切办法将诉讼文书直接送达当事人。③ 只有在一些例外情形，法院才可采用间接送达的方式。譬如，作为被告的商品生产商，往往通过某地的销售代理商来从事销售经营活动，但其生产工厂或公司场所却在另一个地方。此际，法院可通过邮寄送达或通知被告所在地的主管部门的方式，间接通知生产商前来应诉。若以上两种方式均无法有效通知当事人，法院适用公告送达才具有正当性。反之，如果法院采用直接或其他合理方式能够告知当事人前来应诉，公告送达就不应被考虑。④

（2）阅览权的保障制度

按照《德国民事诉讼法》第 299 条规定，当事人享有阅览、抄录和影印法院案卷资料的权利。但是，对于那些对裁判不具有重要性的案卷资料，法院可以拒绝当事人的阅览请求。而一旦那些案卷

---

① 参见蓝冰：《德国民事法定听审请求权研究》，西南政法大学 2008 年博士学位论文，第 53 页。

② ［美］迈克尔·D. 贝勒斯：《法律的原则——一个规范的分析》，张文显等译，中国大百科全书出版社 1996 年版，第 50 页。

③ 参见 Greene v. Lindsey, 456 U. S. 444(1982)。

④ 参见 Mullane v. Central havoner Bank & Trust Co. , 339 U. S. 306, 70 S. Ct. 652, 94 L. Ed. 865(1950)。

资料被拒绝查阅，就不能成为法院作出裁判的依据，否则，将构成对当事人听审请求权的侵犯。① 此外，对于那些涉及个人隐私或者商业秘密的诉讼资料，法院也可作出不予准许当事人阅览的裁定。不过，考虑到这类裁定对诉讼参加人的程序权益影响较大，当事人可对这类裁定单独提起法律抗告。②

2. 陈述权的保障制度

（1）事实陈述权的保障制度。按照《德国民事诉讼法》第 195 条规定，当事人应作出真实、完整的事实陈述，并且对他方当事人提出的事实主张也应进行陈述。可见，当事人不仅需要陈述自身的事实主张，而且要针对他方当事人的事实主张进行回应性陈述。这种回应性陈述主要表现为抗辩事实、否认性事实或不知性陈述等内容。而对于事实陈述权的行使，不仅当事人应具有自律意识，法院也应积极履行相应的提示义务。倘若当事人的事实陈述存在疏漏或有待补充，法院应及时提醒当事人，以保障其听审请求权的顺利实现。③ 尤其在产生新的事实争点时，法院更应及时告知双方当事人，使诉讼"两造"能围绕争议焦点发表有针对性的意见。④ 这意味着：如若当事人一方提出新的事实争议，他方当事人必须享有对之陈述意见的权利；如果法院在言词辩论终结后才发现其未履行释明义务，以致当事人未就该争点发表意见，应再次重启言词辩论程序，赋予该方当事人补充陈述意见的机会。

（2）证明权的保障制度。《德国民事诉讼法》分别为诉讼当事人规定了提出证据、申请调查证据以及就证据调查结果发表意见等权利。我国台湾地区"民诉法"第 297 条第 1 款也明确规定："证据调

① 参见任凡：《听审请求权研究》，法律出版社 2011 年版，第 131 页。
② 参见沈冠伶：《诉讼权保障与裁判外纠纷解决》，北京大学出版社 2008 年版，第 15 页。
③ 参见沈冠伶：《诉讼权保障与裁判外纠纷解决》，北京大学出版社 2008 年版，第 15 页。
④ 参见 Schwab/Gottwald, Verfassung und Zivilprozess, 1984, S. 52。转引自沈冠伶：《诉讼权保障与裁判外纠纷解决》，北京大学出版社 2008 年版，第 15 页。

查结果，应晓瑜当事人进行辩论。"基于这一条文，台湾地区"最高法院"认为，受诉法院应将证据调查的结果明白告知双方当事人，使之能够实施充分的攻击防御；否则，该证据调查结果便不能作为事实认定依据。倘若法院没有恪守这一原则，其所作裁判便存在程序瑕疵，构成上诉第三审程序的事由。① 此外，对当事人在场见证的权利，《德国民事诉讼法》第 357 条第 1 款有明确规定，即"证据调查，应准许当事人到场"。台湾地区"民诉法"第 296 条也规定："证据调查，于当事人之一造或两造不在场时，亦得为之。"这一法律条文实则暗含两层意思：一是，法院应通知并准许当事人参加其证据调查过程，使其充分参与诉讼裁判的形成过程，并及时发表陈述意见；二是，如果当事人接到通知后没有参加证据调查程序，法院在具体案情允许时依旧可以进行证据调查。②

在此，需要特别说明的是，听审请求权并不要求法院必须保障当事人实际陈述了观点，只要赋予其陈述意见的机会即可。如若当事人没有抓住机会及时发表意见，而任其溜走，则其听审请求权便不再受到保护。换言之，听审请求权的行使也存在时间上的限制。③ 之所以如此，是因为民事诉讼程序的设计必须在个人利益与公共利益之间、公正价值与效率价值之间寻求一种平衡。如果对一方当事人行使听审请求权的时间不予限制，很可能会产生权利滥用和诉讼拖延的司法现象，如此一来，其他当事人及时结束诉讼的愿望就会化作泡影，而本应面向公众的诉讼资源也将被不当占用。

---

① 参见许士宦：《当事人对于证据之辩论权》，载《植根杂志》1991 年 1 月 7 卷第 1 期。

② 参见沈冠伶：《诉讼权保障与裁判外纠纷解决》，北京大学出版社 2008 年版，第 16 页。

③ 参见[德]米夏埃尔·施蒂尔纳编：《德国民事诉讼法学文萃》，赵秀举译，中国政法大学出版社 2005 年版，第 173 页。有学者与其持有相似观点，认为听审请求权意在保障当事人获得一种陈述意见的机会。至于当事人是否陈述了意见则在所不问。假如法院已经为当事人提供了发表意见的机会，当事人故意或过失地令该机会丧失，将产生失权后果。参见姜世明：《民事程序法之发展与宪法原则》，台湾元照出版有限公司 2003 年版，第 76 页。

3. 法官审酌制度

《德国民事诉讼法》第 286 条第 1 款明确规定,法官在裁判文书中应就其司法确信说明理由。在德国,说理义务是对法官自由心证的一种制约因素。① 换言之,法院在判决书中阐明形成心证的理由,是其行使自由裁量权的前提。只有这样,他人才能了解法官认定事实采信了哪些证据、认定结论是否站得住脚,从而对法官的司法裁量行为进行监督。此外,《德国民事诉讼法》第 313 条第 1 款规定,判决书应载明事实和裁判理由。本条第 2 款和第 3 款又分别对事实和裁判理由的记载要求进行细化。在事实项下,法院应特别载明当事人提出的申请,并简略叙明当事人提出的请求及所用攻击防御方法的主要内容;在判决理由项下,应简略记载从事实和法律两方面作出裁判结论的论据。而《日本民事诉讼法》第 253 条第 1 款②也将裁判理由列为判决书的必备事项之一。在日本,判决书的理由包括事实认定和法律适用两部分,但由于大陆法系奉行规范出发型的法律思维方式,法律意见已融入"法律效果——要件事实——事实主张——证据提出"这一裁判框架之中,日本法官很少就法律适用的理由作出专门说明,而更侧重对争议事实的认定进行说理。③ 但总体而言,按照这一制度要求,大陆法系法官应将其采纳或不采纳当事人陈述意见的理由予以公开,以提高当事人对裁判结果的可接受性。为达到这一目的,法院必须认真听取并审酌当事人陈述的意见,否则就无法阐释出有针对性且能令人信服的裁判理由。也唯有如此,当事人的意见审酌请求权才能得到可靠的制度保障。

---

① 参见吴泽勇:《证明疑难案件的处理之道——从"彭宇案"切入》,载《西部法律评论》2011 年第 5 期。

② 《日本民事诉讼法》第 253 条第 1 款规定:"判决应当记载下列事项并由作出判决的审判官签名盖章:一、主文;二、事实及争点;三、理由;四、当事人及法定代理人;五、法院。"引自《日本民事诉讼法典》,白绿铉译,中国法制出版社 2000 年版,第 91 页。

③ 参见王亚新:《对抗与判定——日本民事诉讼的基本结构》,清华大学出版社 2002 年版,第 293~300 页。

需要特别强调的是，考虑到诉讼效率价值的实现，法官的审酌与回应性说理并非针对当事人所有的主张或陈述，而是那些对裁判具有重要意义且当事人争执的焦点问题。

4. 法官释明制度

为防止法院对当事人突袭裁判，《德国民事诉讼法》第 139 条制定了法院释明制度。根据该制度，法院的释明义务分为讨论义务和提示义务。

首先，按照本条第 1 款规定，法院在必要时应与当事人就事实关系和法律关系进行讨论。在德国，主流观点对于法院在事实层面负有的讨论义务并无异议。但是，对法院应否就法律见解负有讨论义务，法学界乃至实务部门一度持否定观点。他们认为，从听审请求权保障的基本要求中，并不能推导出法院负有与当事人进行一般性法律对话的义务。① 法院在裁判前既不必公开自己的法律见解，也不必对该法律意见进行提示。② 然而，德国联邦法院却在个案判决中一再表示，如有必要，法院仍应在裁判前向当事人阐明其所欲选取的法律依据。③ 理由是，按照法治国家原则要求，当事人在诉讼程序中的主体地位必须得到承认和保证，而这种主体地位，不仅体现为当事人对重要事实具有陈述观点的权利，也体现为其能对裁判的法律依据表达意见。基于此，德国于 2001 年通过的《民事诉讼改革法》对法官讨论义务的范围进行了扩展。按照改革后的德国《民事诉讼法》第 139 条第 2 款规定，法律讨论义务既适用于当事人忽略的或认为无关紧要的法律意见，也适用于法院与当事人持有

---

① BVerGE 31, 364(370)；BVerGE 42, 64. 转引自沈冠伶：《诉讼权保障与裁判外纠纷解决》，北京大学出版社 2008 年版，第 24 页。

② 参见［德］罗森贝克、施瓦布、戈特瓦尔德：《德国民事诉讼法》，李大雪译，中国法制出版社 2007 年版，第 572 页。

③ BVerGE 86, 133；BVerGE 86, 13. 转引自沈冠伶：《诉讼权保障与裁判外纠纷解决》，北京大学出版社 2008 年版，第 24 页。

不同见解的情形。①

其次，按照本条第 1 款规定，法院应保证当事人能够就一切对裁判具有重要性的事实及时、完整地陈述其意见。这就要求，在当事人对事实的陈述尚不充分时，法院应提醒其进行补充陈述；并及时提出用以证成其事实主张的证据方法或证据调查申请。而根据本条第 2 款规定，如果当事人明显忽视某种法律观点或认为它是无关紧要的，法院应向当事人指出这种认知错误，给予其发表意见的机会。另外，如果法院与双方当事人持有的法律见解不一致，应向当事人提示自己持有的法律观点，从而听取当事人的意见。如果法院没有履行提示义务，使当事人未能对该法律见解发表意见，该法律见解就不能作为裁判的基础，否则，便会违反德国《民事诉讼法》139 条第 2 款的规定，也对会当事人听审请求权造成侵害。②

5. 补充性制度

（1）民事失权制度

民事诉讼中的失权是指，若当事人无正当理由在法定期限内不行使诉讼权利，不得在后续诉讼程序中再行使该项权利。③ 德国《民事诉讼法》第 296 条明确规定，若当事人未在法定期间提出攻击防御方法，将产生失权后果；④ 该法第 529 条又规定，当事人应在一审程序提出全部的主张和证据，否则，这些事实主张及证据资料将在控诉审程序中遭受失权的后果。⑤ 而之所以将失权规定视为

---

① 参见 Hartmann, Zivilprozess 2001/2002; Hunderte wichtiger Anderungen, NJW 2001, (2582)。转引自沈冠伶：《诉讼权保障与裁判外纠纷解决》，北京大学出版社 2008 年版，第 25 页。

② 参见[德]罗森贝克、施瓦布、戈特瓦尔德：《德国民事诉讼法》，李大雪译，中国法制出版社 2007 年版，第 572 页。

③ 参见刘显鹏：《民事诉讼当事人失权制度研究》，武汉大学出版社 2013 年版，第 36 页。

④ 参见《德国民事诉讼法》，丁启明译，厦门大学出版社 2016 年版，第 69~70 页。

⑤ 参见《德国民事诉讼法》，丁启明译，厦门大学出版社 2016 年版，第 118 页。

听审请求权保障原则的例外，是因为，这一规定要求法院不再审酌当事人逾时提出的法律观点、事实主张以及证据资料。① 在某种意义上，失权规定实则为听审请求权的行使划定了"时间"边界，即当事人必须在辩论程序终结前提出攻击防御方法。尽管失权规定与听审请求权保障原则旨在全面、充分实现当事人陈述权的意图并不一致，但该规定是德国立法者基于程序加速利益的考量而设立的，同样具有合法性，也同样需要得到遵循。②

失权规定要求法院不再审酌当事人逾时提出的诉讼资料——哪怕这些诉讼资料具有真实性且对裁判具有重要意义，因此，这会不可避免地对裁判的实体正当性造成冲击，甚至带来严重的错误。基于此，德国对法官适用失权规定进行了严格的限制，要求法官谨慎把握。③ 实践中，法官适用失权规定需满足三个条件：（1）当事人具有可归责于己的事由，即其对逾时行使陈述权存在故意或过错。譬如，当事人具有充分的时间就案件重要争点表达观点，但其误以为拥有正当理由而没有表达观点，造成诉讼迟延。④ 又如，当事人本有完整陈述事实的机会，但其有过错地放任了该机会。⑤ 在这里，过错是指当事人违反了应履行的诉讼促进义务。⑥ （2）确实产生了诉讼延迟的结果。对于如何判断是否发生了诉讼迟延的问题，学者之间一直都争论不已。但主流观点认为，诉讼迟延的判断标准是，许可当事人逾时陈述是否比驳回该陈述情形下的诉讼程序持续

---

① 参见 Prütting, a. a. O. , § 296 Rn. 12。

② 参见 BVerfGE 69, 145(149) = NJW 1985, 1150; 2000, 945(946)。

③ 参见 BVerfGE 59, 330(334) = NJW 1982, 1635; BVerfGE 66, 260 (264); BVerfGE 69, 145(149) = NJW 1985, 1150; BVerfG NJW 1987, 1621; BVerfGE 75, 302(312) = NJW 1987, 2733; 2000, 945(946)。

④ 参见 BVerfGE 54, 117(123) = NJW 1980, 1737; BVerfGE 69, 126 (137) = NJW 1985, 1149; BVerfGE 69, 145 (149) = NJW 1985, 1150. Zusammenfassend Zuck NJW 2005, 3753(3756)。

⑤ 参见 BVerfGE 75, 183(191) = NJW 1987, 2003; BVerfGE 55, 72 (94) = NJW 1981, 271。

⑥ 参见 BVerfG NJW 1989, 706; BVerfG NJW 1987, 1621; BVerfGE 67, 39(41) = NJW 1984, 2203。

的时间更长。① （3）当事人逾时陈述行为与诉讼延迟之间具有因果关系。当事人行为必须是诉讼延迟的唯一原因。如果是因为法院违法行为的介入，例如其没有履行送达、释明的义务，造成当事人无法及时行使陈述权以致诉讼拖延的，当事人逾时陈述行为与诉讼拖延就没有因果关联。② 此外，为充分保障当事人的听审请求权，法院在针对逾时提出攻击防御方法的当事人作出失权裁定前，应给予其发表意见的机会。③

（2）缺席判决制度

从听审请求权保障的角度看，出席庭审并进行辩论是当事人享有的一项程序权利。对于权利，权利人享有是否行使的自由，因此，当事人完全可以自由决定是否出庭应诉。可是，如果完全放任当事人的这种自由，又会对诉讼经济原则和诉讼促进原则造成不当侵害。而实践中也经常会出现当事人不参加庭审或到庭不发表辩论意见的情形，严重阻碍了民事诉讼程序的正常展开，故而十分有必要对当事人缺席的司法现象进行规制。正是基于这种考虑，世界上很多国家都制定有缺席判决制度。④

所谓缺席判决，是指一方当事人缺席时，法院可判决该当事人败诉并终结诉讼的制度。⑤ 在德国民事诉讼程序中，如果原告不出庭，或出庭也不发表辩论意见，法院可根据被告的申请径直作出缺席判决，驳回原告的诉讼请求；反之，倘若被告未在法定期间内参与庭审，法院同样会准许原告提出的缺席判决申请，此际，法院将

---

① 参见 Prütting, a. a. O. , § 296 Rn. 80。

② 参见 Musielak/Voil Zivilprozessrdnung, 13. Auflage, 2016 § 296 Rn. 18。

③ 参见马龙：《民事诉讼中逾时提出攻击防御方法之规制研究》，武汉大学 2016 年博士学位论文，第 47 页。

④ 按照学者的考察，德、法、日、美、英等国的民事诉讼程序均规定有缺席审判制度。详见章武生、吴泽勇：《论我国缺席判决制度的改革》，载《政治与法律》2002 年第 5 期。

⑤ 参见[日]新堂幸司：《新民事诉讼法》，林剑锋译，法律出版社 2008 年版，第 331 页。

拟制被告对原告主张的事实作出了自认。①

不过，从某种意义上讲，缺席判决制度是对听审请求权保障原则的限制，因此，立法者在建构诉讼制度时应对其适用条件进行严格把控。② 按照《德国民事诉讼法》第 331 条之 1 规定，法院作出缺席裁判需具备三个积极条件：其一，出席庭审的当事人应提出缺席判决的申请；其二，该案件已进行了至少一次的言词辩论；其三，作出缺席判决的条件已臻成熟，即法院根据事实认定情形和法律评价结果已能够作出终局判决，即便再进行法庭审理，也很难推翻这一结论或判断。③ 而按照《德国民事诉讼法》第 335 条第 1 款第 2、3、4、5 项的规定，缺席判决的作出还需满足一些消极条件。在以下几种情形中，法院必须裁定驳回缺席判决申请：①对法院应依职权调查的事项，出庭当事人不能提供必要的证明；②对未出庭当事人，法院未进行适当的、及时的传唤；③对未出庭当事人，法院未能及时将言词辩论的事实或书状申请履行通知义务；④在第 331 条第 3 款的情形，法院未将第 276 条第 1 款第 1 句的期间通知被告，或未依第 276 条第 2 款告知被告；⑤法院仅在言词辩论中作出禁止当事人自我代理或代理继续的决定，且没有将该决定及时通知未出庭当事人。稍作分析即可发现，这些消极的适用条件大都是关于保障缺席判决当事人之受通知权的内容。很明显，立法者是要借此强化法院对未到庭当事人履行适当、及时通知的义务，以确保该当事人是在接到通知的情形下才决定不出庭应诉的，从而使法官作出的缺席判决具有合理性和正当性。也就是说，即便是在限制当事人听审请求权的制度设计中，立法者也要对当事人制定相应的补充规定，从而将这种不利影响限制在最小范围之内。

---

① 参见章武生、吴泽勇：《论我国缺席判决制度的改革》，载《政治与法律》2002 年第 5 期。

② 参见[美]迈克尔·D. 贝勒斯：《法律的原则——一个规范的分析》，张文显等译，中国大百科全书出版社 1996 年版，第 35 页。

③ BGH NJW-RR 2013, 1192; Grunsky, Zipvilprozessrecht, 13. Aufl., 2008, S. 194. 转引自占善刚：《我国民事诉讼中当事人缺席规制之检讨》，载《法商研究》2017 年第 6 期。

事实上，上述积极条件中的第二个条件也体现了这种设计思路。其之所以规定，作出缺席判决的案件应至少进行过一次言词辩论，主要是为了确保缺席当事人至少能够拥有一次在法院面前陈述意见的机会，从而最大限度保障其听审请求权的实现。① 此外，被缺席判决的当事人，还可自收到缺席判决书之日起两周内书面声明异议。按照该法第 342 条、第 343 条规定，如果当事人的异议成立，原缺席判决将被视为未作出，案件回复到判决作出前的状态。此时，法院将根据原缺席当事人参加辩论的庭审情况作出新的判决。如果新的庭审结论与原缺席判决并无差异，受诉法院应维持原判决，否则，将撤销原缺席判决，并作出新的裁判。不过，为了防止缺席判决的异议权被滥用，缺席一方当事人应承担缺席诉讼的费用。② 这种异议制度为缺席当事人提供了一次纠正原初错误选择的机会，使之能在新的庭审程序中充分行使听审请求权，进而通过实质性参与新的庭审程序，来改变原有缺席判决对其不利的部分。③

(二) 非讼程序中保障制度之建构

在 20 世纪 50 年代以后，德国、日本等大陆法系国家开始在非讼程序引入了旨在贯彻听审请求权保障的制度设计。这些制度设计包括事前保障制度和事后保障制度。

1. 事前保障制度

在非讼程序中，当事人的事前保障程序主要涵盖以下几个方面④：

---

① 参见 Stein/Jonas，ZPO，22. Aufl.，2007，§331a. Rdn. 9。转引自占善刚：《我国民事诉讼中当事人缺席规制之检讨》，载《法商研究》2017 年第 6 期。

② 参见章武生、吴泽勇：《论我国缺席判决制度的改革》，载《政治与法律》2002 年第 5 期。

③ 参见李浩：《民事诉讼当事人的自我责任》，载《法学研究》2010 年第 3 期。

④ 我国已有民诉法学者对非讼程序中关于听审请求权保障的制度设计进行了梳理，详见郝振江：《德国非讼程序的新展开》，载《河南省政法管理干部学院学报》2011 年第 2 期。

（1）知悉权的保障制度。《德国家事及非讼事件程序法》第 7 条第 4 款规定，法院应将程序启动的信息及时告知关系人，确保其能够参与程序并表达自己的意见。此外，法院就非诉案件作出裁判后，应将裁判文书送交给程序关系人，以保障其在法定期间内可行使上诉权和异议权。

（2）阅览权的保障制度。通过阅览记录，程序相关人及第三人即可掌握案件的裁判基础并了解审理过程如何，进而判断法院的审理程序是否充分保障了其听审请求权。按照该法第 13 条规定，除在损及其他相关人或第三人重大利益的情形外，程序相关人均可阅览法院在庭审过程中形成的记录。第三人也可阅览法院形成的记录，但前提是，他必须向法院说明其具有阅览记录的正当利益，且不会损害其他相关人或第三人的合法权益。

（3）受询问权的保障制度。程序关系人接受询问权属于听审请求权保障的直接内容，是当事人表明态度和发表意见的方式之一。按照该法第 34 条第 1 款规定，在相关人的书面陈述不能全面、有效反映其见解时，法院必须考虑直接对程序相关人本人进行询问。

（4）陈述权的保障制度。按照该法第 37 条第 2 款的规定，权益被裁判剥夺的程序相关人，应具有就该裁判所依据的重要事项发表意见的机会。与之相应，法院需要在作出裁判前认真听取并考量相关人的意见。但需要特别声明的是，在非讼程序中，利害关系人陈述意见的机会具有一定的弹性，即法院可根据非诉事件的必要性程度，对是否赋予相关人陈述意见的机会进行灵活把握。首先，利害关系人的意见陈述未必都要以言词辩论的方式进行，也可通过书面方式进行。其次，这种陈述不必遵循对审要求，即利害关系人各自以言词或书面方式向法院发表看法即可。最后，如果关系人存在陈述意见的困难，或令其陈述可能会侵害其健康，法院可不给予关系人陈述意见的机会。①

---

① 参见沈冠伶：《家事非讼事件之程序保障——基于纷争类型审理论及程序法理交错适用论之观点》，载《台湾大学法学论丛》2006 年 4 月第 35 卷第 4 期。

（5）释明制度。按照该法第 28 条第 1 款规定，法院应赋予相关人在适当时间内对裁判重要事项发表意见的机会，并在相关人的事实陈述尚不充分时，应提示其进一步予以补充；此外，倘若法院与相关人在法律见解上产生了不同的认识，而法官将会依自己的法律观点裁判案件时，其应向相关人作出必要的释明，以防止发生突袭裁判。在我国台湾地区，法院在非讼程序中也负有这一义务。虽然非诉程序一般采用职权主义模式，即法官可以将相关人没有提出诉讼资料作为裁判之事实基础，但法院应就影响裁判结果的事实、证据调查结果（例如医生的鉴定意见），及其与关系人存在认知差异的法律见解，在裁判前以妥当方式对程序关系人予以释明，使其能够了解并具有发表意见的机会，进而"左右"裁判结果的形成。否则，听审请求权保障原则在非讼程序中便无法落实。①

2. 事后保障制度

（1）法律抗告程序。在德国民事非讼程序中，侵害听审请求权的行为属于原判决违法的具体事由，因此利害关系人可以对此提起法律抗告。在我国台湾地区，相关人也可以通过法律抗告的方式救济听审请求权。不过，这种法律抗告的提起仅限于关系人以原审法院"适用法规显有错误"为理由，并经过该法院许可的案件类型。在这里，"适用法规显有错误"不仅包括法院错误地适用法律规定这种积极行为，也包括法官不适用法律的消极行为。因此，在非讼程序中，法院本应给予程序关系人陈述意见的机会而未给予的，或法院应向当事人履行阐明义务而未阐明以致产生突袭裁判的，均属不适用程序法规定的重大事项，准许利害关系人对其提起法律抗告。②

（2）听审责问程序。按照该法第 44 条规定，在法院严重侵害

---

① 参见沈冠伶：《家事非讼事件之程序保障——基于纷争类型审理论及程序法理交错适用论之观点》，载《台湾大学法学论丛》2006 年 4 月第 35 卷第 4 期。

② 参见沈冠伶：《家事非讼事件之程序保障——基于纷争类型审理论及程序法理交错适用论之观点》，载《台湾大学法学论丛》2006 年 4 月第 35 卷第 4 期。

程序关系人听审请求权时，关系人如不能通过一般救济途径撤销原裁判，或请求变更原判决，则可以在知道权利受侵害之日起两周内，向原审法院提出责问申请。但自裁判送达利害关系人后又届满一年的，关系人不得再提出责问申请。法院认为责问理由成立且存在继续审理的必要时，应续行原审判程序，以保障其听审请求权在同级审判中的实现。①

即便如此，与民事争讼程序相比，非讼程序关于听审请求权的制度保障依旧显得薄弱。首先，就陈述权的保障而言，在非讼程序中，法院在对程序关系人进行讯问时并不需要通知双方当事人到场。这意味着，关系人双方无法就某些重要事实和法律见解展开即时攻击防御，只能通过法院单方面的告知，来了解对方当事人的陈述并予以回应。其次，就在场见证权而言，在非讼程序中，法院在调查证据时，可以依职权自由裁量是否准许程序关系人到场见证，即法律并未对非诉案件的审理法官保障关系人到场见证权进行硬性要求。从实际运行状况看，审理非诉案件的法官在调查证据时，特别是在非正式证据调查的场合，很少会给予程序关系人到场见证的机会。②

然而，此种相对薄弱的制度设计绝不是立法者的疏漏，乃是民事非诉事件的自身特征及其价值追求使然。非讼程序所处理的案件一般包括亲权、收养、抚养等家事案件，担保物拍卖、本票强制执行裁定等快速实现实体权利的案件，以及监护、证书、登记等非对立性案件等。这类案件具有浓厚的公益性、非争议性以及权利实现的迅捷性，往往需要司法权力的介入，并对公民的法律生活进行保

---

①　参见沈冠伶：《家事非讼事件之程序保障——基于纷争类型审理论及程序法理交错适用论之观点》，载《台湾大学法学论丛》2006 年 4 月第 35 卷第 4 期。

②　参见邱联恭：《诉讼法理与非讼法理之交错适用》，载"民事诉讼法研究基金会"编：《民事诉讼法之研讨（二）》，台湾三民书局 1986 年版，第 441～442 页。

护和照顾。① 因此，民事非诉程序在制度设计上与争讼程序具有明显差异：一方面，其奉行职权主义程序模式，也即程序的启动与展开、裁判范围的厘定以及程序的终结均由法院依职权自由裁量，而程序关系人并无决定、支配的权利；另一方面，与民事争讼程序追求程序保障的完备性不同，其更加追求程序的简易性、快捷性和灵活性等价值。这预示着，尽管非讼程序应在听审请求权保障原则的指导下进行制度建构，但这种制度建构必须在程序公正和诉讼效率两种价值之间进行协调。② 其价值协调的一般思路是：在尽量维持非讼程序简易、迅速等制度特征的前提下，对程序关系人的听审请求权进行制度保障或程序充实。而一旦两种价值在非讼程序中发生冲突，听审请求权保障原则应让位于程序效率原则，以避免过于强调程序保障而使非讼程序本身的价值丧失。③

(三) 现代型诉讼中保障制度之构建

与传统型民事诉讼不同，现代型诉讼对听审请求权保障原则的贯彻，更强调对集体利益或团体利益的维护，往往会在一些个人利益保护上作出让步。申言之，它更注重对形式当事人的听审请求权进行保障，而对实质当事人的听审请求权进行一定的限缩。一般而言，现代型诉讼主要包括集团诉讼、示范诉讼、团体诉讼和代表人诉讼四种模式。考虑到篇幅和本书主题，这一章节仅选取最具代表性国家的典型制度作为考察对象。

1. 美国集团诉讼中的保障制度

所谓集团诉讼，是指诉讼当事人一方人数众多时，推选一名或

---

① 参见邱联恭：《诉讼法理与非讼法理之交错适用》，载"民事诉讼法研究基金会"编：《民事诉讼法之研讨（二）》，台湾三民书局 1986 年版，第 444 页。

② 参见沈冠伶：《家事非讼事件之程序保障——基于纷争类型审理论及程序法理交错适用论之观点》，载《台湾大学法学论丛》2006 年 4 月第 35 卷第 4 期。

③ 参见郝振江：《德国非讼程序的新展开》，载《河南省政法管理干部学院学报》2011 年第 2 期。

多名代表人，在法院许可的情形下，代表集团全体成员进行的诉讼。① 此种诉讼模式的基本宗旨在于，将众多当事人的赔偿请求聚合在一个诉讼中，形成集团效应，以共同对抗损害其权益的同一被告，从而实现群体性纠纷的一次性解决。但由于集团诉讼所得判决的法律效力，不仅拘束诉讼代表人，也及于未参加诉讼的当事人，这会给司法审判的正当性带来不小的冲击。为此，集团诉讼设立了一些特殊的听审请求权保障制度。②

（1）诉讼代表人选任制度。在集团诉讼中，大部分当事人均不能直接参与诉讼并表达自己的意见，但另一方面，这些未参加诉讼的当事人却要受到诉讼判决的约束。为缓和这一冲突，立法者不得不设立一种代表人或首席原告（lead plaintiff）制度，即，在集团成员中选出一个妥当的代表人，基于自身利益和全体成员的利益参与诉讼并陈述意见。这样一来，即便是未参加诉讼的当事人，也能经由代表人向法院传递自身的正当诉求，从而达到间接参与诉讼、行使听审请求权的效果。从这一角度看，代表人制度无疑是立法者在纠纷一次性解决与程序保障两种价值之间寻求的折中方案。这种方案能否实现预期的效果，关键在于诉讼代表人是否具有代表性、并能充分维护集团成员的全体利益。③ 因此，美国对诉讼代表人的选任设置了严格条件。按照《美国联邦民事诉讼规则》第 23a 条规定，集团诉讼代表人必须具备以下条件：1. 当事人一方人数众多，而合并全体成员在实际上并不可能；2. 集团成员具有共同的法律或事实问题；3. 代表人的请求或抗辩在集团成员中具有代表性；4. 代表人能公正、充分地维护集团利益。④ 此外，在集团诉讼中，未

---

① 参见［美］杰弗里·C. 哈泽德等：《美国民事诉讼法导论》，张茂译，中国政法大学出版社 1998 年版，第 166 页。

② 参见肖建华：《现代型诉讼之程序保障》，载《比较法研究》2012 年第 5 期。

③ 参见肖建华：《现代型诉讼之程序保障》，载《比较法研究》2012 年第 5 期。

④ 参见张丽雁：《美国集团诉讼研究》，复旦大学 2011 年硕士毕业论文，第 7 页。

参加诉讼的当事人还可就诉讼代表人的充分性、代表性提出异议，以确保其听审请求权能够得到间接实现，为集团诉讼判决效力的扩张提供正当性基础。①

（2）通知制度。集团诉讼所处理的民事纠纷往往带有群体性和扩散性特征，因此其牵涉的当事人往往人数众多。如果仅对参加诉讼的当事人进行通知，其他集团成员就很难了解纠纷已被诉至法院的信息，从而失去参加诉讼的机会。可是，如果按照听审请求权保障原则的一般性要求，对所有当事人进行通知，又将产生难以克服的困难。例如，在艾森诉卡利索和杰奎琳的反垄断案件中，首席原告代表了大约600万名中小投资者，若对所有查证清楚的集团成员——进行通知，只邮寄传票这一项费用就需要22.5万美元。对原告来说，其根本不能负担如此高昂的送达费用。② 为降低成本，美国对集团诉讼当事人的通知一般采用邮寄送达和公告送达两种方式。前者是针对权益受损较大的集团成员和诉讼代表人，后者是针对所有潜在的诉讼当事人。③

（3）加入制和退出制。在1966年以前，美国对集团成员的确定采明示加入制，即，潜在的原告若要成为集团诉讼当事人，须在知道诉讼系属后明确作出加入的意思表示。这意味着，法院需对所有潜在的集团成员进行直接的诉讼通知。这严重妨碍了集团诉讼的功能发挥。因此，美国于1966年修改了《联邦民事诉讼规则》，开始对集团成员的确定采明示退出制。④ 即是，如果潜在的当事人不想受集团诉讼裁判的拘束，需明确作出退出的意思表示，否则，将

---

① 参见肖建华：《现代型诉讼之程序保障》，载《比较法研究》2012年第5期。

② 参见 Eisen v. Carlisle & Jacquelin, 417 U. S. 156, 94 S. Ct. 2140, 9 Fair Empl. Prac. Cas. (BNA) 1302, 7 Empl. Prac. Dec. P 9374 A(1974)。

③ 参见郭雳：《美国证券集团诉讼的制度反思》，载《北大法律评论》2009年第10卷第2辑。

④ 参见肖建华：《现代型诉讼之程序保障》，载《比较法研究》2012年第5期。

自动成为集团诉讼的当事人。① 为充分保障潜在集团成员的合法权益，集团诉讼为当事人设置了两次声明退出的机会：一次是在诉讼程序启动之初，另一次是在集团诉讼原、被告进行和解前。这种制度安排的基本考虑是，随着庭审程序的推进，当事人很可能对应否退出集团诉讼产生心理上的变化，赋予其两次声明退出的机会，能为当事人及时调整自己的诉讼策略安排提供保障。②

2. 德国示范诉讼中的保障制度

与集团诉讼不同，示范诉讼的建构思路则是：在大量中小投资者针对同一法律事实提起诉讼时，将隐含在群体纠纷中的共同争议问题提取出来，通过一个典型诉讼程序先行判决，并以此判决作为审理其他平行诉讼的基础。③ 举例言之，对于群体性证券欺诈纠纷，法院通过一个典型诉讼，就证券公司的信息披露或者招股说明书是否真实先行裁判，而在随后展开的平行诉讼中，受诉法院便可直接在此基础上认定事实或适用法律。

（1）诉讼原告的确认制度。在示范诉讼中，依旧需要寻求一个诉讼代表人来代替众多的潜在当事人行使听审请求权。按照《德国投资者示范诉讼法》的规定，示范诉讼原告应从受理示范确认申请的地区法院所审案件的原告中挑选。对于示范原告的人选，州高等法院享有自由裁量权，但应考虑原告的索赔金额以及大多数原告的意见。

（2）附带传唤制度。在确定示范诉讼的原告后，州高等法院应将其与被告的姓名或名称，连同示范诉讼的审理对象、档案编号等信息，在联邦电子登记系统公告。公告发布后，受诉法院应裁定中止与示范诉讼审理对象具有关联的所有平行诉讼。这种裁定也是一

---

① 参见章武生：《我国证券集团诉讼的模式选择与制度重构》，载《中国法学》2017 年第 2 期。

② 参见石晓波：《国外证券集团诉讼制度比较研究及启示》，载《国外社会科学》2012 年第 6 期。

③ 参见吴泽勇：《〈投资者示范诉讼法〉：一个群体性法律保护的完美方案?》，载《中国法学》2010 年第 1 期。

种向平行案件原告发出加入示范诉讼的传唤。① 换言之，所有潜在的原告均可以附带传唤人身份参与示范诉讼的审理，并可直接向法院陈述意见。

(3)未参加诉讼当事人的抗告制度。审理法院应对示范确认申请中的共同争点问题进行裁判，为平行诉讼的审判提供有拘束力的依据。在此阶段，示范原告既不能舍弃诉讼请求，也不能未经所有潜在当事人的同意而与被告和解。否则，潜在的诉讼当事人可以不服示范判决为由向联邦法院提出法律抗告。②

以上论述表明，无论德国还是美国，在构建现代型诉讼制度时，均将听审请求权保障原则作为一项重要的立法指导准则。但是，为了协调其与纠纷一次性解决之间的冲突，听审请求权保障原则在现代型诉讼中受到了一定的限缩。但这种限缩又是必要而正当的。对此，意大利法学家莫诺·卡佩莱蒂有过精辟的论述："……一种程序性正当程序的个人视野应当让位于或被整合于一种社会或集体的正当程序观点，因为这是确保对新型权利进行司法保护的唯一可能的方式。因此，听讯权必须实际上得到保护和保障——然而，并不必定限于集团的所有个人成员，而只限于观念上的当事人。这种当事人，若具有充分的代表性，则应允许其代表整个集团，包括未被确定、未予送达、总之未被'听讯'的那些成员。事实上，如果代表人诉讼被允许，与不被允许相比，集团诉讼的这些成员将更好地'在法庭陈述'，因为照例他们也不可能个别地出庭。"③

但需要特别说明的是，现代型诉讼对听审请求权的限制，仅是针对实质当事人而言的，并不涉及形式当事人。也就是说，在集团诉讼和示范诉讼中，直接参加诉讼的当事人享有的听审请求权保

---

① 参见陈慰星：《群体性纠纷的示范诉讼解决机理与构造》，载《华侨大学学报(哲学社会科学版)》2015 年第 2 期。

② 参见陈慰星：《群体性纠纷的示范诉讼解决机理与构造》，载《华侨大学学报(哲学社会科学版)》2015 年第 2 期。

③ [意]莫诺·卡佩莱蒂：《比较法视野中的司法程序》，徐昕、王奕译，高鸿钧校，清华大学出版社 2005 年版，第 417~418 页。

障，与在传统诉讼中的当事人并无任何区别；所不同的是，现代型诉讼对判决效力拘束的实质当事人之听审请求权保障稍显简易一些。

综上所述，听审请求权在发挥立法指导功能的过程中，必须在兼顾具体程序自身特征之基础上协调好与其他程序法基本原则的关系，尤其应协调好程序公正与诉讼效率之间的冲突。这意味着，听审请求权保障原则的贯彻程度，需根据两种原则的协调空间来确定。一般而言，在争讼程序中，听审请求权保障原则的功能发挥应更注重程序公平，但需要兼顾效率；在非诉程序中，听审请求权保障原则的功能发挥应更加注重效率，同时兼顾公平；在现代型诉讼中，立法者在选择诉讼模式和具体制度的构建上应更加注重纠纷的一次性解决，而尽可能地兼顾听审请求权的保障。

三、合宪性解释功能的发挥

从某种意义上讲，听审请求权合宪性解释功能的发挥，其实就是法院直接运用该程序法原则裁判案件的行为。不过，作为一种具有宪法位阶的程序法原则，听审请求权具有抽象性和概括性，并不如法律规则那样明确而具体，将其频繁适用于司法裁判将会带来不确定性，因此，司法机关在直接适用该原则裁判案件时必须满足特定条件。

(一) 司法适用条件

就听审请求权而言，其合宪性解释功能的发挥也需要符合这一条件。有学者指出，听审请求权在发挥合宪性解释功能时应区分两种情形：一是，程序法上具有关于听审请求权保障的法律规定；二是，程序法上没有关于旨在贯彻听审请求权保障原则的法律规定。

在第一种情形，作为一种宪法规范的听审请求权，通过具体的程序法规范即可予以实现。对于这类具体的程序法规范，德国《基本法》第 103 条第 1 款只具有一般性的意义。它仅是通过拘束下位阶的程序法条文间接实现其价值目标的，而非代替这些具体条文直接发挥规范法律适用的作用。① 但是，如果法官在对具体程序法条文进行合宪性审查时，发现程序法条文对听审请求权的保障并不充分，或其具体化的规定并不符合法治国原则的基本要求，此时，法官可直接援引《基本法》第 103 条第 1 款规定进行司法裁判，以保障当事人听审请求权的顺利实现。也就是说，唯有在下位阶的程序法规范与听审请求权保障原则的要旨发生冲突时，《基本法》第 103 条第 1 款才有司法适用的可能。

在第二种情形，具体程序法规范存在明显的漏洞，此时《基本法》第 103 条第 1 款可直接介入司法审判活动，成为法院裁判案件的法律依据。例如，德国法院审理民事案件时，曾直接依据《基本法》第 103 条第 1 款的规定，赋予无诉讼行为能力人就其有无诉讼行为能力之争点问题发表意见的机会，虽然按照《德国民事诉讼法》的一般规定，无诉讼行为能力人的听审请求权应由其法定代理人负责具体行使。②

德国学理上关于听审请求权保障原则之司法适用条件的认识，在日本学界引起了"共鸣"。日本主流观点认为，审问请求权保障、程序平等、适时审判以及公开审判等程序法原则，均应被理解为宪法规范上的要求，当诉讼法层面存在贯彻这些原则的具体法律规定时，法院只需适用具体的诉讼法条文审理案件即可，但是，如果不存在具体贯彻宪法原则的诉讼法条文，法院则需要直接利用这些原则审理案件。③ 此时，审问请求权等宪法原则也就构成了法院从事民事审判的指导准则和评价规范。可见，听审请求权保障原则还发

---

① 参见 Knemeyer, Rechtliches Gehör im Gerichtsverfahren, in: Josef Isensee/Paul Kirchhof (Hrsg.), Handbuch des Staatrechts, BandVI, 1989, § 155, Rn. 22。

② 参见 Wassermann, Zur Bedeutung, zum Inhalt und zum Umfang des Rechts auf Gehör(Art. 103 Abs, 1 GG), DRiZ 1984, 426。

③ 参见[日]中野贞一郎:《民事裁判と憲法》,载《講座民事訴訟法》1984 年(昭和五十九年),第 12 页。

挥着弥补程序法规则空白的作用。①

但是，如同立法机关在架构民事诉讼程序时需协调听审请求权与其他程序法原则的冲突一样，司法机关在直接运用听审请求权保障原则裁判案件时，同样需要协调、衡平其与其他程序法基本原则之间的关系，原因在于，无论是民事诉讼制度的建构，还是司法审判活动的展开，需要贯彻的客观价值秩序都不止听审请求权一个，还有诸如诉讼经济、诉讼促进义务等程序法基本原则。那么，随之而来的一个问题是，法院应如何协调听审请求权和与其他程序法基本原则的冲突关系呢？

(二) 与其他法律原则的协调方法

与听审请求权保障原则发生冲突的程序法原则可分为两种类型：一种是低位阶的法律原则，即属于部门法中的法律原则；另一种是具有相同位阶的法律原则，即均具有宪法规范的性质。对于第一种冲突，利用宪法所保护权益的优越性理论即可解决。② 而第二种冲突则相对复杂，需要作进一步分析。

1. 比例原则：德国人的协调方法

在德国，比例原则是一项具有宪法位阶的法律原则，对于所有国家机关的职权行为均具有拘束力。随着法学理论的深入发展，这一原本属于行政法领域的法律原则，也开始被适用到民事实体法和诉讼法领域。③

比例原则由适当性原则、必要性原则以及衡平性原则三个子原则组成。适当性原则是指，国家机关采用的手段应与其欲实现的目的相匹配；必要性原则要求，国家机关采用的手段不应超过其目的

---

① 参见[日]新堂幸司：《新民事诉讼法》，林剑锋译，法律出版社 2008年版，第 90 页。

② 在位阶上，宪法规范(原则)明显高于其他一般性法律规范(原则)，因此在依据文义或脉络关系对法律条文作出的众多可能的解释方案中，法院应当选择最符合宪法规范的那一个。参见[德]卡尔·拉伦兹：《法学方法论》，陈爱娥译，商务印书馆 2003 年版，第 217~221 页。

③ 参见陈景辉：《比例原则的普遍化与基本权利的性质》，载《中国法学》2017 年第 5 期。

实现的必要限度；衡平性原则是指，采用某种手段造成的损失应小于这种手段所保障的利益。① 从内容上看，这一原则明显具有协调法益冲突的特征，常常成为国家机关协调法律价值冲突的方法。德国著名学者拉伦茨教授针对法律漏提出的"个案之法益衡量"方法，就是一个践行比例原则的范例。他认为，在相同位阶法律原则出现冲突或歧义难断时，法院既要考虑应被保护两种或者多种法益可能受影响的程度，也要考虑其中某一种利益让步时遭受损失的程度，最后遵循最轻微损害原则，决定损害相对较轻的那种法益之让步程度。此外，法院在为保护一种优越的法益而损害另一法益时，不得超过实现这一目的所需之必要限度。②

通过浏览下面一则司法案例，我们可以更直观地感受德国人协调听审请求权与其他法律原则冲突的具体做法。本案中，二审法院类推适用德国商法第 377 条解决当事人因承揽合同发生的争议，改变了一审法院的判决，但没有将该法律见解提前告知诉讼当事人，使后者丧失了陈述意见的机会。德国联邦最高法院认为："因为基本法第 103 条第 1 款不仅保护个人有机会提出作为判决基础的重要事实，而且保护其就法律见解发表意见的机会。虽然它并不要求法院在判决前需开示其法律见解，但在某些情形却要求法院向当事人提示作为判决基础的法律意见，以保障宪法对听审请求权保障的充分性。因此，法院不应以未预先晓谕当事人并令其发表意见的，或以一个即便是精通法律的当事人也无法预见的法律见解，作为判决基础。"③鉴于二审法院类推适用德国商法第 377 条裁判案件的做法并不具有可预见性，当事人完全无法了解判决结果将发生的根本性

---

① 参见陈新民：《德国公法学基础理论(下))》，山东人民出版社 2001 年版，第 368~369 页；吴庚：《行政法之理论与实用》，中国人民大学出版社 2005 年版，第 39~40 页；杨登峰：《法无规定时正当程序原则之适用》，载《法律科学》2018 年第 1 期。

② 参见[德]卡尔·拉伦兹：《法学方法论》，陈爱娥译，商务印书馆 2003 年版，第 285~286 页。

③ BGH NJW-RR 1994, 188; BVerfG NJW 1996, 45; BVerfG NJW 1994, 1210; BVerfG NJW 1994, 1274.

逆转，联邦宪法法院认为，二审判决违反了突袭裁判之禁止要求，应予以撤销。[1]

事实上，本案涉及听审请求权保障原则与"法官知法"原则的冲突协调问题。按照"汝给吾事实，吾给汝法律"原则的要求，法院根本不用向当事人释明裁判可能依据的法律见解，也无需和当事人就此展开讨论；但是，按照听审请求权保障的基本要求，当事人对裁判依据的法律观点应享有知悉和发表意见的权利。而如果不给法院施加就法律意见的释明义务，便会造成突袭裁判；反之，又会对"法官知法"原则造成冲击，甚至可能动摇司法机关的权威性。对于这种冲突，德国联邦最高法院的协调思路是："法官知法"原则意在强调司法机关对法律适用的最终决定权，即便对法院课加一定的释明义务，也不会对这一原则的要旨造成损害，理由是，法院只要向当事人释明其法律见解，并给予其表达意见的机会即可，至于当事人陈述的意见，法院在充分履行说理义务的前提下完全可以不采纳。换言之，法院在法律适用上依旧拥有最终决定权。反之，如果令听审请求权保障原则作出让步，无疑会使当事人彻底失去发表意见进而影响裁判结果的机会，损及听审请求权保障原则的核心内容。两相比较，令"法官知法"原则作出让步，无疑会比令听审请求权保障原则作出让步造成的损害更小。因此，德国联邦宪法法院认为该案法院应向当事人释明其法律见解。不过，为了将"法官知法"原则的让步控制在合理限度之内，法院的这种释明义务仅适用于所作裁判对当事人造成突袭的情形。

2. 衡平法则：美国人的协调方法

在英美法系国家，听审请求权保障原则的合宪性解释功能主要发生在违宪审查过程中。美国著名法学家富勒认为，保障当事人的听审请求权，是司法程序最为典型的特征。[2] 因此，行政程序越具有司法化的特征，就越需要满足听审请求权保障原则的要求。这意

---

① 参见 BGH NJW-RR 1996, 253。

② 参见 Lon L. Fuller, The Forms and Limits of Adjudication, 92 Harv. L. Rev. 353, 353-54(1978)。

味着，司法裁判在贯彻听审请求权保障原则时遵从的要求和规则，同样可以适用于行政程序。反过来看，司法机关依据听审请求权保障原则在对行政程序进行合宪性审查时所遵循的方法，也适用于司法程序。

在美国，司法实务界一般认为，正当法律程序原则与某些法律规则不同，它并不是一个与时间、地点和环境毫无关联的、具有固定内容的技术概念。① 恰恰相反，该法律原则具有灵活性，需要根据具体案情提供不同程度的程序保障。② 因此，若要判断某一个法律程序是否符合宪法规定，首先需要分析可能受到影响的政府利益和私人利益。③ 具体而言，法院在直接适用正当程序法律原则裁判案件时通常应考虑三个因素：第一，个人利益，即因行政机关的职权行为而受到影响的私人利益；第二，风险利益，该行政程序可能错误地剥夺个人权益的危险性，以及适用额外或替代性程序减小这种危险的可能性；第三，政府利益，即包括所涉职能以及额外或替代程序要求所带来的财政压力和行政负担。④如果私人利益大于政府利益，现有法律程序为当事人提供的听审请求权保障措施是不足的，需进一步采取替代性或额外的听审请求权保障措施，才能满足正当程序条款的要求；反之，法院就会认定，该法律程序为当事人提供的听审请求权保障措施已满足正当程序条款的要求。

这种利益衡量方法深受美国联邦最高法院的青睐。因为在美国人看来，该方法具有三个明显的优势：其一，它可以使法院的裁判

---

① 参见 Cafeteria Workers v. McElroy，367 U. S. 886，895，81 S. Ct. 1743，1748，6 L. Ed. 2d 1230(1961)。

② 参见 Morrissey v. Brewer，408 U. S. 471，481，92 S. Ct. 2593，2600，33 L. Ed. 2d 484(1972)。

③ 参见 Arnett v. Kennedy，supra，416 U. S.，at 167-168，94 S. Ct.，at 1650-1651(Powell，J.，concurring in part)；参见 also Goldberg v. Kelly，supra，397 U. S.，at 263-266，90 S. Ct.，at 1018-1020；Cafeteria Workers v. McElroy，supra，367 U. S.，at 895，81 S. Ct.，at 1748-1749。

④ 参见 Goldberg v. Kelly，supra，397 U. S.，at 263-271，90 S. Ct.，at 1018-1022。

行为变得客观、透明。按照这种方法，法院在判断某法律程序是否正当的标准是综合衡平各种利益的客观结果，而非个人的主观臆断，进而令法官的审判推论过程可进行外在化的反向审查；其二，该方法具有可操作性且易于把握，并且对普通民众具有一定的说服力；其三，它有助于法院合理配置司法资源，让有限的司法资源运用到最需要程序保障的利益中去。① 对这种衡量方法，可以通过列举以下两则案例予以进一步阐释。

案例一：戈尔德伯格诉凯尔利案

原告是纽约市政府福利救助的对象，一直靠领取社会最低生活保障金维持生计，就纽约市政府未经听审程序终止其福利救助金的行为，向纽约南区的地区法院提起了诉讼，原告以该行政行为违反正当法律程序原则为由请求法院将其撤销。一审法院认为："假设一位福利领受人贫穷无资产，单就停止在表面上'急迫需要'之福利领受人而未给予其以某种形式的事前听审，便属于不正当行为，除非有优势性的考量可以正当化前述的不正当。"②而市政府认为，"拒绝事前听审的决定，是基于维护公共收入之必要这一'优势性考量'作出的"，对于这一辩解意见，法院反驳道："保护公共资金的正当化需求，必须权衡个人在此特殊情况下不受不当剥夺其资助的优势性需要。虽然额外经费的问题需要谨记在心，该问题仍无法使拒绝符合正当程序通常标准的听证程序正当化。"③最后，一审法院裁判撤销政府行为。被告不服，向联邦最高法院上诉。

联邦最高法院认为，福利给付是宪法赋予合格领受人的一项合法权益。终止这种权益涉及纽约市政府裁判权的行使，应适用正当程序原则。此时，行政相对人得到正当程序保障的程度，不仅受"被迫忍受重大损失"的范围影响，也取决于防免这种损失的利益是否大于政府快速裁判的利益。换言之，在特定情形下，考量应给

① 参见汤维建：《正当的法律程序与美国的民事司法》，中国法制出版社2001年版，第62页。
② Kelly v. Wyman, 294 F. Supp. 893, 899.900(1968).
③ Kelly v. Wyman, 294 F. Supp. 893, 899.901(1968).

予当事人何种正当程序保障，需要从作出决定之政府所涉及的职能行为，以及受政府行为所影响的私人利益这一根本点着手。正当法律程序的基本要求是，赋予当事人陈述意见和被听审的机会，而听审必须在有意义的时间和以有意义的方式进行。本案中，一审原告在其合法权益被剥夺前应获得正式听审程序的保障，应维持一审判决。①

案例二：马修斯诉埃尔德里奇案

埃尔德里奇因其身患残疾一直向政府领取残疾人社会保障金，然而，在其继续申请领取保障金时，行政机关根据其填写的书面资料和医生出具的鉴定报告，认定他已基本康复，不再符合保障金的发放要求，故决定停发其保障金。埃尔德里奇认为，行政机关在决定停发其保障金前未提供正式的听审，违反了正当程序原则，故将行政机关告上法庭。但法院认为，行政机关为当事人提供的程序保障措施已满足正当程序条款的要求，没有为其提供正式听审的必要。理由在于：第一，对本案原告而言，虽然领取残疾保障金是一种重要利益，但没有戈尔德伯格案原告领取最低生活保障金的利益重要。因为，最低生活保障金的领受人往往是贫困人口，对他们而言，最低生活保障金是维系基本生活的唯一资金来源，如果行政机关错误地作出停止福利救助的决定，极可能造成无法挽回的不利结果。但领取残疾保障金的人并不一定就是贫困人口，即便行政机关对其停发残疾救济金的决定并不正确，也不会产生无法挽回的后果，因为如果他恰好属于贫困人口，在失去残疾保障金之后还可申请贫困救济金来维持其基本生活。第二，对于残疾人是否康复的事实认定，即便向相对人提供正式的听审程序，也难以产生良好的效果，因为这需要运用极强的专业知识。但在戈尔德伯格案中，贫困与否的认定涉及到证人的可靠性和证言的客观性，此时，为当事人提供司法化的听审程序具有重要的意义。第三，残疾人康复与否往往通过标准化且具有可靠性的医学报告予以确定，这些关于残疾特征和程度的表述，完全可以采用专业的书面语言，无需口头表达。

① 参见 Goldberg v. Kelly, supra, 397 U. S. 254(1970)。

但在贫困救助金领受人的案件中，相对人比较贫困，文化水平较低，通过书面方式申诉，远远达不到当面口头陈述意见的效果。第四，行政机关不及时终止发放残疾人救济金，很可能带来行政成本的增加和公共利益的损失。如果要求政府持续支付残疾保障金直到听审程序结束，而在听审后发现当初停发保障金的决定是正确的，很难再要求领受人返还错误发放的保障金。① 综上所述，法院认为，行政机关在作出终止残疾救济金决定前，没有必要为原告提供正式的听证程序。最后，审判法官总结性地指出："司法模式的听审程序既不是任何情形下必须采用的决定方法，也不是最有效的决定方法。正当程序原则的本质要求是，'当一个人处于严重侵害境地时，应告知他并听取他的意见'。所有必要的程序设计都应考虑即将作出的决定的实际情况，应按照当事人的能力和实际情况来决定，确保他们能够有意义地参与到案件的审理中来。"②

梳理以上案例的裁判思路即可发现，美国法官在贯彻听审请求权保障原则时一般遵循三个步骤：首先，评估当事人因现有法律程序可能遭受损失的利益如何；其次，计算出为当事人提供替代性的法律程序可能给政府增加多少的成本；最后，在衡量两种利益大小的基础上，决定是否为当事人提供额外的程序保障措施。事实上，如果将这种利益衡量方法与大陆法系的比例原则进行对照，很容易就能发现二者的共通之处。其中，第一步和第二步的裁判思路和比例原则的衡平性要求非常吻合，均遵循着"两害相权取其轻"的逻辑；而第三步又与比例原则的必要性要求具有相似性，即采取的制度措施不能超过公权力机关欲达成之目的的必要限度。③ 这足以说明，两大法系法官在直接依据听审请求权保障原则裁判案件的过程中，用以协调该原则与其他法律原则的方

---

① 参见 Mathews v. Eldridge 424 U. S. 319(1976)。

② William F. Funk & Richard H. Seamon, Administrative Law, 127(Aspen Publishers, 2009).

③ 参见杨登峰：《法无规定时正当程序原则之适用》，载《法律科学》2018 年第 1 期。

法具有共通性。

不过，在听审请求权客观功能的实现路径上，两大法系还是存在不小的区别。德国主要是通过制定成文法的方式，将听审请求权保障原则具体落实在一个个民事诉讼制度之中，换言之，其更多是依赖听审请求权之制度保障功能的发挥。但是，英美法系国家及地区对听审请求权保障原则的贯彻，则主要依赖于正当程序条款之合宪性解释功能的发挥。产生这种差异的主要原因是，大陆法系具有制定成本法的传统和追求法律体系完备性的习惯，而英美法系更注重判例法的发展，并不具有制定成文法的传统，所以其很难通过具体的程序法条文落实听审请求权保障原则。但从最终效果看，二者可谓殊路同归，因为无论遵循何种听审请求权客观功能的实现方式，两大法系均能达到型构民事诉讼程序的目的。①

第二节　作为程序性权利的实现路径

就听审请求权的主观功能而言，受益权功能的发挥一般比较清晰明了，由权利人根据具体程序法规定请求法院履行给付行为即可②，因此无需过多阐述。但比较复杂的是防御权功能应如何实现问题，因为它需要具体探讨何种情形下构成听审请求权的侵犯，当事人应选择何种救济路径救济其权利，以及权利被侵犯的法律后果有哪些等。加之，学者们在证成听审请求权为何具有主观权利性质时，也往往将其防御权功能作为最主要的论据，而很

---

①　虽然在以上两则案例中，与听审请求权保障原则产生冲突的法律原则并不相同，但二者遵循的协调思路和基本方法却具有一致性。

②　譬如，诉讼当事人可以根据受通知权直接要求法院向其送达诉讼文书，或根据司法救助权要求法院为其提供诉讼费用减免服务。

少谈及受益权功能。① 有鉴于此，这一章节将论述重点主要放在听审请求权防御权功能的实现路径上。

一、听审请求权之侵犯情形

由于防御权功能的发挥多是以第一性权利受侵犯为前提，因此，在论述听审请求权防御权功能的实现路径时，首先应明确其受侵犯的情形有哪些。在德国民事诉讼法的经典教科书中，这种情形主要包括五类：1. 如果诉状完全可以进行实际送达但法院采用了公示送达，或法院利用了不合法的送达途径；2. 法院为当事人指定的诉讼期日过短致使当事人根本无法提供诉讼资料，或法院拒绝适当延长、更改诉讼期日，抑或法院过短计算、不遵守当事人的意见表示期日等；3. 法院不考虑当事人提供的重要证据资料；4. 法官忽视当事人重要的事实陈述意见；5. 法院错误适用失权规定，或者不法排除了当事人的新陈述。② 而德国联邦宪法法院认定的违反听审请求权情形也有五类：1. 忽视当事人的诉讼申请；2. 忽略当事人的证据申请；3. 未了解当事人提出的书状、主张或论证；4. 未听取另一方当事人的意见，例如，给予当事人表示意见的期限过短，致使其无法以必要的方式表达观点；5. 有关期间之计算、设定以及遵守发生错误，例如，给予他造当事人陈述意见的期间尚未届满，即将案件转移管辖。③

稍作分析即可发现，以上听审请求权受侵犯的大部分情形与其

---

① 虽然德国《基本法》第 103 条第 1 款中的听审请求权，属于一种确保裁判正当性的客观程序法原则；但是，它不仅属于一种客观法律规范，而且具有个人主观权利的性质。因此，在受诉法院违反这一程序法原则的同时，也应该为受害人救济自身权利提供机会和路径。参见 Keidel, Der Grundsatz des rechtlichen Gehörs im Verfahren der Freiwilligen Gerichtsbarkeit, 1964, S. 35 ff.

② 参见[德]罗森贝克、施瓦布、戈特瓦尔德：《德国民事诉讼法》，李大雪译，中国法制出版社 2007 年版，第 571~572 页。

③ 参见 Schumann, Die Wahrung des Grundsatzes des rechtlichen Gehors-Dauerauftrag für das BVerfG NJW 1985, S. 1186。

具体的权利内容形成了对应的关系，即分别为知悉权、陈述权、审酌请求权以及突袭裁判禁止请求权受侵犯的情形。在此之外，还有一种法院错误适用失权规定的情形。

（一）知悉权之侵犯

如果当事人由于非归责于己的原因而没有接到特定的程序通知，那么，作为听审请求权内容之一的受通知权便受到了侵害。在大陆法系国家及地区，这种侵害大致分为以下三种情况：第一，法院没有按照法定方式向诉讼参与人履行送达义务，譬如，法院在能对受送达人进行直接送达的情形下却适用公告送达。再如，法院明知受送达人处于监禁状态却向其私人住所进行送达，或送达执行人已知晓这种送达方式常会被其他共同居住人取走却依然向多家同居的房屋门上张贴法庭传票。[1] 第二，法院误将非受送达人作为受送达人进行诉讼。譬如，本应对法定代理人进行送达，却送达给诉讼当事人。不过，这种情形如果得到了受送达人的追认，应被视为有效。[2] 第三，尽管法院按照法定方式对一方当事人履行了送达义务，但由于对方的妨碍行为使该当事人实际并未知晓送达的情况。譬如，原告实际知道被告的住所或居所却声称不知道，或原告故意向法院提供错误或无效的送达地址等。在这种情形，送达也应为无效。即便是在上诉期间完成而致判决获得形式确定力的情形下，判决效力也不能及于被告，即此种判决属无效判决。为减少此种无效判决的产生，日本法赋予了当事人一定的程序选择权，即受送达人既可通过上诉方式予以追补，也可通过再审途径予以撤销。[3]

此外，对于合法权益受裁判影响的诉讼第三人，德国法院必须类推适用《德国民事诉讼法》第640e条依职权通知其参加诉讼，否

---

① 参见［德］米夏埃尔·施蒂尔纳编：《德国民事诉讼法学文萃》，赵秀举译，中国政法大学出版社2005年版，第167页。

② 参见［日］新堂幸司：《新民事诉讼法》，林剑锋译，法律出版社第2008年版，第281页。

③ 参见［日］新堂幸司：《新民事诉讼法》，林剑锋译，法律出版社第2008年版，第282页。

则，法院将侵犯其受通知权。①

(二) 陈述权之侵犯

1. 事实陈述权之侵犯

其一，法院未遵守法定或指定的期间，使当事人不能拥有充分时间陈述意见。例如，在当事人陈述意见的期间尚未届满时，受诉法院即将案件转移管辖。② 德国学者认为，当事人应被给予提出其精心准备且经过慎重考虑的事实主张之机会。尤其在言词审理程序中，若当事人一方提出了新的事实主张，法院应保障对方当事人拥有充分的时间来准备和发表对该主张的看法，否则，将构成对对方当事人听审请求权的侵犯。③ 其二，法院忽视了当事人重要的事实陈述。这种行为往往是基于法官或司法辅助人员的疏忽而产生的。譬如，书记官在整理卷宗时，将当事人提交的书状遗失，或未将该书状附卷，亦或将其归错了案卷，而法官在毫不知情之情况下径直对该当事人作出了不利裁判。④ 由于这种侵权是由司法人员的失误造成的，德国学者称之为"故障案件"。⑤ 其三，法院将未经当事人辩论的事实作为裁判基础。⑥ 按照听审请求权保障的基本要求，法院只能根据当事人发表过意见的事实进行裁判。因此，法院裁判依据的是未经当事人辩论的事实资料，便侵犯了当事人的听审请

---

① 参见[德]罗森贝克、施瓦布、戈特瓦尔德：《德国民事诉讼法》，李大雪译，中国法制出版社 2007 年版，571 页。

② 参见 Schumann, Die Wahrung des Grundsatzes des rechtlichen Gehors-Dauerauftrag für das BVerfG NJW 1985, S. 1186。

③ 参见 Roseberg/Schwab, Zivilprozessrecht, §851 V2, S. 485；Dürig, a. a. O. , Art. 103 Abs. 1, Rn. 68。

④ 参见 Schumann, Die Wahrung des Grundsatzes des rechtlichen Gehors-Dauerauftrag für das BVerfG NJW 1985, S. 1186。

⑤ 参见[德]米夏埃尔·施蒂尔纳编：《德国民事诉讼法学文萃》，赵秀举译，中国政法大学出版社 2005 年版，第 256 页。

⑥ BVerfG, NJW 89 817. 转引自姜世明：《民事程序法之发展与宪法原则》，台湾元照出版有限公司 2003 年版，第 73 页。

求权。①

2. 证明权之侵犯

其一，证据提出权的侵犯。在大陆法系国家及地区，法院虽然可以裁定驳回当事人提出的没有调查必要性的证据申请；但围绕某证据是否具有调查必要性之问题，法院在裁定前应赋予当事人发表意见的机会，否则即构成对听审请求权的侵犯。如若法院因自身疏忽而未调查当事人申请的证据，② 或基于自身事先不合法的证明评价拒绝证据调查，③ 或在因地址错误无法传唤证人后未给予当事人补正的机会④，抑或以成本高昂为由驳回当事人关于重要证据的调查申请，⑤ 均构成对听审请求权的侵犯。此外，倘若法院认为某证据不具有调查的必要，驳回了当事人的证据调查申请，则需在裁判文书中阐明理由。⑥ 否则，也属于侵犯听审请求权的行为。

其二，证据辩论权的侵犯。德国联邦宪法法院明确表示，根据听审请求权保障的要求，当事人对法院委托的鉴定人享有陈述意见的权利；如若当事人申请向鉴定人发表询问意见，法院原则上应允许。⑦ 否则，将构成对听审请求权的违反。⑧ 我国台湾地区"最高

---

① 参见蓝冰：《德国民事法定听审请求权研究》，西南政法大学 2008 年博士学位论文，第 57 页。

② BVerfG，NJW 1991，285. 转引自姜世明：《民事程序法之发展与宪法原则》，台湾元照出版有限公司 2003 年版，第 74 页。

③ BVerfG，NJW 1993，254. 转引自姜世明：《民事程序法之发展与宪法原则》，台湾元照出版有限公司 2003 年版，第 74 页。

④ BVerGE 65，307，309. 转引自沈冠伶：《诉讼权保障与裁判外纠纷解决》，北京大学出版社 2008 年版，第 19 页。

⑤ BVerGE 53，32. 转引自沈冠伶：《诉讼权保障与裁判外纠纷解决》，北京大学出版社 2008 年版，第 19 页。

⑥ 参见沈冠伶：《诉讼权保障与裁判外纠纷解决》，北京大学出版社 2008 年版，第 16 页。

⑦ BVerG，NJW 1998，2273. 转引自沈冠伶：《诉讼权保障与裁判外纠纷解决》，北京大学出版社 2008 年版，第 18 页。

⑧ BVerGE 62，392(396). 转引自沈冠伶：《诉讼权保障与裁判外纠纷解决》，北京大学出版社 2008 年版，第 18 页。

法院"也指出，原审未就调查证据结果，晓谕上诉人为言词辩论，使其尽攻击防御之能事，即与"民事诉讼法"第 297 条第 1 项规定相违背，且基于此项证据调查结果作出判决者，构成法律上瑕疵。①

（三）意见审酌请求权之侵犯

在德国司法实践中，以法院未履行审酌义务为由提起宪法诉愿的案件非常普遍，这些案件的诉讼理由大多是，法院遗漏了当事人的事实陈述、证据声明、法律见解，或者法院适用失权规定不当，以致没有考量、斟酌当事人的攻击防御方法等。② 此外，如果法院对当事人就诉讼程序之重要问题所作事实陈述的实质内容没有回应或讨论，同样构成对听审请求权的违反。③ 我国台湾地区的听审请求权受侵犯的案件也集中在这一领域。从公开数据看，我国台湾地区"司法机关"在上诉审中发回重审的判决，主要是因为原审判决存在"事实认定不明或记载不明""证据调查不详或未进行调查""不采用证据未说明理由""不采用攻击防御方法未说明理由""判决理由矛盾"等程序瑕疵。④ 可知，当事人意见审酌权受侵犯的情形主要有两种：一是，法院忽视了当事人的陈述意见，即没有对当事人提出的事实主张或证据资料或法律见解加以知悉、考量；二是，即便法院没有采纳当事人的陈述意见，也不说明具体的理由。

必须加以说明的是，法院无需对当事人发表的全部意见均予以考量和斟酌，而只对当事人作出的重要事实陈述负有审酌义务。这意味着，只有在法院完全不了解当事人陈述的意见，或明显遗漏了当事人的重要陈述而没有予以考量的情形，才构成对听审请求权的侵犯。⑤

---

①　参见我国台湾地区 1948 年上字 6935 号民事判例。

②　参见 Waldner, a. a. O., S. 66 ff。

③　BVerGE 47, 182(189).

④　参见沈冠伶：《诉讼权保障与裁判外纠纷解决》，北京大学出版社 2008 年版，第 20 页。

⑤　参见 Kopp, Verwaltungsgerichtsordnung, 9 Aufl., 1988, § 138 Rn. 7。

（四）突袭性裁判

在德国，突袭裁判概念最早并非由学者提出，而是联邦法院通过一系列判决确立的，后来才为学界所采用，并成为德国民事诉讼法的规制对象。至于其具体意涵如何，学界和实务界一直未给出统一的答案。一种观点认为，它是指对于某法院所作裁判的内容，不论法院有无突袭的故意，当事人均不能依据程序的进展情况作出正常的期待。① 另一种观点认为："当事人不应从法院的判决惊讶于：实质上未在程序中使用当事人充分认知到问题争点，或者其未能预期的事项，法院却作成判决。"②还有一种观点认为，法院违反《德国民事诉讼法》第139条第2款规定作出裁判，就会构成突袭裁判，因为，如果法官能积极履行释明义务，指示不清楚或不完全的事实或法律观点，当事人便有机会陈述意见以影响裁判，而突袭裁判也就不会发生。③ 我国台湾地区"最高法院"也认为："违背释明义务者，其诉讼程序即有重大瑕疵，而基此所为之判决，亦属违背法令。"④

目前而言，第三种观点具有相对广泛的认可度，因为，它将突袭裁判的认定引向了具有明确指代范围的层面。不过，推崇精致思维的德国人在此基础上又对突袭裁判进行了类型化作业，以使法官在裁判中能对听审请求权进行充分的保障。⑤

1. 未提示作为判决基础的鉴定意见

判例1：某一审法院以被告提出的时效逾期主张成立为由，判决驳回原告的诉讼请求，而原告提起上诉的理由，也仅针对被告的

---

①　参见 MünchKomm-ZPO/Prütting, München 2000, § 278 Rn. 22。

②　Baumbach/Lauterbach/Albers/Hartmann, ZPO, 57. Aufl., München 1999, Rn. 86.

③　参见 Musielak/Stadler, ZPO, 4. Aufl., München 2005, § 139 Rn. 17。

④　我国台湾地区"最高法院"1982年台上字第122九号民事判决书；1983年台上字第4748号民事判决书。

⑤　参见吴从周：《法律汉字译语与法律继受——以民事诉讼法上"听审请求权"之形式译语整合与"突袭性裁判禁止"之原始意涵诠释为例》，载《成大法学》2005年12月第10期，第212~213页。

时效抗辩提出了反驳意见。但是，二审法院在审判的历次言词辩论中，只阐明了关于时效的证据，未提示两造当事人就损害赔偿范围问题进行辩论，却以在一审证据保全程序中作成的鉴定意见为依据，改判原告胜诉。联邦宪法法院认为，如果二审法院当时及时阐明了此点，被告就有机会对原告损害赔偿请求的原因与数额进行辩论，以排除鉴定意见，至少可以申请讯问鉴定人对其鉴定意见的可靠性进行审查。但二审法院并未这样做，其作出的支持原告请求的判决，显然是被告无法预估的结果，属于不合法的突袭裁判，故予以撤销。[①]

2. 未提示当事人补充陈述其主体适格

判例 2："地区法院的判决侵害了诉愿人（一审原告）的听审请求权，法院应在判决前释明，其认为诉愿人并未就当事人适格问题进行充分陈述，以使其有机会补充相关事实陈述。但从本案的整体状况看，诉愿人应是认为其对自己符合原告资格的事实陈述，已符合事实陈述的一惯性要求……况且当事人之间也未曾对其继承人地位和原告是否适格问题发生争执。"因此，联邦宪法法院认为，地区法院在未提示原告应补充陈述主体适格问题的情形下，就作出对其不利的判决，属于突袭裁判，侵犯了当事人的听审请求权。[②]

3. 未提示法官与当事人之认识明显不同的事实观点

判例 3："二审法院已重复询问证人 F 又询问过证人 K，二位证人均证明 F 百货公司确实提供过一个工作机会给 A，月薪 3800 马克，这足以使原告相信法院对其主张的停止工作而利益受损之事实形成了内心确信。如果二审法院采信另一观点，认为原告未必会接受这份工作，原告还需进一步证明他自己确实已准备接受这份工作，也即原告还需要进一步举证，但原告显然并未预测到这一点，此时二审法院负有提示义务。当二审法院未在判决前提示原告，使其知悉法院认为其举证行为尚不充分时，原告必然会因为欠缺这一

---

① BGH NJW 1987, 781.

② BVerfG NJW 1994, 1274.

释明而无法预测法院要驳回其诉讼请求，因此，二审判决构成突袭裁判。"①

4. 未提示拟适用的外国法

判例4："当事人和一审法院均是从德国法的适用出发，进行攻击防御与审理案件的，而从未考虑要适用外国法，但二审法院并未赋予当事人就应适用本国法还是外国法的法律问题发表意见的机会，而突袭性地适用外国法，违反突袭性裁判之禁止原则，进而侵犯了当事人的听审请求权。"②基于此，联邦宪法法院认为二审判决应予废弃。

5. 未提示拟类推适用的法律

判例5："因为基本法第103条第1款不仅保护个人有机会提出作为判决基础的重要事实，而且包括针对法律观点发表意见的机会。虽然法院并不要求法院在判决前要明示法律见解，但在某些情形下则要求法院向当事人提示作为其判决基础的法律意见。让当事人之道法院要适用何种法律观点作为裁判基础，才符合宪法要求的听审权的充分保障。因此法院不可以没有预先晓谕当事人令其陈述事实，或者以一个即便是精通法律的当事人，在迄今为止的诉讼进程中也无法预算到的法律见解，作为判决基础。"③在本案中，二审法院类推适用德国商法第377条规定来审理承揽关系，但这种类推适用并未给当事人发表意见的机会，使其无法知晓判决结果将发生根本性逆转。联邦宪法法院认为，本案二审判决已违反突袭裁判之禁止要求，故予以废弃。④

（五）失权规定适用错误

立足于诉讼促进义务而制定的失权规定，是一种对听审请求权的合法限制，因此，法院按该规定对当事人逾时提出的攻击防御方

---

① BGH NJW 1989, 2756.

② BGH MDR 1976, 379-380.

③ BGH NJW-RR 1994, 188；BVerfG NJW 1996, 45；BVerfG NJW 1994, 1210；BVerfG NJW 1994, 1274.

④ BGH NJW-RR 1996, 253.

法裁定不准许或驳回的行为，并不构成对听审请求权的侵害。① 但如果法官作出的失权规定不合法，则会不当限缩当事人表达意见的权利。

　　这种违反听审请求权保障案件的特征是，受诉法院不是基于疏忽而是故意缩减了当事人发表意见的权利。② 这类案件主要包括：1. 法院错误地适用失权规定而误将当事人的攻击防御方法视为延迟予以驳回③；2. 在法院确定当事人陈述意见的期间过短或向当事人通知前该期间已经届满的情形下，当事人作出的陈述被课以失权效果④；3. 法院基于程序法中没有规定的理由驳回了当事人重要的证据申请⑤；4. 法院不当拒绝了当事人提出的延期申请，造成其不得不在短期内委托律师作为自己的代理人，而这种情形下委托的代理人往往无法充分了解和掌握案件信息⑥。

　　在德国，无论是实务界还是理论界都十分注重对法院错误适用失权规定的行为作出区分，这种区分的标准是，该行为是违反了程序法上的听审请求权规定，还是违反了基本法上的听审请求权规定。一般而言，如果法院是在失权要件不成立或在违反其阐明义务和诉讼促进义务的情形下驳回了当事人陈述，只可能侵犯程序法上的听审请求权，未必会对基本法上的听审请求权造成侵犯。⑦ 倘若普通法院对失权规定的解释适用与最高法院的司法判例不一致，并不构成对基本法的违反；⑧ 但是，倘若当事人对于诉讼迟误没有可

---

　　① 参见［德］罗森贝克、施瓦布、戈特瓦尔德：《德国民事诉讼法》，李大雪译，中国法制出版社 2007 年版，第 571 页。

　　② 参见［德］米夏埃尔·施蒂尔纳编：《德国民事诉讼法学文萃》，赵秀举译，中国政法大学出版社 2005 年版，第 256 页。

　　③ BVerfGE 67, 39(41).

　　④ BVerfGE 60, 313(317).

　　⑤ BVerfGE 50, 32(36).

　　⑥ BVerfG NJW 1990, 838.

　　⑦ 参见［德］罗森贝克、施瓦布、戈特瓦尔德：《德国民事诉讼法》，李大雪译，中国法制出版社 2007 年版，第 572 页。

　　⑧ BVerfGE 75, 302, 312f＝NJW 1987, 2733.

归责于己的事由而被失权①，或者控诉法院不法地排除了当事人提出的新攻击防御方法，则会构成对《基本法》第 103 条第 1 款的违反。德国人之所以对侵犯听审请求权的行为作出如是区分，是因为，不同情形的侵权行为对应着不同的救济路径。如上所述，在德国，听审请求权不仅是一种宪法上的基本权利，而且属于一种程序法层面的权利，因此听审请求权的救济路径既包括程序法上的救济程序，也包括宪法上的救济程序即宪法诉愿。② 前一种违反听审请求权的情形，往往通过民事诉讼中的救济路径加以救济，后一种违反听审请求权的情形，还可以提起宪法诉愿的方式予以纠正。

通过以上论述我们可以发现：听审请求权的侵害行为并不要求行为人具有主观上的故意或过失，而只要受诉法院从事了违反当事人听审请求权保障规定的行为，便会满足启动听审请求权救济程序的条件。

二、侵犯听审请求权的法律后果

(一) 程序瑕疵

在民事诉讼程序中，如果法院没有为当事人或其他程序参与人提供必要的听审请求权保障，则会构成程序瑕疵。也即是说，诉讼程序会因为法院侵犯听审请求权的行为而招致否定性评价。德国学者认为，倘若法院未给予或未以正确方式给予当事人听审请求权保障，其判决则存在违宪或违法的重大程序瑕疵。③ 而日本学者和我国台湾地区的学术界和实务界也都持有相似的看法。可见，这一点在大陆法系国家及地区已成为民事诉讼理论中的一种共识。

不过，需要指出的是，这种程序瑕疵并不当然地导致法院判决

---

① BVerfGE 75, 83 (191) = NJW 1987, 2003; BVerfG NJW 1992, 678; BayVerfGH NJW-RR 1992, 895; BVerfG NJW-RR 1995, 377.

② 参见 Keidel, Der Grundsatz des rechtlichen Gehörs im Verfahren der Freiwilligen Gerichtsbarkeit, 1964, S. 35 ff。

③ 参见 Thomas/Putzo, ZPO, Ein 114e。[德]罗森贝克、施瓦布、戈特瓦尔德：《德国民事诉讼法》，李大雪译，中国法制出版社 2007 年版，第 572 页。

无效。原因在于，在大陆法系国家及地区，这些程序瑕疵往往属于当事人提起上诉或启动纠错程序的理由，进而可以通过特定的法律途径予以治愈。而对于当事人而言，这些治愈程序瑕疵的途径也是其权利救济途径。这一点将在本章节第三部分予以详细阐述，在此不再赘言。

但与大陆法系不同，英美法系国家和地区对侵犯听审请求权行为所规制的法律后果，往往会更加严格一些。譬如，有法官指出："如果被告没有接到适当通知，法院审判纠纷的权利是不完善的，法院的判决在另一个司法程序中很容易受到间接攻击而被认定为无效。"①也就是说，在英美法系国家及地区，如果法官没有为当事人提供必要的听审请求权保障，其所作裁判将被归于无效。不仅如此，这种侵权行为还可能给法官带来严重的司法责任。

（二）司法惩戒

在英美法系国家，法官对于当事人听审请求权的违反，将构成不当的司法裁判行为，并会因此而遭受严厉的处罚。这一点可通过以下两则案例予以说明。

案例一：喋喋不休的法官

哈里特爵士是英国切斯特区法院的一名法官，其在审理案件时对每一个案件都兴趣十足，试图弄清楚所有细枝末节的案件事实。在审理"琼斯诉全国煤炭管理局"一案中，他一个接一个地向证人和诉讼参加人发问，多次打断律师的发言，一场庭审下来，其提问和说话的次数比所有诉讼参加人的发言总数还要多。判决作出后，双方当事人均以其阻止法庭正常辩论为由提起上诉。上诉法院认为，法官若要进行公正的审判，就必须让双方当事人平等而充分地陈述观点，不应积极介入其中。按照该原则，法官不应传唤他认为可以澄清案件事实的证人，而只能传唤当事人申请或提供的证人；同样，对于证人的质询也应由律师交替进行，法官不应主动介入，以免显得有所偏袒；而且，法官均不能粗暴地打断当事人及其代理

---

① Smith v. U. S. , 403F. 2d 448（7ᵗʰ Cir. 1968）; See also Wuchter v. Pizzutti, 276 U. S. 13, 48 S. Ct. 259, 72L. Ed. 446(1928).

律师的发言，以使其能够充分而完整地陈述事实。换言之，法官在民事诉讼程序中应被动地听取证人证言以及当事人双方的事实陈述。当然，这一原则也存在例外，譬如，在需要澄清的事实被当事人不当忽略或没有被查证清楚之时，在律师行为不得体而需要敦促其符合法律规范之时，在需要排除当事人与案件事实无关的陈述或制止重复陈述之时，在法官只有通过富有技巧的插话才能理解律师阐述的问题进而作出准确评价时，以及在庭审最后阶段法官需要作出事实认定时，法官才可亲自询问证人，介入当事人及其律师的辩论行为。但本案并不属于上述例外情形，因此，上诉法院撤销了一审判决。事后，大法官基尔穆尔勋爵要求该法官在一段时间后就"主动"辞职。最终，这位喋喋不休的法官因为过多介入当事人的法庭辩论行为而黯然去职，原本前途光明的法律职业生涯也因此提前终止。①

案例二：玩忽职守的法官

戴维 F. 荣格是美国纽约州某地区家事审判法院的一名法官。针对其在司法裁判中的 5 件不当行为，纽约州司法裁判行为委员会（State Commission on Judicial Conduct）向其提出司法指控。在这 5 件不当行为中，有 3 件涉及侵犯当事人听审请求权的问题。司法裁判行为委员会以其触犯司法裁判之行为规范为由，对其作出免职处分。戴维 F. 荣格不服，向纽约州高等法院提起上诉。上诉法院认为，戴维 F. 荣格侵犯了当事人的听审请求权，该权利不仅是正当程序原则的基本内容，也是美国司法制度赖以运行的根基。在家事审判中，无论诉讼当事人是否被国家机关羁押，均应获得听审请求权的保障，即其有权出庭并就裁判的事实问题或法律理由发表自己的看法。这一点对于被判处藐视法庭罪的当事人也同样适用。但是，该法官在多次审判中玩忽职守，未保障宪法和法律赋予当事人的听审请求权，因此，州司法裁判行为委员会对其作出免职的处分

---

① 参见［英］丹宁勋爵：《法律的正当程序》，李克强、杨百揆、刘庸安译，法律出版社 1999 年版，第 63~68 页。

完全是恰当的，对此裁定予以维持。①

综上所述，在英美法系国家，如果法院侵犯了当事人的听审请求权，不仅程序本身会受到否定性评价或责难，而且审理案件的法官也将面临被司法问责的结局，甚至有可能会遭受免职处分。

三、侵犯听审请求权行为的可治愈性

在德国，主流观点认为，如果当事人或其他诉讼参与人未在诉讼中得到听审请求权保障，则构成程序瑕疵，但这种程序瑕疵并不当然导致判决无效，而可以通过特定的法律途径治愈。一般而言，对于侵犯听审请求权的行为，当事人应尽可能在原审程序中指出。如果该程序瑕疵未在原审程序中得到治愈，当事人还可通过上诉或控告程序救济其听审请求权。由于听审请求权保障并不要求必须经历完全的审级，因此，一旦二审法院赋予了当事人陈述意见的机会，一审程序中侵犯当事人听审请求权的程序瑕疵便可得到治愈。除非在涉及重大审级利益时，二审法院才有必要将该案件发回重审，例如，一审法官完全是基于一方当事人陈述作出的裁判，另一方当事人根本不具有陈述意见的机会。不过，由于当事人可自行放弃审级利益，倘若当事人双方自愿将案件交由二审法院审理，则涉及重大审级利益的程序瑕疵也可直接在二审程序中治愈，不必发回一审法院处理。②

但是，美国并不怎么区分程序瑕疵可否治愈的问题，法院只要侵犯了当事人的听审请求权，所作裁判就被会当然归于无效或可撤销。这很大程度上是因为，美国正当程序条款保障的对象仅限于那些最基本的实体权利或曰核心利益，譬如生命权、财产权、基本的福利救助权益以及收养权等。正是基于此，在涉及当事人这种核心

---

①　参见 David F. Jung v. State Commission on Judicial Conduct, SCJC No. 150(N. Y. 2008)。转引自任凡：《论美国法院对听审请求权的保障——从联邦最高法院判例谈起》，载《法律科学》2010 年第 6 期。

②　参见沈冠伶：《诉讼权保障与裁判外纠纷解决》，北京大学出版社 2008 年版，第 37~38 页。

利益的案件中，正当程序原则尤其是听审请求权保障原则必须得到严格的落实，一旦司法裁判侵犯了当事人的听审请求权，就必须纠正，而不存在任何讨价还价的余地。与之不同，德国对听审请求权的保障并未规制明确实体权益范围，只要当事人的任一实体权益遭受司法程序的剥夺，均要给予当其发表意见的机会。所以，德国民事诉讼法为侵犯听审请求权行为规制的法律后果并不严格，赋予了比较多样化的治愈途径。就当事人而言，这些程序瑕疵的治愈途径同时也是其权益救济路径，因此作为听审请求权的权利人，诉讼当事人在权利受损后，可通过这些法律路径救济其合法权益。

四、听审请求权的救济途径

德国联邦宪法法院认为，根据法治国原则的要求，国家必须为权利受侵犯的公民提供接近法院并利用司法途径救济权利的机会。这一点对《基本法》第 103 条第 1 款规定的听审请求权同样适用。①这意味着，当事人不仅能通过行使受通知权、意见陈述权、意见审酌请求权以及突袭裁判禁止请求权等行为，来确保其程序主体地位，以尽可能避免裁判在实体上的错误；②而且可以在其听审请求权受侵犯后，通过司法救济途径有效主张和维护自己的合法权利。③当然，程序法对于这些权利救济途径的规定必须明确、具体，因为只有这样，人们才能合理预见救济程序的启动要件有哪些以及应当利用何种救济路径。④

从目前大陆法系国家及地区的法律规定看，不同国家及地区为听审请求权提供的救济路径并不完全相同。但总体而言，这些救济途径主要包括听审责问、上诉、再审、宪法诉愿以及第三人撤销之诉等制度。

---

①　参见 Degenhart, a. a. O., (Fn. 3), Art. 103 Rn. 2。

②　参见 Anja Bruns, Prozessgrundrechte im System des Grundgesetzes, Münster, Univ., Diss., 2002, S. 2。

③　参见 BVerfG, NJW 2003, 1926。

④　参见 BVerfG, NJW 1979, 53; BVerfG, NJW 1993, 1123f; BVerfG, NJW 2003, 1928。

(一)听审责问

1. 创设背景

在 2001 年之前,德国法为听审请求权提供的救济路径只有上诉审和宪法诉愿两种形式。但随着时间的推移,德国人逐渐发现,既救济方式并不能妥当地应对日益增多的听审请求权侵犯案件。

首先,就上诉审而言,当事人若能通过提起上告或控诉来纠正一审程序的瑕疵,自然可以使其受侵害的听审请求权得到救济;但如果听审请求权侵害行为发生在最后一审级的审判程序中,当事人再无通常的救济方式可供利用。① 其次,就宪法诉愿而言,对当事人提出宪法抗告理由成立的案件,联邦法院将撤销其声明不服的裁判并发回重审。可见,这种处理结果与上诉程序对判决声明不服且胜诉案件的处理结果相同。此时,联邦宪法法院在并无真正宪法意义的案件中扮演了上告法院的角色,且深受司法审判压力的困扰。② 最后,既有法律救济途径并不具备实效性。按照法治国原则,包括听审请求权在内的基本权利之救济应当具有实效性。也就是说,诉讼程序应以最及时、最经济、最妥当的方式对听审请求权进行救济。循此思路,由裁判被指责存在瑕疵的原审法院进行自我救济,应是一个可供考量的最佳方案。③ 原因在于,原审法院更加接近案件争议的事实,且能节省当事人另行上诉和宪法抗告的诉讼成本,使当事人获得及时而有效的权利救济。与这种将听审请求权受损之程序瑕疵消解在同一审级的做法相比,无论是上级审还是宪法诉愿,均在权利救济的实效性上存在很大的差距。

为弥补既有救济方式之不足,德国于 2001 年通过《民事诉讼改

---

① 参见 BVerfG,NJW 2003,1927。

② 参见[德]汉斯-约阿希姆·穆泽拉克:《德国民事诉讼法基础教程》,周翠译,中国政法大学出版社 2005 年版,第 61 页。

③ 参见 Indra Spiecker gen. Döhmann, Verletzung rechtlichen Gehörs in der Rechtsmittelinstanz, NVwZ 2003, 1464; BVerfG, NJW 2003, 1927。转引自魏伶娟:《听审侵害案件于民事诉讼程序之救济——从德国经验谈起》,载《东海大学法学研究》2015 年第 4 月第 45 期。

革法》第321条之1增设了听审责问程序。① 但联邦宪法法院认为，该法条设立的听审责任程序并未对听审请求权受损的当事人提供无漏洞的救济途径，要求立法者尚须再制定一个合宪性的法律规范。② 故而，德国立法机关于2004年颁行了《听审责问法》，在《民事诉讼改革法》第321条之1的基础上，扩大了原有听审责问程序的案件适用范围，修改了责问提起的期限，使该救济途径更为完善。③

　　总体而言，听审责问程序是一种当事人若认为法院侵犯其听审请求权可以向原审法院提出责问，以通过续行原诉讼程序的方式来救济合法权益的制度。④ 换言之，它是一种对侵犯当事人听审请求权而又不允许提起上诉的裁判进行自我纠正的法律救济途径。⑤

　　2. 启动要件

　　(1)适用范围。根据《德国民事诉讼法》第321a条第1款规定，听审责问程序的适用对象必须满足三个条件：其一，法院以明显影响裁判结果的方式侵犯了当事人的听审请求权；其二，当事人无法通过上诉或其他司法途径对该程序瑕疵进行治愈；其三，经由该瑕疵程序作出的判决必须为终局裁决。

　　(2)提起期限及方式。根据《德国民事诉讼法》第321条之1第2款第1、2、3句规定，听审责问应在当事人知道其听审请求权受侵害后两周之不变期间内提出；对于知悉权利受损的时点，当事人应予以释明。被指责的裁判经送达满一年后，当事人不得再提起听审责问。对通知没有特定要求的裁判，从交付邮递机关后第三日，视为已经送达。根据本条款第4句规定，当事人应以书状的形式，

---

　　① 参见[德]罗森贝克、施瓦布、戈特瓦尔德：《德国民事诉讼法》，李大雪译，中国法制出版社2007年版，第574页。

　　② BVerfG, NJW 2003, 1929.

　　③ 参见《德国民事诉讼法》，丁启明译，厦门大学出版社2016年版，第7~8页。

　　④ 参见[德]米夏埃尔·施蒂尔纳编：《德国民事诉讼法学文萃》，赵秀举译，中国政法大学出版社2005年版，第267页。

　　⑤ 参见BVerfGE 47, 182, 189.

向作出裁判的原法院提起听审责问。在听审责问书状中，当事人应表明该项被责问的裁判名称，并需要具体陈述该裁判符合第 321 条之 1 第 1 款所规定的责问提起条件。

3. 具体流程

（1）审查。根据《德国民事诉讼法》第 321 条之 1 第 4 款规定，对于当事人提出的责问申请，原审法院应依职权进行调查。调查的内容有两项：一是，责问是否具有合法性；二是，责问是否具备正当理由。如果当事人并未提出责问申请，或申请未以法定形式提出，抑或责问的提出已超过法定期限，法院应以责问申请不合法为由裁定驳回。如果法院经调查发现原裁判并未侵犯听审请求权，或虽侵害听审请求权但未给裁判结果造成重大影响，当事人的责问申请将被视为无理由而不予受理。对于这类裁定，当事人不得申明不服。①

（2）受理。根据《德国民事诉讼法》第 321 条之 1 第 5 款第 2 句规定，对于当事人提出的听审责问申请，法院认为理由成立且存在续行原诉讼程序必要的，法院应续行原诉讼程序。此时，诉讼程序重新回到言词辩论终结前的状态，而在书面审理程序中，该诉讼程序将恢复至当事人提出书状前的状态。如果责问不合法或无理由，法院需作出不可撤销的决定，诉讼就此终结。

（3）法律效力。按照《德国民事诉讼法》第 705 条、707 条规定，听审责问程序可以中止裁判的生效，并暂时停止强制执行。但听审责问不同于上诉，原有裁判是否会发生变更，并不取决于法院对责问申请的审查，而取决于续行诉讼程序的审理结果。② 依据《德国民事诉讼法》321 条之 1 第 5 款第 3 句和第 343 条规定，在继续审理程序中，法院如认为判决虽侵犯当事人的听审请求权但内容依旧

---

① 参见魏伶娟：《听审侵害案件于民事诉讼程序之救济——从德国经验谈起》，载《东海大学法学研究》2015 年第 4 月第 45 期。

② 参见［德］罗森贝克、施瓦布、戈特瓦尔德：《德国民事诉讼法》，李大雪译，中国法制出版社 2007 年版，第 574～575 页。

正确，应维持原有裁决①；否则，法院应宣告撤销原裁决，重新作出裁判。②

由此我们可以得出的结论有三点：1. 听审责问程序与上诉审不同，不具有移审的效力；2. 听审责问程序是通过续行原有程序的方式进行自我纠错；3. 听审责问程序仅适用于无法通过正常途径进行救济的听审请求权受损案件，因此具有补充性。③

（二）上诉审

上诉审程序是一种不同审级之间的救济途径。易言之，当事人可以通过上诉手段对存在程序瑕疵的第一审裁判予以治愈。在德国，当事人用来救济其在一审程序中受损之听审请求权的上诉途径有两种，即控诉审和上告审。首先，在控诉审程序中，法院可根据《德国民事诉讼法》第 538 条将案件发回一审法院重审，因为拒绝当事人听审是一种重大的程序瑕疵。当然，如果控诉审法院能够为一审中听审请求权受损的当事人提供补救措施，一审的程序瑕疵便可因此得到补正或治愈，此时控诉审法院不必再将该案发回重审，可直接予以裁判。否则，控诉审法院应撤销原裁判，并将该案件发回重审。④ 其次，在上告审程序中，法院根据《德国民事诉讼法》第 563 条、564 条的规定，必须撤销当事人声明不服的原审裁判，并将案件发回重审。原因在于，这类情形属于绝对的上告理由。⑤ 所谓绝对的上告理由，是对应相对的上告理由而言的。一旦原审裁判的程序瑕疵属于绝对的上告理由，无论其是否影响了裁判实体内容的正确性，都要被上告法院宣告撤销；假使原审裁判的程序瑕疵属

----

① 参见［德］汉斯-约阿希姆·穆泽拉克：《德国民事诉讼法基础教程》，周翠译，中国政法大学出版社 2005 年版，第 301 页。

② 参见［德］米夏埃尔·施蒂尔纳编：《德国民事诉讼法学文萃》，赵秀举译，中国政法大学出版社 2005 年版，第 267 页。

③ 参见魏伶娟：《听审侵害案件于民事诉讼程序之救济——从德国经验谈起》，载《东海大学法学研究》2015 年第 4 月第 45 期。

④ BVerfG 25. 5. 1956；BVerfGE 5, 22(24).

⑤ 参见［德］罗森贝克、施瓦布、戈特瓦尔德：《德国民事诉讼法》，李大雪译，中国法制出版社 2007 年版，第 574~575 页。

于相对的上告理由，即使该裁判违背了法令，但只要实体内容正确，也不应被撤销。而在绝对的上告理由之所以并不顾及裁判是否具备实体上的准确性，是因为，这类情形已违反了是程序法规范特别承认的价值或理念。① 也就是说，绝对的上告理由往往涉及重大的程序瑕疵。譬如，如果法官没有在裁判中说明理由，则意味着该判决存在严重的程序瑕疵，而这种情形就属于德国民事诉讼法中之绝对的上告理由。②

与德国类似，日本为听审请求权受损的当事人提供的上诉救济途径也包括控诉审和上告审两种类型。首先，就控诉审而言，根据《日本民事诉讼法》第 281 条第 1 款规定，当事人可就地方法院或简易法院作出的终局判决提起控诉。根据该法第 305 条至 308 条规定，对于违反程序法令而使判决本身存在重大瑕疵的原审判决，控诉审法院在宣告撤销的基础上或自行改判或发回重审。而这种违反程序法令的情形就涉及当事人听审请求权的侵犯问题，譬如，法院没有指定判决的宣告期日，也未将该情形适当告知判决书的受领人。③ 其次，就上告审而言，其是一种法律审程序。根据日本民诉法第 312 条和第 318 条规定，当事人可就一审判决提起上告的理由大致归于两类：一是，判决存在宪法解释错误或存在违反其他法令的情形；二是，判决存在程序法上绝对的上告理由。④ 就第一种理由而言，它涉及侵犯当事人听审请求权的情形主要包括，原审法院

---

① 参见[日]本间靖规：《手続保障侵害の救済について——近時の西ドイツの議論を契機として》，《手続保障論集》，株式会社信山社発行所 2015 年（平成二十七年）版，第 342 页。

② 参见[德]米夏埃尔·施蒂尔纳编：《德国民事诉讼法学文萃》，赵秀举译，中国政法大学出版社 2005 年版，第 261 页。

③ 参见大审院昭和十三年 4 月 20 日判决，载《大审院民事判例集》，第 9 卷，第 44 页；最高裁判所第三法庭昭和二十七年 11 月 18 日判决，载《最高裁判所民事判例集》，第 6 卷第 10 号，第 603 页。转引自任凡：《听审请求权研究》，法律出版社 2011 年版，第 140 页。

④ 参见[日]新堂幸司：《新民事诉讼法》，林剑锋译，法律出版社第 2008 年版，第 638~641 页；任凡：《听审请求权研究》，法律出版社 2011 年版，第 140 页。

采用了当事人并未主张的事实以及原审法院指定期日或送达违法等。只要这些情形明显影响了裁判内容，上告法院便可将该判决废除。就第二种理由而言，其涉及侵犯当事人听审请求权的情形主要有：1. 原审判决违反口头、公开、对席的辩论原则，侵犯了当事人的陈述权；2. 诉讼代理人欠缺代理权，侵犯了被代理人的听审请求权；3. 原审判决理由不备或理由龃龉，侵犯了当事人的意见审酌请求权，其中，前者是指判决不附理由和判决因重要事项的遗漏或审理不尽导致无理由可附，后者是指判决理由在文脉上欠缺一惯性、前后矛盾，而使理由不成体系；4. 法院不行使释明权而构成显著不当的，往往造成突袭裁判。① 对于存在绝对上告理由的原审裁判，上告法院必须撤销，至于其程序瑕疵是否对审判结果造成不当影响，则在所不问。

在我国台湾地区，民事诉讼程序实行三审终审制。就二审程序而言，只要当事人对一审判决不服，即可提起上诉。但上诉第三审程序却与之不同，往往存在一些限制：1. 诉讼案件的标的额必须超过 150 万台币，否则不能提起上诉第三审，纵然诉讼标的额超过了法定数额，若该案件并不属于"民诉法"第 469 条规定的情形，当事人就其提起上诉第三审也需第三审法院的许可；2. 就简易诉讼程序而言，除上诉利益的标的额满足第 469 条规定的标准外，其第二审判决还必须属于"适用法规显有错误"的情形，且涉及的法律见解具有原则上的重要性，并经原裁判法院的许可，才可提起上诉第三审；3. 就小额诉讼程序而言，其所得第二审判决均不可提起上诉第三审。在此情形下，如果当事人的听审请求权是在第二审程序中受到了首次侵害，该程序瑕疵可能因为上诉第三审的这些限制而无法予以治愈，进而产生救济缺口。有学者认为，与一般程序瑕疵不同，听审请求权侵害行为属于重大违法乃至"违宪"的情形，

---

① 参见［日］新堂幸司：《新民事诉讼法》，林剑锋译，法律出版社第 2008 年版，第 641～642 页。

因此，应放宽对其提起上诉第三审的条件限制。① 对此，实务界也有回应。我国台湾地区"最高法院"认为，如果受诉法院没有根据"民诉法"第 297 条第 1 款规定，向当事人晓谕其证据调查结果，并使之尽攻击防御之能事，则属于程序瑕疵，构成上诉第三审的理由。② 无论是上诉第二审还是上诉第三审，法院对原审程序侵犯当事人听审请求权的行为均遵循共同处理模式：如果在上诉审中能够给当事人提供陈述意见并对之审酌的保障，则原有程序瑕疵即可得到补正，上诉法院可直接予以判决；否则，上诉法院应撤销原有裁判，将案件发回重审。

(三) 再审程序

在德国，有不少学者认为，与宪法诉愿相比，再审程序更适合作为听审请求权的补充性救济途径，它可以使法院自行纠正程序错误，进而减轻联邦宪法法院的审判负担。但问题是，德国法上没有关于侵犯听审请求权的再审事由，因此当事人并不能直接利用再审程序救济其合法权益。对此，有学者主张，可以将那些侵犯当事人听审请求权却无法提起上诉的确定判决，类推适用《德国民事诉讼法》第 579 条第 4 款之"欠缺合法代理"这一再审事由予以纠正。原因在于，无行为能力人欠缺合法代理，本就是一种侵犯听审请求权行为的具体类型，对其作一定范围内的扩张性解释也是正当的。在司法实践中，德国的一些法院也确实采用了这种见解，即准许当事人藉此事由提起再审之诉。③

日本民事诉讼法将一些侵犯听审请求权的行为明确规定为其再审事由。在日本，绝对的上告理由也是其再审事由。在这之中，违反口头、公开、对席的辩论原则的审判程序，代理人欠缺代理权，

---

① 参见沈冠伶：《诉讼权保障与裁判外纠纷解决》，北京大学出版社 2008 年版，第 38~39 页。

② 我国台湾地区"最高法院"1950 年台上字 332 号民事判决，1957 年台上字 980 号民事判决。

③ 参见 Braun, in：MünchKomm-ZPO, 2. Aufl., 2000, §579 Rdnr. 22-23。

判决理由不备或理由龃龉，均属于侵犯当事人听审请求权的行为。① 此外，对于判决具有重要影响的当事人攻击防御方法，法院却在判决文书未予明示的情形，也属于日本民事诉讼法上的再审事由。很显然，这种情形严重侵犯了当事人的意见审酌请求权。

在我国台湾地区，有学者认为，在尚无"宪法"诉愿且上诉第三审又被严格限制的情形下，应分别适用"民诉法"第 496 条第 1 款第 1 项和第 497 条规定，准许当事人就听审请求权受损行为提起再审。其中，前一条文中的"适用法规显有错误"，不仅包括实体法适用错误，也包括程序法适用错误。如此，一些侵害听审请求权的行为便可被囊括到这一再审事由中来。譬如，法官忽略当事人的证据申请而未进行调查，则违反"民诉法"第 286 条；法院已经进行了调查但就该调查结果没有作出判断，构成对该法第 222 条的违反；法院没有履行释明义务以致当事人未能适时提出攻击防御方法，属于消极的不适用法规，构成对该法第 196 条的违反；不当驳回当事人攻击防御方法，系适用失权规定错误。后一条文则具体规制了两种再审事由：一是，法院未审酌足以影响判决的重要证物；二是，当事人有正当理由不到场，但法院进行了缺席判决。②

（四）宪法诉愿

按照德国《基本法》第 93 条第 1 款 4a 款的规定，任何人均可以国家机关侵犯其听审请求权为由，向联邦宪法法院提起宪法诉愿。可见，宪法诉愿也是听审请求权的救济方式之一。

不过，当事人对于这种救济方式的利用，必须以法院裁判侵犯了《基本法》第 103 条第 1 款所规定的听审请求权为前提，如果法院的裁判行为仅违反了程序法上的听审请求权规定，并不能成为宪法诉愿程序的救济对象。因为，如果将所有违反程序法中关于听审请求权保障的行为，均视为侵犯《基本法》第 103 条第 1 款规定的

---

① 参见［日］新堂幸司：《新民事诉讼法》，林剑锋译，法律出版社第 2008 年版，第 641 页。

② 参见沈冠伶：《诉讼权保障与裁判外纠纷解决》，北京大学出版社 2008 年版，第 44 页。

具体形态，而不作出必要的区分，必然导致指摘原审裁判侵犯当事人听审请求权的宪法案件，在数量上会大幅度的增加，使联邦宪法法院不胜其累。① 但是，究竟应如何区分单纯违反程序法上听审请求权规定的行为，和违反《基本法》第 103 条第 1 款规定的行为，德国联邦宪法法院也没有给出明确的答案，还需要作出进一步的细节处理。②

此外，在德国，宪法诉愿被视为听审请求权的最后一道救济屏障。这意味着，惟有穷尽民事诉讼程序内部途径均无法救济听审请求权的情形下，当事人才可以提起宪法抗告。③ 因为只有这样，宪法法院才能保持长期有效的运转能力。换言之，如果不存在纠正违反《基本法》第 103 条第 1 款行为的替代可能性，并且侵权人将因此而免于惩罚，宪法救济方式的启动才被认为是合理的。④ 具体而言，当事人在未先向普通法院提起听审责问的情形下，而径直提起了宪法诉愿，以指摘原审法院侵害其听审请求权，就会与宪法诉愿作为最后救济手段的补充性地位相违背，进而难以被联邦宪法法院受理。反之，如果当事人已经向原审提起了听审责问，但原审法院却错误认定责问无理由而将其驳回，此时，听审侵害行为仍然没有得到治愈，而且驳回听审责问申请的裁定属于不可声明不服的裁定，此时，当事人已不能通过民事诉讼程序内部的通常法律途径来救济合法权益，因此可以向联邦法院提起宪法诉愿。⑤ 总之，如果当事人提出的宪法诉愿申请符合"穷尽内部救济"原则，联邦宪法法院就应当受理。而在审判过程中，如果联邦宪法法院认为当事人

---

① 参见 K. Schlaich, Das Bundesverfassungsgericht, 4. Aufl. 1997, Rn. 311 ff。

② 参见 E. Schuman, Bundesverfassungsgericht, Grundgesetz und Zivilprozeß, 1983, S. 12 ff。

③ 参见[德]罗森贝克、施瓦布、戈特瓦尔德：《德国民事诉讼法》，李大雪译，中国法制出版社 2007 年版，第 574~575 页。

④ 参见[德]汉斯-约阿希姆·穆泽拉克：《德国民事诉讼法基础教程》，周翠译，中国政法大学出版社 2005 年版，第 61~62 页。

⑤ BVerfG, NJW 2005, 3060.

提出的诉愿申请理由不成立，则会作出不予支持维持原审判决的裁定；反之，如果当事人的诉愿申请理由成立，联邦宪法法院则会宣告撤销原有裁判，并将案件将发回重审。[①]

(五) 第三人撤销之诉

除上述救济途径外，一些大陆法系国家及地区还为诉讼第三人设立了专门用来撤销侵犯听审请求权裁判的制度，即第三人撤销之诉。这一救济途径主要存在于法国以及我国的台湾地区。[②] 虽然德国和日本并没有为第三人专门设置这种程序，但诉讼第三人可通过两国的其他法律途径救济其听审请求权。譬如，在德国，诉讼第三人可以通过听审责问、再审以及提起宪法诉愿的方式来救济其听审请求权，而日本法上的诉讼第三人，也可通过启动再审程序救济其听审请求权。[③]

按照法国《民事诉讼法》第 582 条第 1 款规定，第三人撤销诉讼的主要目的在于，撤销或改变诉讼第三人所怀疑的判决。依同条第 2 款规定，第三人撤销之诉启动后，法院的审判需就原诉讼程序中的争议问题，围绕第三人提出质疑的原审法院的判断结论进行审查，在此过程中，法院可赋予裁判新的事实及法律上的理由。按照该法第 583 条第 1 款规定，任何人只要先前未参加诉讼或未被合法代理而对该判决有利益，且对其有所怀疑，即被容许提起第三人撤销之诉。也就是说，在法国，具备第三人撤销之诉的原告主体资格的第三人，只要具备特别利益即可，并不以具有法律上的利害关系为前提。这种特别利益不仅包括经济上利益，而且包括道德上的利

---

① 参见 Tipke/Kruse，FGO，§ 96 Tz. 23；BVerfG 1. 2. 1978；BVerfGE 47，182。

② 参见沈冠伶：《诉讼权保障与裁判外纠纷解决》，北京大学出版社 2008 年版，第 12 页；邵明：《论民事诉讼程序参与原则》，载《法学家》2009 年第 3 期。

③ 参见刘明生：《诉讼参加与第三人撤销诉讼程序的研究(下)》，载《辅仁法学》2013 年 12 月第 46 期。

益。① 根据该法第 584 条规定，在对数人而言有一致性判断不可分的情形，法院应通知全体当事人到场参加诉讼程序，方能提起第三人撤销之诉。同时依据该法第 591 条第 1 款规定，受诉法院如认为第三人提起的撤销之诉理由成立，则仅能撤销或变更原判决对其不利的内容。②

　　我国台湾地区在 2003 年修订"民事诉讼法"时于第 507 条中增设了这一制度。按照该法第 507 条之 1 的规定，在法律上利害关系第三人基于非归责于己的事由未参与裁判程序，而又没有其他救济途径可供利用的情形下，其可通过提起第三人之诉撤销原审裁判。③ 我国台湾地区"立法机关"在同法第 507 条之 1 的增订理由中指出："为贯彻诉讼经济的要求，发挥诉讼制度解决纷争之功能，就特定类型之事件，固有扩张及于第三人之必要，惟为保障该第三人之程序权，亦应许其于一定条件下得否定该判决之效力。爰明定就两造诉讼有法律上利害关系之第三人，非因可归责于己的事由而未参与诉讼，致不能提出足以影响判决结果之攻击或防御方法，且其权益因该确定判决而受影响者，得以判决之两造为共同被告，对于该确定判决提起撤销之诉，请求撤销对其不利部分的判决，此外，第三人撤销之诉，是对利害关系第三人的特别救济程序，如果该第三人依法应该遵循其他法定程序请求救济者，即不应再许其利用此制度请求撤销原确定的判决，爰增订但书之规定。"④可见，第三人提起撤销之诉必须满足以下条件：一是，其实体权益因该确定判决受到了剥夺或侵犯；二是，其没有参与诉讼程序具有不可归责于己的原因，以致不能提出影响判决结果的攻击防御方法；三是，

----

① 参见姜世明：《概介法国第三人撤销诉讼》，《任意诉讼及部分程序争议问题》，台湾元照出版有限公司 2009 年版，第 329~331 页。

② 参见 Spellenberg, Drittbeteiligung im Zivilprozess in rechtsvergleichender Sicht, ZZP 106 1993, S. 307。

③ 参见沈冠伶：《诉讼权保障与裁判外纠纷解决》，北京大学出版社 2008 年版，第 12 页。

④ 刘明生：《诉讼参加与第三人撤销诉讼程序的研究（下）》，载《辅仁法学》2013 年 12 月第 46 期。

其无法利用其他途径救济自己的听审请求权。此外，按照该法第507条第4款第1项规定，法院认为第三人撤销之诉理由成立，应撤销原判决对当事人不利的部分，并于必要时根据第三人的申请，在撤销的范围内变更原有判决。①

　　基于以上论述，我们可以得出三个结论：1. 第三人撤销之诉的创设目的在于，要为诉讼第三人提供一个听审请求权的救济路径；2. 该制度的启动要件可以归为两点，一是，诉讼第三人的实体权益将会受到原审判决的影响，二是，其没有参与原审诉讼具有不可归责于己的事由；3. 该程序带来的法律后果是，原判决只丧失对第三人不利的部分之法律效力，而其他内容对原审两造当事人依然具有拘束力。

　　综上，听审请求权防御权功能的发挥实则遵从着一种"权利—救济"的路径。循此路径，听审请求权受损的当事人，可通过立法机关设立的法律路径来维护或实现其合法权益。为确保听审请求权人能够通过不同的法律途径救济其权利，各国立法机关在制定法律时应尽可能地对各种不同救济路径的启动要件、处理流程以及法律效果规定清楚。不过由于法律救济体系的整体建构关乎司法资源的合理分配，立法者享有广泛的自由裁量空间。换言之，不论是提供通常的上诉制度，还是制定特殊的纠错制度，来排除听审请求权的侵害行为，立法机关均可在衡量各种利弊因素的情况下自行定夺。在这之中，立法机关应优先考量排除程序瑕疵的实效性，即，立法者必须为当事人提供及时、有效且无漏洞的权利救济途径。

　　在此有一个疑问必须澄清，那就是，为什么一定要赋予听审请求权以主观权利性质及其防御权功能？作为一种程序法原则，听审请求权一旦被法院侵犯即构成程序瑕疵，对于这种瑕疵，通过司法机关的自我审查和自行纠错机制便能治愈。这样看来，即便不赋予当事人以主观权利，使其依据该权利启动诉讼救济程序，听审请求权似乎也能得到很好的保障。但问题在于，仅凭借司法机关的自我

---

　　① 参见刘明生：《诉讼参加与第三人撤销诉讼程序的研究（下）》，载《辅仁法学》2013 年 12 月第 46 期。

纠错机制并不足以保障当事人听审请求权的实现。一方面，人们很难期待司法机关会自动审查其裁判行为的妥当性，并主动纠正自己犯下的程序错误，因为这可能带来过重的工作负担乃至司法追责风险；另一方面，我们也难以寄希望于上级司法机关对下级法院之诉讼程序进行全方位的监督，因为，它并不具备这样足够的时间、精力乃至财力。但与之不同，当事人或其他诉讼参加人是为维护自身利益而参与诉讼的，因此比司法机关更具有监督司法裁判行为的积极性，并且作为具体诉讼的参与者，当事人比其他任何人都更接近庭审过程和司法裁判，因此，一旦受诉法院从事了侵犯其听审请求权的行为，当事人往往能在第一时间感受并捕捉到，并迅速通过法律途径对其予以纠正。可见，赋予诉讼当事人以主观防御权，更有利于听审请求权的保障和实现，也具有不可或缺性。

本 章 小 结

从某种意义上讲，听审请求权的实现过程也是其功能发挥的过程。作为一种程序法原则，听审请求权具有立法指导和合宪性解释两种功能。首先，在发挥立法指导功能的过程中，听审请求权保障原则尤其需要协调程序公正与诉讼效率之间的冲突。一般而言，在传统型民事诉讼程序中，听审请求权保障原则的功能发挥应更加注重程序公正，但要兼顾效率；在非诉程序中，听审请求权保障原则的功能发挥应更注重效率，同时兼顾公平；在现代型诉讼程序中，立法者在选择诉讼模式和具体制度的构建上应更注重纠纷的一次性解决（效率），而尽可能地兼顾对潜在当事人的程序保障（公正）。具体到每一个国家，则需要结合其社会背景、固有文化以及法律传统作出尽可能合理的考量和选择。

在发挥合宪性解释功能的过程中，听审请求权保障原则的司法适用必须以现有相关法律规范存在冲突或者漏洞为前提。当法院在依据该原则裁判案件时，同样需要协调其与其他法律原则之间的冲突关系。一般而言，德国司法机关在贯彻听审请求权保障原则时遵循的是比例原则，美国法院所使用的则是法益衡量方法。二者实则存在共通之处，均奉行"两害相权取其轻"的逻辑，并遵循"手段适于法律目的"的必要性要求。

　　作为一种主观权利，听审请求权具有防御权功能，该功能的发挥实则遵从"权利—救济"的路径。当然，这种功能的发挥必须以当事人听审请求权受到侵犯为前提。法院违反听审请求权的行为构成程序瑕疵，甚至可能引发严重的司法责任。不过，对于这种程序瑕疵，当事人可通过法律途径予以救济。作为听审请求权的义务主体，国家机关应为当事人提供完备的救济途径。在大陆法系国家及地区，这些救济途径包括听审责问、上诉、再审、宪法诉愿以及第三人撤销之诉。在设立救济制度的过程中，立法机关享有广泛的自由裁量空间，但应优先考虑的因素是，排除程序瑕疵的实效性。换言之，立法者必须为当事人提供及时、有效且无漏洞的权利救济途径。

第五章　我国听审请求权的保障现状与检视

第一节　我国听审请求权保障之法律规定

与其他国家在宪法层面确认听审请求权保障的情况不同，我国宪法条文中并无关于听审请求权的表述。目前而言，我国关于听审请求权保障的法律规制主要存在于民事诉讼法层面。

一、诉讼程序中的法律规定

(一)保障知悉权的法律规定

我国1991年民诉法规定的送达方式有6种，即直接送达、留置送达、委托送达、邮寄送达、转交送达和公告送达。2012年修订的《中华人民共和国民事诉讼法》(以下简称新《民事诉讼法》)在此基础上又增加了电子送达方式，使得送达方式更加多样化。此外，2014年出台的《最高人民法院关于适用〈中华人民共和国民事诉讼法〉的解释》(以下简称《民诉法解释》)对具体的送达方式又作出了进一步完善。下面，本书将选取条文修改幅度较大的五种送达方式展开论述。

1. 直接送达

对于直接送达，《民诉法解释》第131条新增了"通知当事人到人民法院领取"和"住所地以外"两种送达方式。前者是指，受诉法院可通知当事人到法院直接领取诉讼文书；后者是指，受诉法院可在受送达人住所地之外向其直接送达诉讼文书。就通知当事人到法院领取诉讼文书而言，其比传统的直接送达方式更能节省送达成本，能够在很大程度上缓解法院的送达压力，提升送达效率。住所地以外的直接送达方式，能够扩展送达地点的范围，提高直接送达的成功率。而这种直接送达方式也是国际上的一种通行做法。①

2. 留置送达

留置送达方式的完善体现在两处：其一，简化了留置送达的程序。按照新《民事诉讼法》第 86 条规定，法院在采用拍照录像方式记录送达过程之情形下，也可将诉讼文书留置送达，这意味着，法院适用留置送达方式并不非要以见证人签名或盖章为前提，从而简化了留置送达的程序，有利于提升留置送达方式的适用率和便捷性。其二，明确了留置送达的见证人范围。《民诉法解释》第 130 条进一步明确了留置送达之见证人的范围，将新《民事诉讼法》第 86 条之"有关基层组织和所在单位的代表"规定为，受送达人所属居民委员会、村民委员会及其单位的工作人员。

3. 电子送达

电子送达为新《民事诉讼法》第 87 条所规定，按照该条规定，在征得当事人同意的情形下，受诉法院可通过传真、电子邮件等能够确认该当事人收悉的方式，向其送达除裁判文书、调解书以外的诉讼文书。在此基础之上，《民诉法解释》第 135 条明确了电子送达能够使用的送达媒介，即传真、电子邮件、移动通信等即时收悉的特定系统；而且规定了电子送达成就期日的计算方法。此外，《民诉法解释》第 136 条还明确规定了当事人同意电子送达的确认方式，即，如果当事人同意法院通过电子方式向其送达诉讼文书，则需要在送达地址确认书中进行确认。

4. 委托送达

在以往实践中，经常出现受托法院怠于送达的现象，以致委托

---

① 有学者通过考察德、日、法、美四国的送达制度之后得出的结论是：四国的送达地点并不限于当事人的住所、居所、营业所、事务所等地点，而只要送达主体遇到了受送达人，无论在任何地点均可以进行送达。参见谭秋桂：《德、日、法、美四国民事诉讼送达制度的比较分析》，载《比较法研究》2011 年第 4 期。

送达路径不畅。出现这种现象的主要原因是，相关法律没有明确规定委托送达的期限，为受托法院拖延诉讼提供了空间。[①] 为防止受托法院怠为送达，提升委托送达的效率，《民诉法解释》第 134 条明确规定了委托送达的期限，即在接到委托函和需送达的诉讼文书后，受托法院应当在 10 日内进行送达。

5. 公告送达

首先，增加了公告送达的平台。按照《民诉法解释》第 138 条第 1 款规定，除通过法院公告栏和当事人住所地张贴公告以及通过报纸刊发公告以外，法院还可通过报纸、网络媒体等信息平台刊发公告。其次，规范了在当事人住所地张贴公告的程序。按照《民诉法解释》第 138 条第 2 款规定，通过在当事人住所地张贴公告的方式发布公告的，受诉法院，应当对公告张贴过程进行拍照、录像。最后，明确了公告的具体内容。按照《民诉法解释》第 139 条规定，法院应对公告送达的原因、公告送达诉讼文书的要点、法律后果以及当事人享有的诉讼权利进行说明。这一规定意在保障当事人及时知悉诉讼文书的主要内容及其可能带来的法律后果，从而合理安排自己的诉讼行为。

此外，新《民事诉讼法》第 125 条关于对被告送达起诉状副本和对原告送达答辩状副本的规定，第 126 条关于向当事人送达案件受理通知书和应诉通知书的规定，第 132 条关于通知共同诉讼当事人参加诉讼的规定，第 49 条对当事人查阅和复制案卷资料的权利之规定，以及第 56 条关于依职权通知第三人参加诉讼的规定，也均是我国在诉讼法层面保障当事人知悉权的具体体现。

(二) 保障陈述权的法律规定

我国民事诉讼程序中关于保障当事人陈述权的法律规定，主要体现在以下几个方面：

第一，当事人在诉讼语言使用方面的权利。按照《民事诉讼

---

① 参见王次宝：《论我国民事送达制度的改革路径与方向——以 2015 年〈新民诉解释〉的相关规定为中心》，载《山东科技大学学报 (社会科学报)》2016 年第 6 期。

法》第 11 条规定，当事人具有使用本民族语言以及文字从事诉讼活动的权利，而且法院也应在少数民族的聚居区使用当地通用的文字和语言进行裁判，此外，法院应为不通晓审判所用语言和文字的当事人提供翻译人员。

第二，当事人发表辩论、质证意见的权利。按照《民事诉讼法》第 12 条规定，当事人有权在诉讼中发表辩论意见，即当事人享有辩论权。具体而言，辩论权是指民事诉讼当事人在法院的主持下，为维护自己的合法权益，就案件的争议事实、证据资料以及法律适用等问题，陈述自己的主张和依据，并对他方当事人的事实主张和证据资料进行反驳和答辩的权利。[①] 一般而言，该权利的行使对象不仅包括案件的事实主张、证据资料、法律适用及诉讼程序上的重要事项。[②] 此外，根据该法第 68 条规定，法院应在法庭上出示证据，并给予当事人发表质证意见的机会。这一条文主要是为了保障当事人的证据结果辩论权。

第三，当事人委托诉讼代理人的权利。按照新《民事诉讼法》第 49 条的规定，当事人有权委托代理人。由于诉讼代理人属于当事人的辅助参加人，因此该制度存在的目的便是，帮助当事人在诉讼中更好地制定诉讼策略和陈述意见。从这个角度上看，赋予当事人委托代理人的权利乃是为了保障当事人的陈述权。

第四，当事人的证据收集、提出权。按照新《民事诉讼法》第 49 条规定，当事人享有收集和提供证据的权利。并且本法第 64 条还规定，对于当事人因客观原因无法自行收集的证据，受诉法院应依职权予以调查。此外，本法第 133 条第 4 项关于审前程序中交换证据和确定案件争点的规定，也有利于当事人固定和收集证据。

---

① 参见江伟主编：《民事诉讼法专论》，中国人民大学出版社 2005 年版，第 99 页；赵钢、占善刚、刘学在：《民事诉讼法（第三版）》，武汉大学出版社 2015 年，第 42 页；全国人大常委会法制工作委员会民法室编：《中华人民共和国民事诉讼法解读》，中国法制出版社 2012 年版，第 23 页。

② 参见刘学在：《违法剥夺当事人辩论权的含义和表现》，载《人民法院报》2009 年 12 月 15 日第 005 版。

(三) 法官释明义务的规定

虽然我国民事诉讼法层面并没有关于法官释明义务的规定，但相关司法解释已经具备了规制该义务的潜在意识。按照《最高人民法院关于民事诉讼证据的若干规定》(以下简称《证据规定》) 第 35 条规定，如果当事人主张的法律关系之性质或民事行为之效力，与法院根据案件事实所认定的结论并不一致，法院应当将其观点告知当事人，使之能够及时调整诉讼请求。通过法院的告知，当事人可及时了解法院的法律见解，从而与法官就本案的法律问题进行讨论，以促使其对案件的裁判走向具有一个预测和判断，作出是否调整其法律主张的决定，进而不会对裁判的最终结果感到诧异。总而言之，这种旨在公开法院法律见解的通知义务，能够在很大程度上防止突袭性裁判的产生。不过，针对法院所公开的法律见解，当事人未必一定需要更改其之前所持有的法律意见，换言之，当事人要么采用自己之前的法律关系主张，要么采用法官的法律关系主张。① 虽然有论者指出，法院在诉讼程序中针对当事人不了解之情形进行说明的行为，均属于其履行释明义务的表现。如果采用这一观点，可能会有更多的司法解释条文可以纳入这一部分的探讨内容。但本书认为，从德国民诉法第 139 条规定看，法官的释明义务具有特定的指代，即，法官针对当事人事实陈述不充分、或明显忽视了重要事实而未发表意见、或对法律的理解错误，或当事人与法院的法律观点并不一致等情形下负有的提示义务和讨论义务。以此观之，在我国法律规定中，能够直接体现法官释明义务的似乎只有《证据规定》第 35 条。

(四) 审酌制度的规定

按照新《民事诉讼法》第 152 条的规定，法院作出的判决书应写明判决结果及理由。其中，判决理由包括事实认定的理由和法律适用的理由。不过，司法机关对于裁判理由涵盖的范围理解得更为

---

① 参见梁开斌、林占发：《法律适用的裁判突袭——兼评〈民事诉讼法〉第 179 条第 1 款第 10 项再审事由》，载《华侨大学学报 (哲学社会科学版)》2009 年第 2 期。

广阔。最高法院于 2009 年出台的《关于司法公开的六项规定》明确指出，裁判文书应充分表述当事人的诉辩意见、证据的采信理由、事实的认定结论、适用法律的推理与解释过程，以达到说理公开的效果。最高法院认为，裁判理由一般应包含三方面的内容：一是，当事人提出的诉讼请求、争议的事实以及理由；二是，裁判所认定的事实结论及理由；三是，法院在裁判中适用的法律依据及理由。[①] 虽然根据上述法律条文和司法机关的观点，我们不能直接得出法院对当事人陈述的意见负有审酌义务之结论，但如果审判法官要想阐述清楚其裁判的推理过程和根据，就必须针对当事人提出的诉讼请求、事实主张以及法律见解进行剖析。否则，其所作裁判很难得到当事人的认可和接受。

(五)缺席审判的规定

如上所述，当事人参与诉讼程序并就裁判重要事项发表意见，是其享有的一项程序性基本权利，但如果当事人可以不受限制地行使这种权利，就会给他方当事人快速实现其权利的程序利益带来侵害，甚至可能造成大量司法资源的浪费，因此，听审请求权的保障必须受到一定的限制，即其不能对诉讼促进义务造成损害。而我国的缺席判决以及证据失权制度就是对这种诉讼理念的具体践行。

新《民事诉讼法》关于当事人未出席庭审的规定涉及第 109 条、143 条、144 条、145 条第 2 款 4 个条文，这之中，第 109 条和第 144 条主要是针对被告未出席庭审的规制，而第 143 条、145 条第 2 款则是针对原告未出席庭审的规定。按照上述规定，如果原告未出席庭审，受诉法院则按撤诉处理，但在原告申请撤诉未被准许而没有出席庭审或被告提出反诉的情形下，法院应作出缺席判决；如果被告未出席庭审，除非被告是必须到庭者而予以据传到庭外，法院皆可作出缺席判决。当然，无论是对原告的缺席判决还是对被告的缺席判决，都必须以合法传唤当事人且当事人不存在正当理由为前提。原因在于，出席庭审是当事人行使听审请求权的具体表现，

---

① 参见奚晓明主编：《〈中华人民共和国民事诉讼法〉修改条文理解与适用》，人民法院出版社 2012 年版，第 318 页。

在一定程度上讲，缺席判决是对听审请求权的限制乃至剥夺，而这种不利益的课加必须以当事人存在可归责于己的事由，即其在得知庭审讯息的情形下自愿放弃了参加诉讼的机会。

(六) 证据失权规定

我国关于证据失权的法律规定包括新《民事诉讼法》第 65 条，以及《民诉讼法解释》第 101 条、102 条。按照新《民事诉讼法》第 65 条规定，当事人应在法院确定的举证时限内提供用以支持其事实主张的证据。如果当事人确实存在困难无法在举证时限内提供，应向受诉法院申请延长举证期限。对于逾时提供证据材料的当事人，受诉法院必须责令其阐述理由，并根据不同情形分别作出处理：如果当事人逾时提供证据存在正当理由，法院应将其举证行为视为未逾期；倘若当事人拒不阐述理由或理由不成立，法院可视具体情形作出不采纳证据，或采纳证据但给予当事人训诫和罚款的司法制裁。对于上述两种情形，《民诉法解释》第 101 条和第 102 条分别进行了细化。前一条文规定明确了何为"正当理由"，即当事人是因为客观原因而逾时提供证据的，此时，法院应将其举证行为视为未逾期。后一条文则进一步细化了逾时举证行为的失权标准和法律后果。首先，逾时举证行为是否失权的标准在于，当事人对逾时提供证据是否存在故意或重大过失。如果存在故意或重大过失，法院则不采纳其提出的证据，反之，法院则应采纳该证据，只需对逾时举证的当事人进行训诫即可。不过，即便是在当事人对逾时提供证据存在故意或重大过失的情形下，如果该证据与案件事实具有关联性，法院依旧应予采纳，只需对逾时举证的当事人课以训诫和罚款即可。

(七) 关于救济途径的规定

从现行法规定看，我国为听审请求权提供的救济路径主要有二审程序、再审程序以及第三人撤销之诉。

1. 二审程序

按照新《民事诉讼法》第 164 条规定，当事人如果不服基层法院的一审裁判，可向上一级法院提起上诉。这似乎意味着，只要当事人对第一审裁判不服均可提出上诉，至于说当事人是基于何种原因提起上诉则在所不问。但是，根据新《民事诉讼法》第170条第1款规定，如果原裁判认定事实清楚、适用法律正确，法院应维持原裁判，只有在其认定事实或适用法律错误、基本事实认定不清、遗漏当事人以及违法缺席判决等严重违反法定程序的情形下，二审法院才会撤销原裁判，并分别作出径直改判、变更或发回重审的处理。这也就意味着，只有在这三种情形下，当事人提出的上诉申请才能得到二审法院的支持，具有救济权益的实际意义。而在以上列明的二审事由中，唯有违法缺席审判涉及了听审请求权的侵犯。可见，民诉法为听审请求权提供的救济空间并不"宽裕"。不过，《民诉法解释》第325条对这一范围进行了拓展，将审判组织组成不合法、审判人员应回避未回避、无诉讼行为能力人未经法定代理人代理诉讼、违法剥夺当事人辩论权等情形，纳入了新《民事诉讼法》第170条第1款第4项之严重违反法定程序的范畴。其中，"未经法定代理人代理诉讼"和"违法剥夺当事人辩论权"均属于侵犯听审请求权的情形。如此看来，该条款无疑拓展了当事人利用二审程序救济听审请求权的空间。

2. 再审程序

按照新《民事诉讼法》第200条规定，涉及侵犯听审请求权的再审事由主要有6种：1. 原审裁判将未经质证的证据作为认定事实的主要依据，侵犯了当事人的证据辩论权；2. 原审法院没有依职权调查当事人因客观原因无法自行收集的证据，侵犯了其证据收集权；3. 无诉讼行为能力人未经法定代理人代为诉讼的情形，侵犯了被代理人的陈述权；4. 应参加诉讼的当事人因不可归责于己的事由而未参加诉讼，侵犯了当事人的知悉权和陈述权；5. 原审法院违法剥夺当事人的辩论权；6. 原审法院未合法传唤当事人便对其缺席判决，侵犯了其知悉权和陈述权。而《民诉法解释》第391条又对"违法剥夺辩论权"进行了细化，将其分为4种情形：1. 原审法院在庭审中不允许当事人发表辩论意见；2. 原审法院应当开庭审理案件却未开庭；3. 原审法院违法送达起诉状副本或上诉状副本，以致当事人无法行使辩论权；4. 原审法院违法剥夺当事人辩论权的其他情形。其中，第4种情形为兜底条款。可见，当事人可通过启动再审程序，对其受侵犯的知悉权、陈述权(质证权、辩论权)等听审请求权的具体性权利予以救济。

3. 第三人撤销之诉

新《民事诉讼法》第 56 条第 3 款专门规定了第三人撤销之诉。按照本条款规定，该救济程序的启动要件有 4 个。一是，原告应为第 56 条前 2 款规定的有独立请求权的第三人和无独立请求权的第三人。前者是指，对原诉讼之诉讼标的有独立请求权的第三人；后者则为，虽无独立请求权但原诉讼裁判结果与他有法律利害关系的第三人。① 二是，第三人没有参加原诉讼程序存在不可归责于己的理由，譬如，法院未依职权通知其参加诉讼，或者其遇到了自然灾害等不可抗力。三是，第三人能举证证明已生效的裁判文书或调解书内容错误，并对其民事权益造成了损害。四是，第三人必须在知道或应当知道权益受损之日起 6 个月内向原审法院提起诉讼。这意味着，当事人要想成功地启动第三人撤销之诉程序，必须举证证明其完全符合以上四个要件。② 换言之，当事人不仅要证明自己非因可归责于己的理由未参加原审程序，而且要证明原裁判文书、调解书存在部分或全部的内容错误，更要证明原审裁判文书、调解书损害了其民事实体权益。

二、非讼程序中的法律规定

我国并未对非讼程序进行单独立法，而是和普通程序一起被规定在民事诉讼法之中。按新《民事诉讼法》第 15 章之"特别程序"规定，我国非诉案件主要包括选民资格案件、宣告失踪或死亡案件、认定无民事行为能力人或限制民事行为能力人案件、认定财产无主案件、确认调解协议案件以及实现担保物权案件等 6 种类型。从民诉法第 15 章的各项规定看，直接体现听审请求权保障的法律条文

① 参见赵钢、占善刚、刘学在：《民事诉讼法学》，武汉大学出版社 2013 年版，第 115~119 页。

② 参见吴泽勇：《第三人撤销之诉的原告适格》，载《法学研究》2014 年第 3 期。

有三个：

其一，新《民事诉讼法》第 182 条第 2 款规定，法院在审理选民资格案件时，起诉人、选举委员会代表以及相关公民必须到庭参加诉讼；而同条第 3 款又规定，法院应将其作出的判决书在选举日之前送达选举委员会和起诉人，并通知有关公民。前者意在保障程序相关人的程序参加权，而后者则是为了保障相关人的知悉权。

其二，新《民事诉讼法》第 184 条第 2 款规定，在宣告失踪或死亡的案件中，申请人必须提供公安机关或其他相关机关出具的关于公民下落不明的书面证据资料。该条文是关于证据提出权的规定。

其三，新《民事诉讼法》第 189 条规定，在认定公民无民事行为能力或限制民事行为能力的案件中，该公民的代理人应由其近亲属担任，如果近亲属之间发生相互推诿之情况，则由审理法院在其近亲属中指定一名代理人。在此过程中，若被指认无民事行为能力或限制行为能力的当事人的健康状况允许，法院应征询其本人的意见。换言之，程序关系人对于其法定代理人的指定具有发表意见的机会。

此外，《民诉法解释》也有两处涉及听审请求权保障的条文表述。一是，该解释第 370 条规定，在审查实现担保物权案件中，法院可询问启动实现担保物权程序的申请人、被申请人以及其他利害关系人；二是，该解释第 374 条规定，如果程序相关人认为，适用特别程序即非讼程序作出的裁判存在错误，可以向作出裁判的法院提出异议。前一条文是关于保障陈述权的法律规定，属于事前保障制度；而后一条文是关于相关人程序救济的规定，属于事后保障制度①。

三、现代型诉讼中的法律规定

由上可知，在现代型诉讼中，对于潜在当事人的听审请求权保

---

① 如果将程序性错误也纳入裁判错误的范畴，那么相关人也可通过提出异议救济其听审请求权。

障主要体现在诉讼代表人的选任、当事人的通知以及当事人的加入
与退出等制度上。

（一）代表人诉讼

在我国民事诉讼法层面，专门用来处理群体性纠纷的诉讼模式
主要为代表人诉讼。就我国代表人诉讼而言，其关于听审请求权保
障的内容主要体现在两处：其一，关于当事人的通知和加入制度。
按照新《民事诉讼法》第 54 条第 1 款规定，对于诉讼标的为同一种
类，一方当事人人数众多且在起诉时人数还未确定的案件，法院可
发出公告，通知潜在的当事人在特定期间内向法院登记。也就是
说，法院通过发布公告的方式保障潜在当事人知悉权，而当事人通
过向法院登记的方式加入代表人诉讼。其二，关于推选代表人的制
度。按照同条第 2 款规定，所有向法院登记的当事人可以推选代表
人，基于自身利益和所有被代表人的利益从事诉讼活动；在当事人
无法推选出诉讼代表人时，应由法院与参加登记的当事人商定诉讼
代表人的人选。而被代表人也可以通过推选的诉讼代表人间接向法
院传递自己的意见，从而影响裁判的结果。

（二）证券类示范判决机制

2016 年 5 月 25 日，最高人民法院与中国证监会联合下发了
《关于在全国部分地区开展证券期货纠纷多元化纠纷解决机制试点
工作的通知》（以下简称《通知》），决定专门为解决证券期货类群体
纠纷创设一种示范判决机制。关于这一机制的条文表述是："证券
期货监管机构在清理处置大规模群体性纠纷的过程中，可以将涉及
投资者权利保护的相关事宜委托试点调解组织进行集中调解。对因
虚假陈述、内幕交易、操纵市场等行为所引发的民事赔偿纠纷，需
要人民法院通过司法判决宣示法律规则、统一法律适用的，人民法
院应当及时作出判决。"可见，该制度与德国的示范诉讼比较相像，
均是通过一个典型案件抽取出隐含在群体性纠纷中的共同争议问
题，予以先行裁判，并将该判决作为裁判其他关联诉讼的基础。不
过，该制度还处于探索阶段，相关规定还比较粗疏，目前尚无关于
听审请求权保障方面的规定。

第二节　我国现行法规定之检视

从现行法规定看，我国不仅为听审请求权的提供了事前制度保障，而且为其规制了事后的制度保障。这说明我国关于听审请求权的制度保障已粗具规模。但也应看到，现有相关法律规定还存在着明显的不足。这种不足在听审请求权的事前、事后制度保障上有着各自不同的表现。

一、事前制度保障之检视

（一）制度保障不够充分

我国民诉法对听审请求权的事前制度保障之不足主要表现为，送达制度对当事人的程序保障不足、当事人的证据收集手段不够丰富，法官审酌义务并不明确，法官释明制度尚未完全确立等方面。

1. 送达制度之不足

就当事人的程序性权利保障而言，我国送达制度的不足主要体现以下四个方面：

其一，直接送达之受送达人的范围依旧不够广泛。目前而言，世界上很多国家都在尽可能地扩大除当事人本人以外受送达人的范围。以德国为例，按照其民诉法第 170 条、第 171、第 172、第 178 条规定，除当事人本人以外，法院也可以向其代理人、法定代理人、授权受送达人、成年的家庭成员、家中的佣人、成年的长期共同居住的人、营业场所工作的任何一人、机构的领导以及被授权的代理人进行送达。但根据我国新《民事诉讼法》第 85 条规定，我国当事人本人以外的受送达人仅限于同住成年家属、法人或组织的法定代表人以及负责收件人、代理人、指定代收人。可见与德国相比，我国直接送达之受送达人的范围还不够广泛。

其二，留置送达的适用条件并不严格。德国民诉法第 181 条规定，法院在对当事人本人以外的受送达人适用留置送达时，往往存在较为严格的条件限制，对留置送达的地点、程序以及保存方式的可靠性和安全性等均有明确的要求。这些条件设置的目的在于，通过规范留置送达的适用程序，以最大程度地保障当事人的知悉权。但是，按照我国新《民事诉讼法》第 86 条和《民诉法解释》第 130 条的规定，对于所有当事人以外的受送达人，法院在直接送达无果后均可进行留置送达，而对留置送达的地点以及保存方式的安全性等内容并无要求。如果缺失了这种条件限制，法院对当事人以外之受送达人进行的留置送达，并无法确保当事人本人能够实际收悉诉讼文书，而很可能导致其错失参与诉讼的机会。这某种程度地反映出，我国立法者对于送达制度的设计主要是着眼于诉讼程序的顺利推进，不自觉地忽视了对诉讼当事人听审请求权的程序保障。

其三，电子送达制度的程序保障尚不充分。虽然电子送达能够凭借迅捷的电子科技和现代通讯技术对当事人进行快速而精准的送达，进而大为提升诉讼文书的送达效率并降低其送达成本，但是电子送达本身也存在一定的局限，譬如技术层面或操作层面的漏洞、用户身份的准确性以及电子技术使用群体的有限性等，均可能对电子送达带来风险，进而损害受送达人的知悉权。[1] 可是，目前我国并未对电子送达的程序启动、受送达人身份之核查、送达回证之证明等问题进行明确规定，使得程序保障与司法效率之间的矛盾突出。[2]

其四，我国对公告送达方式的适用标准规定得不够细化。对于何种情形构成"其他方式无法送达"或"下落不明"的问题，我国相关法律并未作出说明。由于没有明确的操作标准，实践中法院对公告送达的使用往往带有较大的随意性。

2. 证据收集制度之不足

虽然民诉法赋予了当事人证据收集权，但对于当事人收集证据的手段或方式并未明确，仅规定了当事人在因客观原因无法收集证据的情形下可以申请法院依职权调查的证据收集方式。而在司法实践中，法官对当事人提出的证据调查申请往往把握得过于严格，使

---

① 参见宋朝武：《民事电子送达问题研究》，载《法学家》2008 年第 6 期。

② 参见张卫平主编：《最高人民法院民事诉讼法司法解释要点解读》，中国法制出版社 2015 年版，第 99 页。

得当事人难以有效行使证据收集权。这表明我国对于当事人证明权的制度保障还比较薄弱。但与之形成对比的是，我国民事诉讼程序已经确立了明确的证明责任制度，一旦当事人无法对其主张的事实提出证据，便需要承担由此带来的不利后果。其结果是，在证据收集手段缺失的情形下，我国民事诉讼当事人很难向法庭举证，而不得不承担败诉的后果。正如有学者指出的那样，目前我国民事诉讼程序面临的一个急需解决的问题是，当事人证据收集权的缺位与其主张、举证责任过重之间的紧张关系。因此，完善当事人在证据资料收集方面的程序和手段，将是我国民事诉讼充实程序保障的一个重要方向。①

3. 法官审酌制度之不足

就法官的审酌义务而言，我国现行法并未规定法院在庭审中负有认真听取当事人及其诉讼代理人陈述意见的义务；而且对于裁判理由的具体内容也未进行详细说明。因此，在实践中，法院并不认真倾听乃至无故打断当事人及其诉讼代理人的发言；并且也很少在裁判文书中针对当事人的重要事实主张或法律观点予以回应，交代不予采纳当事人陈述意见的理由。对此，学者们多有批判。尤其是对法官裁判说理的现状，学界批判的最为激烈。这种批判主要聚焦于两大问题：一是，在事实认定部分，法官只是简单列举相应证据，而没有对证据采信及理由、证据与事实认定的逻辑关系作出必要说明；二是，在法律适用部分，法官只是列举法条名称，没有说明法条内容、事实与法律之间的逻辑关系。②

4. 释明制度之不足

首先，关于法院释明义务的法律规定层级较低，仅存在《证据规定》这一司法解释层面。但在大陆法系国家及地区，一般都会将

---

① 参见段文波：《程序保障第三波的理论解析与制度安排》，载《法制与社会发展》2015 年第 2 期。

② 参见孙光宁：《判决理由的详略之辩：基于判决的可接受性》，载《广西社会科学》2012 年第 6 期；王韶华：《司法公开与审判秘密》，载《人民司法（应用）》2014 年第 5 期；龚海南、石珍：《司法实质公开之困境与突围》，载《人民司法（应用）》2014 年第 11 期；等等。

法官的释明义务明确规定在民事诉讼法条文之中。① 这一定程序上反映出，我国立法者并没有意识到法官积极履行释明义务对于当事人听审请求权的保障之重要性。

其次，释明的对象非常有限。从现行法规定看，我国释明制度仅适用于法院与当事人就法律关系产生不同认识的情形。也就是说，法院的释明义务只针对法律见解，并不适用于事实主张。这意味着，即便在当事人出现了陈述不完整的情形，法院也不负有提示义务。这种现状并不利于当事人充分地行使其陈述权。

再者，我国法官的释明义务仅是指提示义务，法律并未对法院与当事人负有的讨论义务予以规制。由于法律规定上的疏漏，我国法官在庭审中通常不会适时地向当事人公开其心证或者法律观点，以致当事人无法对其攻击防御行为是否足够、充分形成预判，也无法在此基础上有针对性地补充发表于己有利的意见，进而弱化了当事人对裁判行为的实质影响力。

最后，我国未对法官履行释明义务的时间、方式、程序等内容予以规制。这样一来，法官在司法实践中对于释明义务的履行便会具有随意性，而不受必要的限制。

(二) 与其他程序法原则的协调不佳

1. 缺席审判制度中的表现

其一，对于原被告缺席情形课以不同的法律后果，不符合民事诉讼之武器平等原则。对于原告而言，其缺席庭审只是带来按撤诉处理的后果，这意味着，原告还可就此争议再次提起诉讼，这对其实体权益并无任何影响；但就被告而言，其未出席庭审往往被法官视为一种"心虚"、"理亏"的表现，加之，其并不具有就裁判重要事项具有发表意见的机会，因此缺席判决的结果对其大多是不利的②。

---

① 参见刘学在：《民事诉讼辩论原则研究》，武汉大学出版社 2007 年版，第 222~223 页。

② 笔者在与我国中部某省某市的一些基层法官的座谈中发现，很多法官往往将被告不参与庭审作为一项否定性的心证依据，即认为正是由于被告"心虚"才不参加庭审活动，如果没有明显证据表明原告所述事实不真，就会作出被告败诉的裁判结果。

这样一来，原、被告本无实质差异的诉讼行为却招致完全不同的法律后果，有违民事诉讼之武器平等原则。①

其二，法官在缺席审判作出前并未给予当事人至少一次的辩论机会，这不符合听审请求权限制之比例要求的要求。在德日两国的缺席审判制度中，法院在作出审判前应给予当事人至少一次陈述意见的机会，并且缺席判决的条件已经成熟。而这种程序设计是为了尽可能保障当事人的听审请求权。②虽然整个缺席审判制度是对当事人行使听审请求权的一种限制，但这种限制应满足比例原则之必要性要求，而不应超过合理的限度。换言之，即便是在限制听审请求权的制度中，立法者也要对权利人设计相应的"补墙"规定，将此种不利影响限制在最小限度内，不致对听审请求权保障的核心领域造成侵犯。但是，我国民诉法并未就缺席判决的作出条件进行限制。这种立法上的粗疏很容易导致法院滥用缺席判决制度，进而侵犯当事人的听审请求权。这表明，我国法院在协调诉讼效率和程序保障两种原则的过程中，缺乏明确的方法指引，以致对当事人听审请求权的限制超过了必要限度。

2. 证据失权制度中的表现

由上可知，我国现行法对逾时提供证据行为持有一种非常宽容的态度。在我国民事诉讼中，一个逾时提出的证据若要产生失权的后果，其必须满足当事人存在主观上的故意或重大过失，不存在无法按时提供证据的客观原因，且该证据与案件事实之间不具有关联性等要件。这会导致逾时提出的证据资料很难被赋予失权的后果，因为当事人提供的证据资料一般都是与案件事实具有关联性，否则证据的提出也就不具有实际意义。可见，我国对于失权制度的规定从过于严格已经滑向了过于宽松。事实上，在大陆法系国家及地

① 参见陈桂明、李仕春：《缺席审判制度研究》，载《中国法学》1998年第4期；另见章武生、吴泽勇：《论我国缺席判决制度的改革》，载《政治与法律》2002年第5期。

② 参见占善刚：《我国民事诉讼中当事人缺席规制之检讨》，载《法商研究》2017年第6期。

区，证据失权制度的设立，是为了在程序保障与诉讼促进义务以及司法资源有效利用之间寻求衡平。因此，法官是否适用失权规定的核心标准在于，当事人逾时举证是否导致了诉讼拖延，从而造成对方当事人的程序利益受损和司法资源的浪费。然而，从现行法规定看，我国认定逾时举证的行为的核心标准是行为人的主观状态。虽然这种制度设计能令逾时举证的当事人拥有足够时间行使其证明权，进而充分保障其行使听审请求权；但是，它也会导致失权制度本身所体现的诉讼效率价值落空，因为，对方当事人很可能因此而难以及时终结诉讼，进而无法安排自己的正常生活，而本应配置在更急需地方的诉讼资源也会被不当占用。

3. 非讼程序中的表现

从我国现有法律规定看，只有个别的非讼程序对听审请求权中的个别具体权利进行了规制，譬如，被认定为无民事行为能力或限制民事行为能力的当事人，对其法定代理人的指定具有发表意见的机会；再如，在审查实现担保物权案件中，申请人、被申请人以及其他利害关系人享有接受法院询问的权利等。虽然非讼程序以快速实现程序相关人的实体权益为主要目标，具有迅捷性、简易性和经济性等特征，但是作为一种处理民事法律关系的司法程序，其同样应为当事人提供最低限度的程序保障即听审请求权保障。[①] 听审请求权保障并不是对其中某一个权利进行保障，而需要成体系地对当事人的知悉权、陈述意见权和法官的审酌义务、释明义务进行全面安排。但是，我国非讼程序并未对听审请求权提供足够完备的制度保障，一方面，并不是所有的非讼程序均设立有听审请求权的保障制度，另一方面，即便有一些非讼程序设立了听审请求权的保障制度，也没有对其全部内容予以规制，譬如法官的审酌义务、释明义务。可见，我国非讼程序关于听审请求权保障的法律规定还十分粗疏，不成体系。而这种制度保障上的疏漏也进一步反映出，立法者在设计非讼程序时过于注重对程序效率价值的追求，而忽视了对程

---

① 参见郝振江：《论非讼事件审判的程序保障》，载《法学评论》2014 年第 1 期。

序相关人进行必要的程序保障。

4. 现代型诉讼中的表现

在代表人诉讼中，未参加诉讼之当事人的听审请求权已经得到了一定程度的保障。但依然存在一些不足。首先，在受通知权方面，公告的方式并不能充分保障当事人能及时收到诉讼系属的信息。其次，该制度仅规定了加入制，并未给当事人提供退出代表人诉讼的机会，由于代表人的诉讼行为可能会侵犯到当事人的利益，或当事人加入诉讼后可能想作出新的诉讼策略安排，如果不给予其退出诉讼的机会，就会造成当事人接受其并不愿意接受的裁判结果。最后，法律并未对诉讼代表人的选任条件进行规制，这有可能造成一些并不具备诉讼能力或条件的当事人充当代表人，进而不利于对其他当事人之合法权益的维护。此外，就我国目前正在探索中的证券类示范判决机制而言，其并无关于听审请求权保障的任何规定，因此还存在更大的完善空间。

二、事后制度保障之检视

如上所述，我国为听审请求权设置了二审、再审以及第三人撤销之诉等事后制度保障。但就目前而言，这种事后的制度保障还存在很大的不足。

（一）权利救济的内容不够全面

就二审程序而言，虽然我国现行法没有设置明显的上诉门槛，但是从撤销原判，或发回重审或自行改判的具体条文上看，上诉审救济的程序瑕疵仅包括，遗漏当事人以及违法缺席判决等严重违反法定程序的情形，以及审判组织组成不合法、审判人员应回避未回避、无诉讼行为能力人未经法定代理人代为诉讼、违法剥夺当事人辩论权等情形。可见，二审程序救济的程序瑕疵并没有囊括当事人知悉权受侵犯的情形、意见审酌请求权受侵犯的情形（如裁判说理不足或存在冲突的情形）、法院未履行释明义务造成突袭性审判的情形以及证据失权规定适用错误的情形。

就再审程序而言，其所治愈的程序瑕疵包括质证权受侵犯的行为，证据收集权受侵犯的行为（依职权调取证据的申请被不当驳回)，无诉讼行为能力人未经法定代理人代为从事诉讼活动的情形，当事人因客观原因未参加诉讼的情形，剥夺当事人辩论权的行为，未经合法传唤缺席审判的行为，送达方式不合法剥夺当事人辩论权的行为等。由此可知，意见审酌请求权受侵犯（譬如裁判说理不足或存在冲突的情形）、法院未履行释明义务造成突袭审判以及证据失权规定适用错误等程序瑕疵均无法通过再审途径予以治愈。事实上，这些被立法疏忽的程序瑕疵对当事人听审请求权的侵害往往是致命的，譬如，裁判理由是检测法院是否听取并斟酌当事人陈述意见的重要"窗口"，如果法院说理不清或不充分，我们就无从判断当事人的陈述意见是否对法院裁判产生了实质影响，因此非常有必要通过特定的救济途径对这类程序瑕疵予以治愈。

此外，在我国民事诉讼中，二审和再审程序只针对严重违反听审请求权的行为进行救济。这意味着，那些庭审发言受到法官不当干预，或遭受法院粗暴打断，抑或送达方式不合法但辩论权未被剥夺的当事人，便无法通过现有法律路径予以治愈。由于听审请求权保障的目的在于，维护当事人的尊严及其程序主体地位，进而提升裁判结果的可接受性，因此，那些听审请求权受损不太严重的行为，即便并未导致事实认定错误或法律适用错误，也需要进行治愈或纠正。这也是由程序正义的独立价值所决定的。换言之，审判的正当性并不仅需要满足实体正确或依法裁判的条件，而且需要当事人负有实质意义地参与了诉讼程序。但遗憾的是，这些轻微的程序瑕疵目前并不能通过既有的诉讼途径予救济。

综上，无论是我国的上诉程序还是再审程序，对于程序性瑕疵的治愈范围依旧过窄，从而难以对当事人的听审请求权进行全面而有效的救济。

(二)救济途径的设计欠缺实效性

在我国，听审请求权受侵害的当事人只能通过启动二审或再审程序救济其合法权益，而无法在同一审级程序中对这类程序瑕疵予以治愈。但在德国，当事人往往可以通过一些同审级的程序救济其听审请求权。一是，当事人可通过行使程序异议权及时纠正法院的不当行为。以缺席审判制度为例，按照德国法规定，如果当事人对于缺席判决不服，可声明异议，一旦异议成立，原审判决将回复至判决作出以前。这种制度安排使得当事人能够在同一审级中对听审请求权进行救济。[①] 但在我国，当事人只能通过上诉或再审程序，对未经合法传唤的缺席判决予以矫治。这往往会造成诉讼成本的增加和诉讼程序的繁杂，不利于当事人及时救济其听审请求权。二是，当事人还可通过听审责问程序救济其听审请求权。德国法对于失权规定适用错误的案件，法院因疏忽未合法送达、或将文件归错案卷等"故障案件"，法院遗漏当事人的诉讼请求或错误计算赔偿金额的"错误案件"，以及法院未及时履行提示义务而使当事人充分行使陈述权的"指示案件"设立了听审责问程序，以保障当事人可通过同审级的纠错程序救济其听审请求权。[②] 但是，我国并不存在这种救济程序，使得当事人只能通过上诉或再审程序救济其听审请求权。而与听审责问这种同审级的权利救济途径相比，我国为听审请求权提供的救济路径显然不具有及时性。

（三）第三人撤销之诉的门槛过高

在大陆法系国家及地区，第三人撤销之诉的创设目的，仅在于为第三人的听审请求权（程序参与权）提供救济，并无矫治实体错误的任务。但是，按照我国民诉法规定，当事人要想成功提起第三人撤销之诉，不仅要证明其听审请求权受到侵犯和不参加诉讼具有不可归责于己的事由，而且要证明原审裁判存在内容错误且侵犯了其实体权益。这意味着，我国立法者是将程序瑕疵与实体错误捆绑在一起，共同作为该制度之启动要件的。这实际上提升了第三人撤销之诉程序的准入"门槛"，增加了第三人救济其听审请求权的难度，明显具有不合理性。

综上所述，我国立法和司法解释在贯彻听审请求权保障理念过程中的问题大致可以归为三类：

---

① 参见李浩：《民事诉讼当事人的自我责任》，载《法学研究》2010 年第 3 期，第 131 页。

② 参见田平安、蓝冰：《德国民事法定听审责问程序》，载《金陵法律评论》2007 年秋季卷。

其一，对听审请求权的程序保障不够充实。首先，在送达制度中，立法者并未对当事人以外受送达人进行留置送达的地点、方式之可靠性予以考量；对于电子送达的启动要件、身份核查等程序保障措施也没有规制。其次，在证明权的保障制度中，法律对当事人的证据收集手段规定得不够充足。最后，在事后保障制度中，既有制度可以救济的具体性权利并未覆盖听审请求权的全部内容，而且立法者为听审请求权提供的救济途径也不够完备，缺乏实效性。

其二，各个具体保障制度之间缺乏关联性。在大陆法系国家和地区，所有保障具体性权利的诉讼制度，都是围绕如何确保当事人充分行使听审请求权这一个核心问题展开的，其最终目的均在于，当事人陈述的意见能够负有实效地影响到裁判结果。关于知悉权的制度设计，意在保障当事人能够及时了解诉讼系属、对方当事人的陈述以及案卷资料，进而有针对性地展开攻击防御；关于陈述权的制度设计，意在确保当事人对裁判所依据的事实、证据、法律见解均有表达意见的机会；关于法官审酌义务的制度设计，是为了保障受诉法院确实认真听取了当事人的陈述意见，并在作出裁判时对当事人意见进行充分的考量；而关于法官释明义务的履行，是为了弥补当事人攻击防御能力的不足，促使其及时了解自己陈述内容的不完备性或认知上的偏差，进而展开有效的攻击防御。虽然我国民诉法和相关司法解释也已不同程度地规定了，旨在保障知悉权、陈述权、意见审酌请求权和突袭裁判请求权的诉讼制度，但各个制度并无太大关联，处于一种"分裂割据""各自为战"的局面。譬如，我国对送达制度的设计主要是立足于诉讼程序的顺利推进，解决"送达难"的问题，而忽视了送达制度本身的可靠性保障；又如，我国裁判说理制度主要是立足于审判公开的角度，并不强调法院针对当事人所发表的意见回应性要求，这一点与大陆法系有明显区别①；

---

① 以德国为例，法官履行说理义务是基本法上听审请求权的应然要求，当事人有权要求法院在裁判文书中阐述对案件事实、心证结果以及法律适用的观点和理由，法院必须了解并考量当事人发表的意见。参见曹志勋：《对民事判决书结构与说理的重塑》，载《中国法学》2015年第4期。

再如，我国对于法官释明义务的规制，并未凸显其对当事人陈述的辅助作用，更没有强调法官就重要的事实或法律问题与当事人进行讨论的内容。

其三，制度设计对不同程序价值的协调性较差。首先，以电子送达制度为例，其意在实现诉讼文书送达的简易性和快捷性目标，带有追求诉讼经济和诉讼效率两种价值的痕迹，但是对电子诉讼制度的启动程序、身份核查等程序保障措施却没有详细规定。其次，在缺席判决制度中，法律对于受缺席判决当事人未给予至少一次陈述意见的机会，不符合听审请求权保障的充分性要求；且对原告缺席与被告缺席设置了不同法律后果，有违武器平等原则。最后，在非讼程序和现代型诉讼程序中，立法者对于听审请求权保障的规定非常薄弱，且不成体系，这说明，立法者在设计非讼程序和现代型诉讼时过于注重对程序效率价值的追求，而忽视了对程序相关人进行必要的程序保障。

产生上述问题的原因主要有两个：一是，我国民事诉讼领域缺乏一个关于听审请求权保障的程序法原则，使得各个具体保障制度之间缺乏关联，难以形成合力，且无法对诉讼程序的建构发挥其立法指导功能；二是，我国立法技术不够成熟，缺乏协调各种程序法价值的方法。在这之中，第一个原因最为关键，因为它是上述问题的最佳突破口，一旦我国在民事诉讼法层面建立了听审请求权保障原则，不仅可以将各个具体制度统合在一起，形成凝聚力，而且可以发挥其立法指导功能，对民事诉讼程序予以重塑。至于听审请求权保障与其他程序法价值的冲突，完全可以在法律原则层面按照比例原则予以协调。

第三节　我国司法实践现状之检视

法律上的疏漏为法院不履行听审请求权保障义务提供了便利条件，使得当事人程序性权利的实现往往面临这样或那样的问题，甚至衍生出听审请求权频频受损的司法问题。

一、粗疏式送达

在我国司法实践中，无论是直接送达还是邮寄送达抑或公告送达，均存在粗疏式送达的情形。所谓粗疏送达，是指送达人员对于诉讼文书的送达工作存在疏忽随意、敷衍塞责甚至直接违法的现象。[①] 对此现象，通过列举以下几则案例便可窥见一斑。

案例1：在"许某某等与牛某某等农村房屋买卖合同纠纷上诉案"中，一审法院向被告送达开庭传票的地址，并不是原审诉状及庭审中记载或确认的送达地址，并且原审案卷中也没有关于该送达地址的任何记载。据此，二审法院认为，"你院依据上述未经审查核实的地址向二上诉人送达开庭传票并对本案缺席裁判，严重违反法定程序。"[②]

案例2：在"深圳市三盟通讯技术有限公司与深圳市东灏电池有限公司买卖合同纠纷案"中，一审法院送达给被告三盟公司的开庭传票、应诉通知书、举证通知书、民事起诉状、证据副本均由蒋某某于2015年6月9日签收。但是该签收人并未经过被告三盟公司的授权委托。对此，二审法院认为："本案中，原审法院在未依照法律规定向三盟公司送达诉讼文书的情况下，违法缺席裁判，严重违反法定程序，侵害了当事人的诉讼权利，应发回重审。"[③]

案例3：在"陈某某与邓某某民间借贷纠纷再审案"中，一审法院对被告进行了留置送达，但送达回证上只有两名法院送达人员的署名，并无见证人署名或盖章，也未在送达回证上记明拒收事由、时间和地点以及被邀请人不愿到场见证的情形。对此，再审法院给出的回应是："送达方式上有瑕疵，但有瑕疵并不等于未送达，且送达的地点确实为陈远志（被告）在衡阳市的住处，因此并未侵犯

---

① 参见陈杭平：《"粗疏送达"：透视中国民事司法缺陷的一个样本》，载《法制与社会发展》2016年第6期。

② 引自《山东省威海市中级人民法院〔2015〕威民一终字第1006号民事裁定书》，法宝引证码，CLI. C. 9594853。

③ 引自《广东省深圳市中级人民法院〔2015〕深中法商终字第2943号民事裁定书》，法宝引证码，CLI. C. 15633816。

当事人的诉讼权利。"①

这种"粗疏送达"现象在适用公告送达的案件中表现得更为突出。按照新《民事诉讼法》第 92 条第 1 款的规定，在当事人下落不明或通过其他方式无法对其送达的情形下，法院可以适用公告送达。但是，在司法实践中，法院在未穷尽其他送达方式的情形下就直接适用公告送达的案件并不在少数。通过浏览以下三则案例，我们便能对这种现象有所了解。

案例 4：在"乔某某诉金某某房屋买卖合同纠纷案"中，一审法院在向乔某某邮寄送达开庭传票时，错误填写乔某某的住址，导致因地址欠详未向一审被告实际送达开庭传票。一审判决生效后，被告以一审法院送达程序违法为由申请再审。再审法院认为："原审法院在没有查询及穷尽直接送达手段，即直接公告送达，违反适用公告送达程序的法定条件，其缺席审判违反法定程序。"②

案例 5：在"李某某诉彭某房屋买卖纠纷案"中，"本院再审认为，本案一审卷中无向李某某直接或邮寄送达传票的相关材料，只有公告送达传票的材料，在送达程序上存在瑕疵"。③

案例 6：在"李某申请金融借款合同纠纷申诉申请案"中，法院认为："根据《中华人民共和国民事诉讼法》第 92 条的规定，受送达人下落不明，或者用本节规定的其他方式无法送达的，公告送达。公告送达具有补充性，应在穷尽其他送达方式均不能送达时方可使用。本案原审法院先后向李某的公司所在地和李某的户籍所在地邮寄送达诉讼材料，未果后未直接送达，迳行公告送达，属于未穷尽其他送达方式，不符合民事诉讼法的上述规定。"④

---

① 引自《衡阳市中级人民法院〔2011〕衡中法民申字第 40 号民事裁定书》，法宝引证码，CLI. C. 839124。

② 引自《北京市第三中级人民法院〔2014〕三中民提字第 05147 号民事裁定书》法宝引证码，CLI. C. 8074039。

③ 引自《重庆市第一中级人民法院〔2013〕渝一中法民提字第 00021 号民事判决书》，法宝引证码，CLI. C. 2750231

④ 引自《北京市第三中级人民法院〔2016〕京 03 民申 507 号民事裁定书》，法宝引证码，CLI. C. 8680427。

以上案例表明，我国法院在送达诉讼文书时往往存在"得过且过"、"差不多就行"的心态，以致当事人的受通知权并未得到应有的保障。这也在一定程序上反映出我国司法机关对当事人程序性权利的冷漠与忽视。

二、选择性说理

司法实践中，二审和再审法官作出的裁判文书，往往仅就当事人的实体争议问题进行厘定和说理，很少对当事人听审请求权受侵犯的程序性主张予以回应。即便在有所回应的裁判文书中，法官对程序问题的论述也着墨甚少。而这样的判例在实践中大量存在。

案例7：在"陈某某等诉某某财产损害赔偿纠纷案"中，陈某某等因不满二审裁判而提起再审，两当事人声称："……二审法院在开庭时阻止陈某某、陈某辉发言，剥夺了陈某某、陈某辉的辩论权。"再审法院认为："陈某某、陈某辉认为原审判决错误，提出了其他的理由，但都无充分证据予以证明，不予支持。"[①]

案例8：在"仪征白金翰宫夜总会与蔡某某合同纠纷上诉案"中，一审原告认为："一审程序违法，一审开庭时不让徐某某、郭某参加庭审，剥夺了仪征白金翰宫夜总会的陈述及辩论权，故请求上诉法院撤销一审判决，依法改判或将案件发回重审。"但上诉法院却认为，仪征白金翰宫夜总会在一审程序中委托了律师参加庭审，已经充分发表了辩论意见，其提出的一审法院剥夺其陈述权和辩论权之主张，没有事实依据，故不予支持。[②]

案例9：在"戴耐德语言软件系统开发(北京)有限公司与王某某劳动争议纠纷上诉案"中，原告以"一审法院违反法定程序，剥夺我公司辩论权"为由提出了上诉请求。但上诉法院对该主张的回应是，"戴耐德公司的事实依据不足，本院不予采纳。故驳回其上

---

① 引自《吉林省高级人民法院〔2017〕吉民申 978 号民事裁定书》，法宝引证码，CLI. C. 9054417。

② 引自《江苏省扬州市中级人民法院〔2016〕苏 10 民终 2880 号民事判决书》，法宝引证码，CLI. C. 8848476。

诉请求，维持原判"。①

案例 10：在"李某诉张某房屋租赁合同纠纷案"中，李某申请再审称："原审过程中，原审法院于 2016 年 7 月 27 日采用 EMS 向申请人送达开庭传票，该送达回执记载'上门无人接收手机无人接听'被退回，原审法院于 2016 年 8 月 4 日 9 点缺席审理。原审法院上述做法违背了剥夺了再审申请人的辩论权。"对此，再审法院的回应是，"关于送达问题，经查原审送达程序合法"。②

案例 11：在"邵某等诉宁波维科物业服务有限公司物业服务合同纠纷案"中，邵某、邵某康申请再审时称，原审法院剥夺了申请人的辩论权，没有庭审记录就作出判决。对此再审法院认为："至于邵某、邵某康提出的其他再审申请理由，因缺乏事实与法律依据，不予采信。"③

案例 12：在"资兴煤矸石发电有限责任公司诉迪尔集团有限公司建设工程施工合同纠纷案"中，再审法院对于当事人程序性主张的回应是："关于一、二审法院是否剥夺资兴公司辩论权问题。经查，一、二审法院审理程序合法，未有剥夺资兴公司辩论权的情形。"④

无论在域外还是在我国，对于原审判是否存在程序瑕疵，法院一般需要在查证原审庭审记录基础上才能予以判断。由于当事人一般并不掌握庭审记录，往往需要受诉法院向原审法院调取这类证据。但是，从以上判决书的裁判理由中，我们根本无从判断法院是否调取并查证了原审庭审记录，因为法院针对当事人程序性主张的回应非常简陋，往往只是一笔带过。但与之形成鲜明对比的是，审

---

① 引自《北京市第二中级人民法院〔2016〕京 02 民终 9563 号民事判决书》，法宝引证码，CLI. C. 8713955。

② 引自《天津市第二中级人民法院〔2017〕津 02 民申 25 号民事裁定书》，法宝引证码，CLI. C. 8953560。

③ 引自《浙江省高级人民法院〔2016〕浙民申 3043 号民事裁定书》，法宝引证码，CLI. C. 8974978。

④ 引自《山东省高级人民法院〔2016〕鲁民申 2678 号民事裁定书》，法宝引证码，CLI. C. 8989419。

判法官却愿意花费大量篇幅阐述其对案件实体问题的认定结论及理由。可见，对于当事人的程序性主张，实务部门采取了一种选择性回应的说理策略。

虽然在一些场景下，当事人主张的二审或再审事由非常简略，也不排除当事人通过附带性提起程序问题，增加启动二审或再审程序之成功几率的射幸心理；但是，对此行为，法院完全可以通过行使释明权，促使当事人就原审法院侵犯其辩论权之事实进行具体化陈述或提供相应证据，进而有针对性地回应当事人的主张。尤其在当事人已明确辩论权被剥夺之具体缘由的情形，法院仍旧一笔带过式地回应当事人的程序性主张，显然有些说不过去。因为，这已违背了法官的审酌义务，侵犯了当事人的听审请求权。

事实上，这种侵犯听审请求权的案件并不在少数。从笔者所梳理的案例情况看，在随机抽取的 200 份以剥夺当事人辩论权作为上诉或再审事由的案件中，164 份判决是以"当事人无法提供证据证明"或"没有事实依据"作为简单理由来回应当事人诉请的，20 份判决根本没对当事人主张的剥夺其辩论权的事实作出任何说明，只有 16 份判决是在查阅原审庭审笔录和当事人提供之证据以后，对当事人程序性主张进行了有针对性的说明。① 不可否认，有限样本的考察并不能勾勒出司法实践的全部样态，但它至少能够反映出，我国司法机关对当事人提出的程序瑕疵方面的诉讼请求和事实主张，并不愿意进行详细的回应和说理。这足以表明，法院对当事人的程序性权利并不重视，依然存在"重实体、轻程序"的思想。

三、突袭性裁判

此外，法官在诉讼审判中经常不履行释明义务，认定双方当事人均未主张的事实或适用超出当事人预测的法律意见，以致造成突袭裁判。下面将通过梳理三类典型的突袭裁判案例对这种情况予以

---

① 笔者曾以"程序违法"为关键词在北大法宝数据库进行检索，发现共有判决书 21234 个上诉和再审裁判，并从中随机抽取了 200 个案件作为抽查样本，以分析我国法官对当事人陈述的意见之审酌样态如何。

说明。

案例 13：在"信达公司石家庄办事处与中阿公司等借款担保合同纠纷案"中，因冀州中意公司向债权人出具了愿意对该笔贷款的本息承担连带还款责任的承诺书，法院认定 182 万美元借款的担保人已从原担保人中阿公司转移到冀州中意公司，并据此判决原担保人中阿公司不再承担连带清偿责任。债权人信达公司对这一判决不服并提出上诉，其上诉理由是"原审被告冀州中意公司和被上诉人中阿公司在原审中主张的均是'债务转移'，而从未提出过担保人变更的抗辩，一审法院也未将其列为法庭调查的重点，未进行质证。一审法院擅自以未经法庭调查和充分质证的理由来认定案件的关键事实，显然是违反法定程序的行为"。[1]

在本案中，受诉法院将未经双方当事人发表意见的事实资料作为裁判依据，属于典型的突袭性裁判。在大陆法系的理论与实践中，突袭裁判属于严重侵犯当事人听审请求权的行为，因此应予以禁止。

案例 14：在"浙江桔乡建设有限公司与台州市博展门窗有限公司建设工程分包合同纠纷上诉案"中，桔乡公司上诉称：在一审中，其是以原告主体不适格从事的抗辩和举证行为，如果一审法院认为法律关系成立，原告的主体适格，应向其释明，但两次开庭审理法院均没有释明。二审法院却认为："本院经审查认为，桔乡公司作为原审被告，虽然其主张的法律关系主体与法院审理后认定的不一致，但审判人员未对此进行释明并不影响桔乡公司的程序参与权。"[2]

在本案中，原告主体适格的问题属于诉讼成立的法定要件，如果原告主体资格不适格，该诉讼就无法成立，法官应作出驳回诉讼的裁判，反之，应继续审理本案。这一问题显然对裁判结果具有重

---

① 引自《中华人民共和国最高人民法院〔2005〕民二终字第 200 号民事判决书》，法宝引证码，CLI. C. 67393。

② 引自《浙江省台州市中级人民法院〔2016〕浙 10 民终 157 号民事判决书》，法宝引证码，CLI. C. 8342642。

要意义。按照听审请求权保障的基本要求，如果法院在法律见解上与当事人存在认知差异，应将其意见向当事人释明，使当事人对该法律意见具有发表意见的机会。因此，一审法官未履行释明义务的行为，显然构成了突袭裁判。但二审法院对此程序瑕疵却置之不理，使当事人救济听审请求权的路径受阻。

案例 15：在"汤某娟诉平安银行股份有限公司大连西岗支行服务合同纠纷案"中，法官认为："原告以被告客户的身份，向被告咨询理财产品信息，被告作为基金的销售服务机构，向原告介绍案涉理财产品等投资信息，原被告构成金融服务法律关系。现原告以被告没有评估客户风险承受度，欺骗基金保本为由，主张赔偿经济损失。虽然原告主张被告构成侵权责任，但因为原告的诉讼目的在于取得赔偿，对于是合同纠纷还是侵权纠纷，并非双方关注的焦点，无论是按照合同违约责任处理，还是按照侵权责任处理，原被告均已经充分行使了辩论权，都没有超出原告诉讼请求范围，故本院对双方纠纷直接审理并作出处理。"[①]

在本案法官看来，当事人双方就本案法律关系提出的观点，并不属于辩论权的保障范围。事实上，本案属于请求权竞合的情形，即当事人既可以基于案件事实提起合同违约之诉，也可提起侵权之诉。此际，法官应就两种法律关系的差异向当事人释明，促使其在两种请求权之间作出合理的选择，否则，必将造成突袭性裁判。理由是，合同纠纷与侵权纠纷的法律构成要件不同，由此导致当事人承担举证责任的状态也不尽一致，而这种差异又会对当事人攻击防御策略的安排产生巨大的影响。在这种情形，若法院不予释明就直接按照合同纠纷裁判案件，而当事人在庭审环节却是围绕侵权行为展开的攻击防御，定然会使裁判结果超出当事人的正常预期。

四、听审请求权救济困难

由上可知，我国法官在司法实践中并不注重对当事人听审请求

---

① 引自《大连市西岗区人民法院〔2016〕辽 0203 民初 3490 号民事判决书》，法宝引证码，CLI. C. 37780416。

权进行保障，以致经常发生送达方式不合法、不审酌当事人意见以及突袭性裁判的司法现象。但是另一方面，诉讼当事人要想对其听审请求权进行救济却又十分困难。这明显地体现为，当事人如果仅以辩论权、质证权或受通知权受侵犯为理由提起二审或再审，受诉法院往往不予支持。①

从笔者对相关裁判文书的梳理情况看，法官作出不支持当事人程序性主张的理由大致分为两类：

其一，原审法院的不当裁判行为并不构成程序瑕疵。譬如，在上文的案例 3 中，再审法院认为，原审法院在送达方式上虽有瑕疵，但这并不意味着诉讼文书就没有送达当事人，且送达地点确实是当事人的实际住处，故没有侵犯其程序权利。② 又如，案例 14 中，二审法院认为，虽然原告主张的法律关系之主体与法院认定的并不一致，但法官对此没有释明也不会侵犯当事人行使诉讼参与权。③ 再如，在案例 15 中，在原告依据侵权关系提起诉讼并与对方当事人展开攻击防御的情形下，一审法院未经释明便直接依据合同法律关系裁判案件。按照《证据规定》第 35 条，法官就案件所涉法律关系与当事人的认识不一致时，应向当事人予以释明。然而，上诉法院却认为，无论依据何种法律关系处理本案，当事人双方都已经进行了充分的攻击防御，没有超出当事人诉讼请求，因此原审法院对此不予释明并无不当。复如，在"宁波市鄞州万泰来模具五金厂诉宁波盛泰力固五金有限公司定作合同纠纷案"中，万泰来模具五金厂认为，其两次向二审法院提交了答辩意见，但是二审法院在判决书并未列明其答辩意见，也未对此进行回应，实质上剥夺了其行使辩论权的机会。但再审法院认为，"对《中华人民共和国民

---

① 在笔者以"送达不合法""剥夺辩论权""未说明裁判理由""突袭裁判"为检索词从北大法宝数据库中随机收集的 268 个案例中，只有 14 份判决支持了当事人的程序性主张，而其余 254 份判决均作出了不予支持的裁判。

② 引自《衡阳市中级人民法院〔2011〕衡中法民申字第 40 号民事裁定书》，法宝引证码，CLI. C. 839124。

③ 引自《浙江省台州市中级人民法院〔2016〕浙 10 民终 157 号民事判决书》，法宝引证码，CLI. C. 8342642。

事诉讼法》第 200 条第 9 项规定的'剥夺当事人辩论权利',《最高人民法院关于适用〈中华人民共和国民事诉讼法〉的解释》第 391 条列举了不允许当事人发表辩论意见、应开庭而未开庭审理等四类情形予以解释。经查,本案并不存在上述司法解释所列情形,故万泰来厂提出的该项事由不成立,本院不予支持。"①在学理上,法官在裁判文书中对当事人的辩论意见予以列明、斟酌,是其审酌义务的应有之义,否则,便会构成对听审请求权的侵犯。但该案认为,二审法院不予审酌当事人辩论意见的行为,并不构成程序瑕疵。可见,在这种情形下,上级法院对程序瑕疵认定标准的把握显然失之过严,将许多本应认定为侵犯当事人听审请求权的行为排除在权利救济的范围之外。②

其二,虽然认定原审法院存在程序瑕疵,但并未导致裁判实体上的错误。譬如,在"谢某某诉台州市路桥小商品批发市场有限公司定金合同纠纷案"中,"二审期间,谢某某还曾申请二审法院前往路桥区信访局调查案涉商户的信访情况,二审法院对该调查取证申请未作回应,程序上确有欠缺。但该证据应属当事人自行举证的范围,亦不致影响当事人实体权利。因此,谢某某关于本案程序违法的再审理由,难以成立。"③又如,在"青岛市企业发展投资有限公司与青岛朗讯科技通讯设备有限公司公司决议纠纷案"中,对于一方当事人在起诉状、和法庭调查中并未主张,且对方当事人也未

---

① 引自《浙江省高级人民法院〔2016〕浙民申 2472 号民事裁定书》,法宝引证码,CLI. C. 8751370。

② 与之类似的案例还有,"洪客隆百货投资(景德镇)有限公司诉景德镇宇新房地产开发有限公司租赁合同纠纷案",《中华人民共和国最高人民法院〔2017〕最高法民申 1216 号民事裁定书》,法宝引证码,CLI. C. 9764182;"岳德宇与北京世纪卓越信息技术有限公司等著作权权属、侵权纠纷上诉案",《北京知识产权法院〔2017〕京 73 民终 649 号民事判决书》,法宝引证码,CLI. C. 10547427;《张某某、李某房屋买卖合同纠纷案》,《广东省深圳市中级人民法院〔2017〕粤 03 民终 12817 号民事判决书》,法宝引证码,CLI. C. 10769087;等等。

③ 引自《浙江省高级人民法院〔2015〕浙商提字第 4 号民事判决书》,法宝引证码,CLI. C. 6249124。

举证、质证和辩论的事实，一审法院没有进行任何释明便将其作为关键事实予以认定并据此作出判决。因此上诉人主张一审裁判构成裁判突袭，请求上诉法院撤销该判决并予以改判。但二审法院认为，"至于上诉人关于原审判决的程序问题，因并非遗漏当事人的重大程序瑕疵，对本案实体的审理并无实质影响，上诉人关于程序违法的上诉理由，不能成立，本院亦不予支持。"①在第一个案件中，原审法院没有回应当事人的证据调查申请，显然属于侵犯当事人证据申请权的情形，而在第二案例中，原审法院认定当事人并未从事辩论的事实主张，且将其作为裁判的事实依据，显然构成了对当事人听审请求权的侵犯，但是，由于这些程序瑕疵均未造成裁判实体上的错误或者影响到当事人的实体权利，上级法院均作出了不支持当事人诉请的裁判。可见，在这种情形中，对于存在侵犯当事人听审请求权之程序瑕疵的原审裁判，上级审判机关往往采取"睁一只眼闭一只眼"的纵容态度，而寄希望于当事人能够对此程序性问题予以"自行消化"。②

虽然也有一些法院支持了当事人的程序性主张，但这种情况往往存在其他的"外力介入因素"，譬如，检察机关就该程序性瑕疵提起了抗诉，或该程序瑕疵有可能影响实体公正。

案例 16：在"陈某某诉重庆市渝北区龙溪医院医疗过错损害赔偿纠纷抗诉案"中，重庆市高级人民法院认为："鉴定人员出庭接受质询或书面答复质询意见是对鉴定结论进行质证的延伸，这有利于辨明鉴定结论的科学性和真实性。根据最高人民法院《证据若干规定》第 59 条'鉴定人应当出庭接受质询，鉴定人确因特殊原因无法出庭的，经人民法院准许，可以书面答复当事人的质询'的规

---

① 引自《山东省青岛市中级人民法院〔2016〕鲁 02 民终 2137 号民事判决书》，法宝引证码，CLI. C. 8432695。

② 再如，"张涛等诉福州金海岸房产服务有限公司居间合同纠纷案"，《福建省福州市中级人民法院〔2016〕闽 01 民终 1168 号民事判决书》，法宝引证码，CLI. C. 10040802；"王文与绿地地产集团徐州新诚置业有限公司商品房销售合同纠纷上诉案"，《江苏省徐州市中级人民法院（2016）苏 03 民终 5908 号民事判决书》，法宝引证码，CLI. C. 9733375；限于篇幅不再一一列举。

定，一审法院应对陈某某提出的《鉴定人员出庭申请书》予以准许。但一审法院违反相关规定，未组织鉴定人员出庭接受质询或书面答复当事人的质询意见，致使本案的主要证据鉴定结论的质证过程存在瑕疵，有可能影响案件的正确处理。抗诉机关的理由成立，予以支持。"①

案例17：在"（申请人）樊某某诉西安霖豪广告文化有限公司等提供劳务者受害责任纠纷案"中，樊某某、杨某某、辛某某三人共同拆除展位的过程中，杨拴智被倒塌的石膏板墙砸伤。二审法院在未通知樊某某参加庭审的情形下，认定其与霖豪公司存在承包关系，判决其承担90%的赔偿责任。再审法院认为："一审中各方当事人均未主张樊某某为承包人，且无证据证明樊某某从中盈利。故樊某某的再审申请符合《中华人民共和国民事诉讼法》第200条第2项规定的情形，予以支持。"②

通过分析以上案例可以发现：在我国司法实践中，即便当事人的听审请求权受到了侵犯，如果没有与实体错误相伴而生，或检察机关监督力量的介入，当事人要求纠正程序瑕疵的主张，便很难得到二审或再审法院的支持。这进一步说明，我国法官对程序瑕疵持有一种非常宽容的态度。当然，对于那些只存在轻微程序瑕疵的裁判，如果动辄就通过二审或再审程序予以撤销，确实不利于程序安定，也有违诉讼经济价值。但是，对于侵犯当事人听审请求权这种严重的程序瑕疵，如果法院也是一种"得过且过"的纵容态度，不仅会动摇整个诉讼制度的正当性基础，也会令司法的公信力丧失。

综上，在我国司法实践中，大量存在法官送达方式不合法、不审酌当事人陈述意见、不履行释明义务等严重侵犯当事人听审请求权的现象。虽然我国已经初步确立了关于听审请求权保障的法律制度，但是，司法机关却对既有法律规定"置之不理"，不愿积极履

---

① 引自《重庆市高级人民法院〔2010〕渝一中法民再终字第2号民事裁定书》，法宝引证码，CLI. C. 1089543。

② 引自《陕西省高级人民法院〔2017〕陕民申2537号民事裁定书》，法宝引证码，CLI. C. 10778895。

行保障义务，频频侵犯当事人的听审请求权。这足以说明，我国听审请求权保障缺乏必要的约束机制。举例而言，法官说理是确保当事人陈述意见对裁判结果产生实质影响的一个重要环节。虽然我国民诉法对法院课以了裁判说理的义务，但这种义务的履行并没有配套的制约机制。一方面，我国二审或再审程序均未将法官不履行说理义务作为程序瑕疵予以规制，因此这种裁判并不会受到否定性评价；另一方面，司法责任制度也未将此种程序瑕疵纳入其调整范围，这意味着，即便法官不履行裁判说理义务，也不会承担任何司法责任。正是由于"违法"成本如此低廉，法官在庭审中才会一再地对当事人表现出"你辩你的、我判我的"的傲慢态度①，并且在裁判文书中也不会就其不采纳当事人陈述意见的理由予以说明。②

本 章 小 结

在我国，现行民事诉讼法及相关司法解释已为当事人听审请求权的实现设置了相应的法律制度。这些制度不仅涉及事前保障措施，也涉及事后保障措施。前者主要包括送达制度、辩论程序、裁判说理制度、释明制度等，后者主要包括二审程序、再审程序以及第三人撤销之诉等司法救济途径。

虽然我国民诉法为听审请求权提供的制度保障已粗具规模，但依然存在很多问题。从现行法规定看，立法者对听审请求权设置的事前保障制度还存在不充分、松散化以及协调性差等缺陷，而对其事后保障制度的设计也存在不周延、不及时、门槛高的问题。在司法实践中，粗疏式送达、选择性说理，突袭性裁判等严重侵犯当事人听审请求权的现象时有发生，但与之极不相称的是，我国法官对于听审请求权的救济却极为乏力，使得当事人无法行使其防御权功

---

　　①　参见张卫平：《转换的逻辑——民事诉讼体制转型分析》，法律出版社年版 2007 年版，第 152 页。

　　②　参见刘敏：《民事诉讼中当事人辩论权之保障——兼析〈民事诉讼法〉第 179 条第 1 款第 10 项再审事由》，载《法学》2008 年第 4 期。

能治愈程序瑕疵，进而维护其合法权益。也就是说，在我国，听审请求权在客观面向和主观面向上的实现路径均受到了阻碍。

在客观面向上，听审请求权的实现路径之所以受阻，根本上是因为我国民事诉讼领域缺乏一个关于听审请求权保障的程序法原则，使得各个具体保障制度之间无法关联在一起，难以形成制度合力，并且不能对诉讼程序的建构发挥其立法指导功能和法解释功能。在主观面向上，听审请求权实现路径受阻的原因在于，我国并未建立起听审请求权保障的约束机制。这具体体现为，我国对法官负有的保障义务规定得不够明确，没有为听审请求权建立完善的救济体系以及法官并不会因为侵犯当事人的听审请求权而遭受司法追责。

第六章　我国听审请求权保障的
完善路径

在法治发达国家，听审请求权往往拥有一个周密而完备的保障体系。首先，立法者以听审请求权保障原则为立法指引，对民事诉讼法中的具体制度予以构建，进而明确听审请求权的基本内容及法院对应的保障义务；其次，如果出现法律规定缺位或法条冲突的时候，作为程序法原则，听审请求权又可直接适用于司法裁判，发挥"拾遗补缺"的作用；最后，在具体案件中，如果法院未履行相关保障义务，侵犯了当事人的听审请求权，当事人还可凭借听审请求权的防御权功能，启动救济程序以间接实现其程序性权利。这一保障体系是围绕听审请求权的主客观面向及其不同功能而建构的。

但反观我国，既没有在法律层面确立听审请求权的程序法原则地位，也没有为当事人行使听审请求权提供相应的制约机制。因此，未来我民事诉讼对于听审请求权的保障，应从确立其程序法原则地位和完善权利实现的制约机制两方面着手，从而为听审请求权的立法指导功能、法解释功能以及防御权功能之发挥创造条件。

第一节　确立听审请求权保障原则

一、我国确立听审请求权保障原则的障碍

从德国和美国的经验看，听审请求权均是在经过宪法规范明确规定以后，才成为程序法基本原则的。但是，我国宪法条文中并没有关于听审请求权保障的明确规定，因此并不具备通过这种路径确立听审请求权程序法原则地位的条件。即便学者们可通过尊重和保

障人权等宪法条款推演出听审请求权保障的内容，也很难像德国和美国那样利用基本权利的合宪解释功能发挥具体作用。这是因为，在德国和美国，基本权利的合宪性解释功能之发挥，完全依赖于宪法实施的监督机构以及违宪审查制度。换言之，西方国家的宪法规定之所以可以在具体的司法活动中得以运用，完全是因为，这些国家为宪法的实施提供了组织和制度保障。反观我国，却并不存在这样的制度背景和法律条件。虽然从学理上看，法院对法律的解释应遵从宪法原则或基本权利所体现的法律精神，固然没有任何疑义，但在现实中，我国并没有为这种合宪解释行为提供任何制度保障。换言之，我国并没有一个类似于德国宪法法院那样具有解释宪法权利的司法机关，也无法对普通法院的法律解释行为进行监督和审查。

当然，即便在尚未建立违宪审查机制的情形下，我国学者也可通过对宪法规范进行扩展性解释，来确立听审请求权的宪法位阶，进而主张将其贯彻在程序法领域。可问题在于，这种解释是一种无权解释。在此情形下，学理上的释宪行为纵然具有再强的解释力和说服力，也无法对法院产生实质拘束力。原因在于，法院在解释法律时即便没有遵守宪法原则，也不会受到任何法律上的规制和责难。基于此，有学者主张，如果考虑到这种现实情况，那种寄期望于通过合宪解释代替"宪法司法化"路径进而促使宪法原则具体实施的想法，未免有些不切实际。[①] 同样，具体到听审请求权保障层面，即便有学者从宪法上的平等原则或人权保障等宪法条款中生发出听审请求权的保障内容，但由于这种解释属于学理解释而非有权解释，其也很对我国的立法机关以及司法机关产生法律拘束力。

不过，即便我国没有在宪法层面对听审请求权进行明文规定，且没有配套的司法审查制度，也并不意味着，域外理论中为听审请求权在两种面向上提供的实现路径，对我国就没有启示意义和借鉴价值了。恰恰相反，就我国民事诉讼法规定而言，这一理论工具依

---

① 参见谢立斌：《宪法解释》，中国政法大学出版社 2014 年版，第 30 页。

然具有可以适用的"土壤"和条件。只不过，我们需要转化一下角度，将听审请求权保障的视角从宪法层面转移到民事诉讼法层面。按照我国新《民事诉讼法》第 12 条规定，当事人在诉讼中享有辩论的权利。从立法机关对辩论权的解释来看，其指代的含义与听审请求权中的陈述权概念大致相当；加之，该法条又被诉讼法学界和实务界视为民事诉讼法的基本原则，因此，我们不妨对民诉法中的辩论权(原则)进行扩张性解释，将其解释为与听审请求权保障原则具有相同意涵的程序法原则。如此一来，凭借客观功能与主观功能的协力配合，我国民事诉讼程序便可以对听审请求权进行充分的保障。

二、辩论原则新解：从辩论主义到听审请求权的转变

在我国，诉讼法学者一直希望借助辩论原则朝向辩论主义的改造，来实现我国诉讼模式由职权主义向当事人主义转换的目的。由于辩论主义是一种划分民事诉讼模式的基本原则，因此一旦在立法上确立了辩论主义原则，就意味着当事人主义诉讼模式在我国也得到了确立。[①] 有鉴于此，学者们一般将辩论主义原则的确立视为建立当事人主义诉讼模式的突破口和关键环节。[②] 毫无疑问，诉讼模式转型理论为我国民事诉讼的现代化改造作出了不可磨灭的巨大贡献。正是在这一理论的指引下，我国民事诉讼程序才从过去的超职权主义模式阶段，迈入了当事人主义诉讼模式的完善阶段。自 20 世纪 90 代开始，我国民事诉讼模式的改革已在民诉法规则层面对大陆法系的辩论主义理念进行了借鉴。这具体表现为：1. 强调诉讼资料必须由当事人引入诉讼程序，法院应针对当事人主张的诉讼

---

① 参见刘学在：《民事诉讼辩论原则研究》，武汉大学出版社 2007 年版，第 77 页。

② 张卫平教授指出，辩论原则既是当事人主义的一环，也是当事人主导性的基础，因此，唯有在我国民事诉讼中建立约束性的辩原则，奠定当事人主导性诉讼体制之基础，诉讼模式转化的目标才能得以实现。参见张卫平：《转换的逻辑：民事诉讼体制转型分析(修订版)》，法律出版社 2007 年版，第 276 页。

资料进行审理；2.确立了自认制度，并明确自认事实对法院裁判的拘束力；3.强化了当事人的证明责任，缩小并限制法院依职权调查取证的范围。[①] 虽然我国民诉法第 12 条并未比照大陆法系的辩论主义进行相应的修改，但有学者认为，随着我国民事诉讼模式转型进程的不断推进，这一现状必会得到根本改观。[②] 而事实上，我国诉讼法学者也确实在朝着这一方向努力。有学者以提出民诉法修改建议稿的方式，主张直接将辩论主义的基本要求规定在我国关于辩论原则的法律条文之中。其具体条文表述为："人民法院审理民事案件时，当事人有权进行辩论。除法律另有规定外，人民法院应当以当事人的诉讼请求、主张的事实和提出的证据为裁判依据，当事人未提出的事实和证据不得作为裁判依据。对于当事人无争议的事实，人民法院应当直接作为裁判的依据。"[③]可见，学者们还是试图比照大陆法系的辩论主义或提出原则，对我国《民事诉讼法》第 12 条规定的辩论原则进行趋同化改造。

（一）我国辩论原则不宜直接改造为辩论主义

然而，从我国立法机关对新《民事诉讼法》第 12 条的释义上看，学界的观点并未使辩论原则沿着大陆法系之辩论主义的方向转变，至少没有成为实务部门解读辩论原则的"指针"。这一点通过立法机关对辩论权的界定及对法院的义务即可看出。

其一，按照立法机关的解释，辩论权是指"在人民法院的主持下，民事诉讼双方当事人就争议的事实、争议的问题以及法律的适用，各自陈述自己的主张和根据，互相进行反驳和答辩，以维护自己的合法权益"。[④] 这表明，我国民诉法中的辩论权与大陆法系的

---

① 参见霍海红：《民事诉讼法理论的中国表达》，载《法制与社会发展》2013 年第 4 期。

② 参见霍海红：《民事诉讼法理论的中国表达》，载《法制与社会发展》2013 年第 4 期。

③ 江伟主编：《民事诉讼法典专家修改建议稿及立法理由》，法律出版社 2008 年版，第 10 页。

④ 全国人大常委会法制工作委员会民法室编：《〈中华人民共和国民事诉讼法〉释解与适用》，人民法院出版社 2012 年版，第 13 页。

辩论主义在内在意涵上有天壤之别。因为，大陆法系之辩论主义主要是在划分法院与当事人对于诉讼资料的提出责任，但我国辩论原则更多的是在强调当事人对裁判重要事项具有发表意见的机会。此外，从适用范围上看，我国辩论原则并不限于事实问题，还包括法律见解。这与辩论主义仅适用于事实问题的基本"定律"并不一致。①

其二，我国法院对诉讼当事人的辩论权负有两方面的义务："一方面，人民法院应当按照法定程序安排双方当事人进行辩论，并保障当事人辩论权的行使；另一方面，人民法院对违反辩论程序、妨害诉讼进行的，有权依法作出处理。"②可见，对于当事人辩论权的实现，我国法院负有积极的保障义务。这种保障义务不仅包括法院依法为当事人行使辩论权创造良好的环境和条件，也包括法院应为辩论权受到侵犯的当事人提供救济途径。简言之，我国对辩论原则的法律规制实则遵循着"当事人权利——法院保障义务"的思路。

不可否认，直到今天，主张在我国引入大陆法系之辩论主义的学术观点，依然具有较强的理论解释力和现实指导意义，也必然会继续为我国民事诉讼的现代化改造提供智力保障和理论支撑。然而，我国立法机关却始终坚持对辩论原则作有别于辩论主义的解读之做法，却不禁让人思考这样一个问题：我国在民事诉讼中引入辩论主义，推行民事诉讼模式向当事人主义的改革，是否一定要通过辩论原则的改造来完成？或者说，我们是否一定从辩论主义的角度来解读我国民诉法第 12 条所规定的辩论权呢？

本书认为，答案是否定的。如上所述，我国民事诉讼审判方式

---

①　一般认为，辩论主义并不要求，受诉法院必须受当事人所提法律见解的拘束。而这一点属于大陆法理论中的共识，而且也已经在我国学界获得普遍性接受。参见刘学在：《民事诉讼辩论原则研究》，武汉大学出版社 2007 年版，第 107 页。

②　全国人大常委会法制工作委员会民法室编：《〈中华人民共和国民事诉讼法〉条文说明、立法理由及相关规定》，北京大学出版社 2012 年版，第 15 页。

的改革在过去 30 年取得的进步主要体现在三个方面：一则，强调当事人对于诉讼资料的提出责任；二则，在规则层面引入了诉讼自认制度；三是，课以当事人对要件事实负有的证明责任。而这三方面的内容也正是辩论主义的内在要求。在大陆法系理论中，辩论主义有三项基本要求：一是，未经当事人主张的事实，法院不得作为裁判基础，否则将受到否定性评价；二是，对当事人已经自认的事实，法院应受自觉其束缚；三是，法院调查的证据只限于当事人提出证据申请的证据，只有对当事人因客观原因无法获得的证据，法院才可依职权主动调查。① 而这也足以说明，我国立法者虽然没有采纳学者们引入辩论主义的思路，即通过改造辩论原则的方式实现民事诉讼模式的转型，但却选择了逐步建立具体诉讼制度的方式，来完成我国诉讼模式向当事人主义诉讼模式的转变。而且从目前的状况看，依赖于这一路径，我国民事诉讼诉讼模式的转型工作也确实取得了很大的进展。譬如，有学者就指出，我国通过分别设立具体制度的方式，已确立了当事人主义诉讼模式的核心内容，即主张责任制度和请求拘束原则。②

　　而我国立法者之所以采取在不改变《民事诉讼法》第 12 条规定前提下的诉讼模式改造路径，很大程度上是因为，该条文承载了我国社会主义的民主价值。有观点指出，辩论原则是建立在当事人双方平等的基础之上，因此它是社会主义民主原则在我国民事诉讼中的具体体现。③ 也有观点认为，该原则是我国宪法赋予公民之民主权利在民事诉讼中的重要体现。④ 这说明，《民事诉讼法》第 12 条具有明显的政治象征意义，已超越了法律思维方式的范畴。由此可

---

① 参见张卫平：《我国民事诉讼辩论原则重述》，载《法学研究》1996 年第 2 期。

② 参见许可：《当事人主义诉讼模式在我国法上的新进展》，载《当代法学》2016 年第 3 期。

③ 参见周道鸾主编：《民事诉讼法教程》，法律出版社 1988 年版，第 53 页。

④ 参见王怀安主编：《中国民事诉讼法教程》，人民法院出版社 1992 年版，第 48 页。

以断言，我国的辩论原则很难会按照学者们的预想，直接转变为大陆法系的辩论主义原则。而更为重要的是，我国的辩论原则除在中文表达上与大陆法系的"辩论主义"接近外，其他任何方面均不具有辩论主义的特质，而更接近于听审请求权保障原则。

（二）辩论原则不宜承载辩论主义与听审请求权两种理念

也有论者指出，我国辩论原则除应赋予当事人发表辩论意见的机会外，还应包括大陆法系辩论主义的三项基本内容。① 质言之，其是将辩论原则解读为承载辩论主义与听审请求权保障两种价值的法律原则。但是，这种将听审请求权保障与辩论原则捆绑在一起的做法，可能会造成理论上的"拧巴"。原因在于，一方面，辩论主义要求法院不得超越当事人提供资料范围裁判案件，而如果法院依据超越当事人可预期的诉讼资料作出裁判，就必须向当事人予以释明，以防止突袭性裁判的产生；但另一方面，积极的释明行为本身又可能导致当事人原本平等的力量对比失衡，进而对当事人主义诉讼模式造成侵害，令职权主义的"幽灵"在我国民事诉讼中"死灰复燃"。这种逻辑上的悖论使人们对辩论原则的理解始终充满困惑，也令释明制度的建立面临正当性基础不牢的问题。

此外，将辩论主义与听审请求权保障原则进行捆绑式的解读，还会不当限制听审请求权保障原则的适用范围。因为，大陆法系的经典理论认为，辩论主义的适用对象仅为事实问题而不涉及法律问题②；而且，这种原则仅适用于当事人主义诉讼模式，与职权探知主义"水火不容"③。这意味着，如果将辩论原则解读为兼具辩论主义和听审请求权两种理念的法律原则，将大大限缩其适用范围。一则，它不能适用于裁判所依据的法律问题，即当事人将丧失针对法律见解发表意见的权利；二则，该原则也不能适用于非讼程序和执

---

① 参见张桂平、祝庭显：《论民事诉讼辩论原则改造的必要性》，载《河北法学》2003 年第 6 期。

② 参见刘学在：《论辩论原则适用的事实范围》，载《法学家》2005 年第 5 期。

③ 参见霍海红：《民事诉讼法理论的中国表达》，载《法制与社会发展》2013 年第 4 期。

行程序，因为后两种程序奉行职权探知主义。

（三）辩论原则更适宜解读为听审请求权保障原则

事实上，我国《民事诉讼法》第12条所规定的辩论权原则，更符合听审请求权的概念、特征及功能。首先，立法机关对于辩论权的界定，侧重于当事人就裁判过程中的事实问题和法律见解发表意见的机会，这与听审请求权中的陈述权概念非常吻合；其次，对于当事人辩论权的行使，我国法院负有保障义务，并且在该权利受到侵犯时，法院应为当事人提供救济路径，这一要求与听审请求权的主观权利性质及其主观功能非常吻合；再者，辩论原则同时也是我国民事诉讼法中的基本原则之一，这意味着，该原则对我国民事诉讼程序的建构以及法院解释民事诉讼法的行为具有指导功能，可见，我国的辩论权也具有客观程序法原则的性质和功能；最后，将我国《民事诉讼法》第12条解读为听审请求权保障原则，不仅不会导致其政治象征意义消失，反而更能彰显我国司法审判的民主性。辩论权被视为社会主义民主在我国民事诉讼中的具体体现，这里的民主指代的是，当事人之间可以进行平等的辩论，而法院裁判时应对当事人的辩论意见充分了解乃至吸收。这与强调人性尊严并倡导维护当事人主体地位的听审请求权具有异曲同工之妙；因为听审请求权强调当事人对于诉讼程序的主体性参与，而不应沦为程序的客体，这种对维护公民人性尊严的制度，同样是一种司法民主的重要体现。①

基于以上论述，为确保当事人在民事诉讼中的程序主体地位，进而能够对裁判结果的形成施加实质影响力，我们不妨将新《民事诉讼法》第12条解读为听审请求权理念指导下的程序法原则，并在解释论上对辩论原则的适用范围进行拓展，将法律见解以及重要的程序问题也囊括到其概念"射程"之内。这样一来，当事人不仅能对法律见解发表意见和陈述观点，同时该原则也能适用于奉行职权主义的非诉程序。

此外，这种解读还可为释明义务和裁判说理义务提供法律依

---

① 参见任凡：《听审请求权研究》，法律出版社2011年版，第104页。

据，并能消解法官释明义务与辩论主义之间的冲突。在传统理论中，释明义务往往被视为辩论主义的补充，从而在诉讼公正理念的指导下来论述其正当基础。其论证逻辑是，倘若当事人因陈述不完备、不充分而失去本应具有的权利，反令深谙诉讼要领的当事人胜诉，明显违背诉讼之公正价值，因此需要赋予法院释明权，防止辩论主义诉讼模式的弊端，进而引导其走向正确的方向。① 但是，这种论证逻辑很容易受到司法被动性和中立性理论的质疑和攻击，使之与当事人主义诉讼模式的整体逻辑无法兼容。原因在于，在当事人主义诉讼模式中，法官的角色被设定为消极中立的干预者，而积极履行释明义务似乎与法官的这一角色并不协调，显得有些"出戏"。② 倘若我们从听审请求权保障的角度界定和解释法官的释明义务，就不会产生这一困境，理由是，无论是在当事人主义诉讼模式中，还是在职权探知主义诉讼模式中，当事人对裁判重要事项均具有发表意见的权利，而作为权利相对人，法院为保障当事人权利的顺利实现，必须积极履行必要的释明义务，向一方当事人告知他方当事人提出了怎样的攻击防御方法，或其所实施的攻防策略尚不充分，或其诉讼行为已偏离了案件的核心争议焦点，抑或其与法院在法律观点上理解并不一致，等等。在这个角度上，法官积极履行释明义务，是听审请求权保障原则对司法机关提出的"硬性"要求，与诉讼程序采用何种诉讼模式并无关联。

至于释明义务的限度或曰与其他诉讼原则的冲突问题，可在听审请求权的客观面向上进行协调。如上所述，作为一种程序法原则，听审请求权在立法或司法活动中的贯彻，均需符合比例原则。因此，法官在履行释明的义务的过程中应保持必要的限度，不得与法官中立原则、当事人平等原则以及法官知法原则相冲突。事实上，我国已有学者欲借此解释路径在我国民事诉讼中确立听审请求

---

① 参见[日]中村英郎：《新民事诉讼法讲义》，陈刚等译，法律出版社2001年版，第178页。

② 参见[日]谷口安平：《程序的正义与诉讼(增补本)》，王亚新、刘荣军等译，中国政法大学出版社2003年版，第146~147页。

权保障原则。该学者指出，目前比较现实的做法是，对我国《民事诉讼法》第 12 条中的辩论原则进行扩张性解释，将其改造为听审请求求权保障原则，并将裁判理由说理、突袭性裁判禁止囊括到辩论权保障的内容。①

结合上述正、反两方面的原因，本书认为，我国诉讼法学者不宜坚持从辩论主义的角度来改造现行民诉法第 12 条，而更适宜从听审请求权保障角度解读它。况且即便将该条文解读为听审请求权保障原则，也不会和我国引进大陆法系辩论主义理念、推行诉讼模式的改革产生冲突。首先，在德国民事诉讼教科书中，听审请求权保障与辩论主义被列为程序法基本原则；其次，德国民事诉讼法上也无关于辩论主义原则或提出原则的直接法律表述，而是通过具体的诉讼制度贯彻实施的。也就是说，我国民事诉讼对于辩论主义诉讼模式的引入，只需通过设立具体的诉讼制度即可完成，而不必一定要通过立法条文来直接表述该法律原则。最后，辩论主义仅是一个学理概念，并非法律术。但听审请求权却为德国法上的一个重要概念，并且是一个具有宪法位阶的程序法原则。

综上，基于我国并无关于听审请求权保障之宪法表述的现实考虑，为更好贯彻这一程序法原则，唯有在程序法层面寻求其法律依据，而《民事诉讼法》第 12 条关于辩论权的规定，恰好为这一方案的实施提供了适宜的条件和"土壤"。

第二节　充实听审请求权的制度保障

一、诉讼程序中的制度充实

(一)送达制度之充实

在对送达制度进行充实完善之前，我国立法者首先需要对送达制度的功能进行准确定位。送达制度的首要功能在于保障当事人的

---

① 参见刘敏：《民事诉讼中当事人辩论权之保障——兼析〈民事诉讼法〉第 179 条第 1 款第 10 项再审事由》，载《法学》2008 年第 4 期。

受通知权，其次才是确保整个诉讼程序的顺利推进。因此，在送达制度的设计上，立法者应优先考虑程序保障价值，而非司法效率价值。在这一立法理念的指导下，我国送达制度应从以下几方面予以完善。

首先，进一步扩大当事人以外之受送达人的范围。在既有受送达人范围的基础上，我国还应将当事人本人家中的保姆、长期共同居住的成年人、营业场所中的所有工作人员，以及工作单位的领导也纳入直接送达之受送达人范围。

其次，严格规范留置送达的适用条件。在我国，法院在对当事人本人以外的受送达人直接送达不成功时，均可适用留置送达。在如此宽泛留置送达主体范围的情形下，如果法院不能确保留置送达地点以及方式的可靠性，那么当事人本人的受通知权就无法得到足够的保障。因此，立法机关应对留置送达的地点和方式的可靠性进行规定，以确保其适于存放诉讼文书，且能够保证该文书能被有效送达至当事人本人。

再者，增加对电子送达的程序保障内容。我国应制定详尽的电子送达规则，对送达程序的启动、当事人身份的核准以及送达回证的证明等问题予以细致规定；并将该送达方式限制适于运用电子送达的案件，譬如存在律师代理的案件等。[1] 此外，应将电子送达定位为其他送达方式的辅助手段，而不宜作为案件的唯一送达方式。[2]

最后，细化公告送达方式的适用条件。就"其他方式无法送达"而言，法院必须通过多种方式对受送达人进行了充分的送达，不能仅在使用一种方式送达无果后就进行公告送达。具体而言，法院适用送达方式的顺序应依次为：直接送达—留置送达—邮寄送达—电子送达—公告送达。就"下落不明"而言，当事人应举证证

---

[1] 参见宋朝武：《民事电子送达问题研究》，载《法学家》2008年第6期。

[2] 参见廖永安：《在理想与现实之间——对我国民事送达制度改革的再思考》，载《中国法学》2010年第4期。

明这一事实的存在，否则，法院便不能通过这一标准适用公告
送达。

（二）证据收集制度之充实

在我国司法实践中，由于自身证据收集能力不足和能够动员的
资源有限，当事人往往难以向法院提供充分的证据，以证明自己主
张的事实为真，以至于不得不承担败诉的结果。事实上，这些证据
资料多掌握在对方当事人或案外人手中，如果当事人能够利用合法
而有效的手段从证据占有人那里获得这些证据，以上的举证困境便
可迎刃而解。① 但是，问题在于，我国民诉法为当事人提供的证据
收集手段非常匮乏。从域外来看，各国诉讼法主要是以设立文书命
令提出制度的方法解决这一问题。按照这一制度，如果相关证据资
料掌握在对方当事人或第三人的手中，当事人一方可以向法院申请
文书提出命令，法院经审查认为当事人申请有理由时，应当向资料
占有人发布文书提出命令。凭借这一制度，可以有效弥补当事人之
间的信息不对称问题，进而有效保障当事人的证据收集权。② 就我
国而言，立法者完全可以借鉴这一制度，为当事人收集证据提供必
要的制度保障。此外，我国还可以借鉴域外立法中关于提升当事人
证据收集能力的规定，譬如，证据开示程序（discovery）和当事人照
会程序等制度。③

（三）法官审酌制度的充实

法官履行审酌义务是为了保障当事人充分行使陈述意见的权
利，因此其内容的设计应始终以当事人能够有效、充分行使陈述权
为中心。基于此，我国法官审酌制度的构建应从以下三方面进行。
首先，立法机关应规定法院在庭审中负有认真听取当事人及其诉讼
代理人发言的义务，除为维护庭审秩序和向当事人作出必要的释明

---

① 参见刘学在：《民事诉讼辩论原则》，武汉大学出版社 2007 年版，第
315 页。

② 参见王春：《当事人收集证据权利的程序保障研究》，载《海南大学学
报（人文社会科学版）》2005 年第 2 期。

③ 参见唐力：《司法公正实现之程序机制——以当事人诉讼权保障为侧
重》，载《现代法学》2015 年第 4 期。

外，不得随意打断当事人及其诉讼代理人的发言；其次，我国应在立法上明确法官的裁判说理的具体内容，即法官必须针对当事人的争议焦点和对裁判具有重要影响的事项进行说理，尤其是对于没有采纳的当事人之事实主张和证据资料，法官应尽可能详细地说明理由。而且，这种说理在逻辑上应当具有连贯性，不得前后冲突。最后，立法上应将法官说理不充分或逻辑前后矛盾的情形纳入二审和再审事由，以对法官履行裁判说理的义务提供约束机制。

（四）法官释明制度之充实

首先，提升释明义务的法律规定层级。我国应在诉讼法层面增加专门规定法官释明义务的法律条文，以彰显释明义务对保障当事人切实行使陈述意见权的重要性，引起法官对这一义务的重视。

其次，增加法院对当事人事实陈述的提示义务。对当事人事实陈述存在的疏漏或者有待补充的地方，法院应及时提醒其作进一步补充。尤其在出现新的事实争点时，法院更应将该争点及时告知双方当事人，以使两造能够围绕该争点发表有针对性的辩论意见。如法院在言词辩论终结后发现其并未履行这一义务，以致当事人未被赋予就该争点发表意见的机会，应重启辩论程序，确保当事人具有补充陈述或辩论的机会。

再次，课以法院就裁判重要事项与当事人的讨论义务。法院应适时公开其暂定的心证和法律见解，使当事人能有针对性地陈述意见，继而与法院进行充分的沟通交流，尽量缩小其与法官的认知差距，从而避免突袭裁判的发生。当然，为协调听审请求权保障与"法官知法"原则的关系，法院与当事人就法律见解进行讨论的义务，应只限于其不公开法律见解会对当事人形成突袭性裁判的情形。具体而言，其主要包括以下3种情形：1.对当事人明显忽略或认为不重要的法律观点，法官却想将该法律观点作为裁判的依据；2.法院在诉讼中已经明确表述或间接表明其法律观点，但随后却改变了这一法律观点，而当事人对这一变化并不知晓；3.法院与当事人的法律见解并不一致，如果法院不向当事人作出提示，当事人就不会意识到这种差异，譬如，当事人双方均按照侵权法律关系从事的攻击防御行为，但是法院却试图以合同法律关系审理案件。①

最后，明确释明义务的履行时间、程序要求。按照德国民诉法第 139 条第 4 款规定，法院应尽早对前 3 款情形中的事实或法律问题作出释明，并且书面记录其释明行为。而在审查法院是否及时履行释明义务时，法院只能通过书面记录之内容予以证明。这一规定不仅能规范法院的释明行为，促使其尽职履责，而且可以为当事人或上级法院监督其裁判行为提供客观化的标准。因此，为规范法官的释明行为，确保当事人听审请求权的有效落实，我国民诉法也应借鉴这一做法，对法院履行释明义务的时间和程序要求予以明确。

（五）缺席审判制度的完善

其一，我国应将原告缺席情形与被告缺席情形予以同等规制，即在符合特定条件下，法院也可对原告作出缺席审判。原因在于，原告不参加庭审与被告不参见庭审均是怠于行使听审请求权的行为，从某种角度看，二者都具有不履行诉讼负担的性质，故而按照民事诉讼中的武器平等原则，法律应对二者进行同等规制。② 其二，诉讼法应明确规定，法官在缺席审判作出前需给予当事人至少一次的辩论机会。当然，这种辩论的形式并不限于口头辩论，也可通过书面的形式进行。具体而言，我国民诉法可规定任一方当事人在未参加庭审时，其在书状中记载的意见将被视为其于庭审中的口头辩论，由出席的一方当事人对该书面陈述的意见进行单方辩论。倘若作出缺席判决的条件已经成熟，法院需终结辩论程序并作出缺席裁判，反之，法院应宣布下一次庭审的期日，以继续诉讼的审理。③

---

① 参见蓝冰：《德国民事法定听审权研究》，西南政法大学 2008 年博士学位论文，第 178 页。

② 参见陈桂明、李仕春：《缺席审判制度研究》，载《中国法学》1998 年第 4 期；另见章武生、吴泽勇：《论我国缺席判决制度的改革》，载《政治与法律》2002 年第 5 期。

③ 参见占善刚：《我国民事诉讼中当事人缺席规制之检讨》，载《法商研究》2017 年第 6 期。

（六）民事失权制度的完善

证据失权制度是基于诉讼促进义务对当事人行使听审请求权作出的限制。因此，唯在当事人逾时提出的攻击防御方法造成诉讼拖延的情形下，法院才有必要不审酌当事人提出的陈述意见。德国民诉法第282条第1条规定，任一当事人应依诉讼状况，适时提出攻击防御方法，特别是其主张、争执、否认、抗辩、证据方法、证据抗辩等，以符合谨慎注意及促进诉讼之进行。同法第296条第1款规定，攻击防御方法逾期提出者，除法院认为不致延迟诉讼，或不可归责当事人外，不得再行提出。可见，德国人判断逾时提出攻击防御方法的当事人是否产生失权效果的核心标准是，该行为是否造成诉讼拖延。而我国民诉法对证据失权的规定显然忽视了这一核心要件，只注重当事人的主观状态如何，进而从过于严格滑向了过于宽松的状态。为协调程序保障与诉讼效率之间的关系，我国立法机关应将"造成诉讼延迟"补充到关于证据失权的法律条文中，以使证据失权回归其制度本意。同时，为最大限度保障逾时举证当事人的听审请求权，民诉法应赋予其在失权裁定作出前发表意见的机会。

二、非讼程序的制度充实

如上所述，非讼程序具有其特殊的程序价值追求，即以快速实现当事人的实体权益为目标。因此，我国立法者在设计非讼诉讼制度时，应做好听审请求权与程序效率价值之间的平衡。如果出现听审请求权保障与程序效率价值冲突的情形，立法者应在不损及程序效率价值的前提下尽可能地贯彻听审请求权保障原则。具体而言，我国立法者应从以下几方面对非讼程序关系人的听审请求权予以保障。

首先，非讼程序应当保障程序关系人的知悉权。虽然非讼程序并不奉行对席和口头主义裁判案件，但是，对于一些裁判的重要事项，当事人也应当具有发言的机会，而为了保障当事人陈述的有效性和针对性，非讼案件的审判法官也应当将他方当事人的意见告知当事人。同时，法院也应将案件的审理结果告知程序关系人，以使其在对审理结果不满的情形下能够及时利用其它途径救济其合法权利。此外，立法者还应赋予程序相关人阅览卷宗的权利，因为这是其事后审查非讼案件审判法官之裁判行为妥当性与否的唯一路径。

其次，非讼程序应当保障程序关系人的陈述权。在非讼程序中，法院对于案件的审理适用职权主义，因此法院并不需要将双方当事人传唤到庭，但是由于非讼程序的处理结果也会影响到申请人和被申请人的实体权益，因此，法院必须为程序关系人提供陈述意见的机会，且需要认真听取并审酌当事人陈述的意见。当然，为了保障非讼程序的顺利进行，当事人陈述意见的方式完全可以由法院视具体案情予以自由裁量，换言之，这种陈述意见的方式既可以是口头的，也可以是书面的。

再次，非讼程序应当赋予法院以释明义务。为了保障程序相关人能够充分行使陈述权，还应赋予法院在相关人事实陈述补充分以及其与程序相关人存在法律意见相左情形下的释明义务，以使相关人可以及时调整自己的攻击防御策略，保障陈述权行使的充分性和有效性。只有这样，才能预防突袭性裁判行为的产生。这一点即便是在注重效率价值的非讼程序中同样需要得到贯彻。

最后，非讼程序应赋予法院以审酌义务。这种审酌义务具有两方面的含义：一是，法官应当认真听取并斟酌程序相关人对裁判重要事项所发表的意见；二是，法官应当在裁判文书中对程序相关人的意见予以列明，并就其采纳或不采纳当事人意见的理由予以公开。

三、现代型诉讼程序的制度充实

(一)代表人诉讼的制度充实

首先，就受通知权的保障而言，建议增加对当事人的送达方式，譬如法院可以通过电视、网络、报纸等多种媒介对诉讼系属信息予以公开，并通过网络在线征集当事人的信息。其次，代表人诉讼在加入制的基础上，引入退出机制，即为当事人提供二次选择的机会，其时间节点放置在代表人与对方当事人达成调解或者法院作出裁判前为宜。最后，法律应明确代表人的选任条件，尤其要凸显其代表性和典型性，具体而言，其应具有充分、公正地维护被代表人利益的能力，其提出的诉讼请求和主张应具有代表性。

（二）示范性诉讼的制度充实

在示范诉讼中，即便未参加示范诉讼的当事人没有亲自行使举证、辩论的诉讼权力，也要受到示范判决结果（对共同问题的认定）的拘束，这种旨在追求纠纷一次性解决的程序安排，极有可能引发公正与效力之间的冲突。为缓解此种冲突，通过一定的制度设计为未参加示范诉讼当事人提供程序保障，就显得很有必要。但与此同时，还应注意防范因过度程序保障而产生诉讼拖沓的问题。一个典型的反例是，德国法允许所有平行诉讼的当事人作为附带传唤人参加示范诉讼的审理，使得几乎所有潜在的原告都毫无例外地参加了诉讼，以致案件的审理负担过重，诉讼进程也变得异常拖沓。[①]

为避免类似现象继续上演，我国在对未参加示范诉讼事人提供听审请求权保障的同时，应在程序公正与诉讼效率之间谋求平衡。在这种思路上，我国"东方电子案"中的相关做法值得推广。首先，事前的知悉权保障。示范诉讼启动后，让律师负责通知其代理案件中未参加示范诉讼的当事人，使其及时获取这一信息，若其对该程序启动有异议，可声明退出；反之，其需受示范判决的拘束。其次，事后的救济权保障。在示范判决作出后，未参加示范诉讼的当事人如发现示范诉讼的原告与被告存在通谋行为，或原告忽视了对示范诉讼具有显著意义的事实或证据而侵犯其未合法权益时，既可在判决生效前向受诉法院提出异议，也可以在判决生效后另行提起第三人撤销之诉。[②]

从根本上讲，示范诉讼程序的设计理念，就是在程序公正和纠纷解决效率之间谋求一种衡平。因此，我国在证券群体纠纷领域建

---

① 参见吴泽勇：《〈投资者示范诉讼法〉：一个群体性法律保护的完美方案？》，载《中国法学》2010 年第 1 期。

② 参见肖建华、李美燕：《示范诉讼对解决航班延误纠纷的启示》，载《河南财经政法大学学报》2013 年第 6 期。

立示范诉讼制度时，既要为示范判决效力的扩张提供具体的制度支持，以实现证券群体纠纷的一次性解决；同时也要为未参加示范诉讼当事人设置最低限度的程序保障，以防止因示范诉讼当事人的不当行为而使其权益受损。

第三节　加强听审请求权的司法适用

一、听审请求权司法适用之必要性

作为一种客观价值秩序，基本权利的法律效力对所有国家机关均具有拘束力，即它不仅拘束立法机关、行政机关的职权行为，而且拘束司法机关所从事的司法裁判行为。[1] 这一点对听审请求权同样适用。换言之，听审请求权保障原则对司法活动同样具有拘束力。人们或许会产生如下疑问：既然立法机关在制定或修改程序法时已将听审请求权保障理念"灌注"在具体制度之中，当事人凭借这些具体制度即可实现其合法权利，为何还需要其发挥法解释功能呢？

然而，将听审请求权进行司法适用有其内在的必要性。首先，法律制度的具体运行离不开受诉法院的配合。试想一下：即便立法者制定的关于保障听审请求权的法律条文再具体、明确，但司法机关在审判案件时却拒不适用，当事人的程序性权利也无法实现。因此，为满足听审请求权保障原则的基本要求，除立法者在从事立法活动时需对其进行必要考量外，法院在审理案件时也应对其予以贯彻。[2] 其次，既有法律规定的冲突和漏洞，也需要司法机关运用听审请求权保障原则予以协调和填补。无数的经验已经表明，无论立法机关在立法时考虑得如何周全，也无论其为法律的完备性付出了

---

① 参见吴庚：《宪法的解释与适用》，台湾三民书局股份有限公司 2004 年版，第 149 页。

② 参见许士宧：《2013 年民事程序法发展回顾：家事及民事裁判之新发展》，载《台大法学论丛》2014 年 11 月第 43 卷特刊。

多少艰苦卓绝的努力，都不可能制定出一部没有法条冲突或穷尽规制现实中所有情形的民事程序法典。这是由人类认知能力固有的局限性和法律规范本身的滞后性所决定的。事实上，即便在对听审请求权保障设立了较为完备之法律体系的国家及地区，相关法律规定依然会存在法律冲突或漏洞的情形，而必须依赖听审请求权保障原则的法解释功能予以"填充"。譬如，在德国非讼事件法对听审请求权未进行明确规定以前，德国联邦宪法法院便开始直接依据听审请求权保障原则审理非讼案件了，并最终促使其非讼程序法作出了相应的完善。一个更有说服力的例证是，在英美法系国家，虽然关于听审请求权的成文法规定比较粗疏，但由于法院在裁判案件时非常注重发挥正当程序原则的法解释功能，也能对听审请求权进行充分的保障。

就我国而言，民诉法关于听审请求权保障的规定非常粗疏，而短期内相关法律又无法及时修订，因此，我国急需发挥听审请求权保障原则的法解释功能，即由法院直接依据该原则裁判案件，以弥补法律的漏洞与不足。鉴于此，本文认为，我国民事诉讼程序对听审请求权保障原则的贯彻，不仅应关注其对立法的指导意义，而且要注重发挥其法解释功能。

二、听审请求权的具体司法适用

按照法律解释的一般规则，只有在法律漏洞或法律冲突的情形下，法院才可直接适用法律原则裁判案件。同样，作为一种程序法原则，听审请求权在司法适用时也应遵循这一规律。

（一）法律漏洞情形下的司法适用

在我国，法官说理不清或逻辑前后矛盾以及法官违反释明义务造成裁判突袭等情形，并不属于二审和再审程序的启动事由。因此，如果当事人此为理由提起上诉或再审时，法院往往不予支持。但是，如果将新《民事诉讼法》第 12 条解读为听审请求权保障原则的话，此二者均可归于严重违反民诉法第 12 条的情形，进而成为二审和再审程序的"治愈对象"。

在具体路径上，二审法院可选取新《民事诉讼法》第 170 条第 1

款第 4 项的规定作为解释依据。该条款规定："原判决遗漏当事人
或者违法缺席判决等严重违反法定程序的，裁定撤销原判决，发回
原审人民法院重审。"其中，"等严重违反法定程序"可解读为与"原
判决遗漏当事人"、"违法缺席判决"具有同等性质的程序瑕疵，而
结合新《民事诉讼法》第 12 条规定，这类程序瑕疵还应包括法院未
对当事人进行合法送达、法院违反审酌义务对当事人陈述意见不予
回应的行为，法院违反释明义务对当事人造成突袭性裁判的行为，
以及法院适用证据失权规定错误的行为。而在再审程序中，法院可
将新《民事诉讼法》第 200 条第 9 项作为扩大程序性再审事由的"突
破口"。按照该条文规定，"违反法律规定，剥夺当事人辩论权利"
的程序瑕疵可作为再审事由。在这里，"违反法律规定"应指违反
民事诉讼法的强制性规定，而非训示性规定。至于如何判断某一法
条属于强制性规定还是训示性规定，需结合法条的表述、违法行为
对程序公正的影响程度以及诉讼效率价值予以综合考量。譬如，法
院无正当理由频繁打断当事人及诉讼代理人发言的行为，就是对强
制性规定的违反；而如果法院仅是没有遵循法庭询问顺序，则是违
反训示性规定的行为。①

　　事实上，对于该条款中的"剥夺当事人辩论权利"，《审监解
释》第 15 条早已进行过细化，将根本不允许当事人陈述意见、不
当限定当事人陈述意见的时间、不当制止或打断当事人发言以及为
向当事人送达起诉状或上诉状副本等内容作为其典型行为予以列
举。在此基础上，我国诉讼法学者对"剥夺当事人辩论权利"的含
义进行了扩张，将剥夺诉讼代理人的辩论权、因不合法送达导致当
事人未能行使辩论权、法院未经开庭审理而作判决、法院遗漏法庭
辩论环节而又未予以补救、法院审理案件未使用规定的语言文字或
未给当事人提供翻译等行为，也解读为"剥夺当事人辩论权利"的

---

①　参见刘学在：《违法剥夺当事人辩论权的含义和表现》，载《人民法院
报》2009 年 12 月 15 日，第 005 版。

具体情形。① 这种解读思路已经将侵犯当事人受通知权、陈述权囊括进了辩论权的统摄范围。应当说，这种解读思路对我们运用听审请求权保障原则解释程序性再审事由作出了有益探索，也指明了前进方向。沿着这一方向，本书认为，还应根据新《民事诉讼法》第12条规定，将法官不履行审酌义务、突袭裁判以及错误适用证据失权规定等行为，也解释为"剥夺当事人辩论权利"的具体情形。如此一来，当事人即可通过既有再审程序救济其听审请求权，而原审法院的程序瑕疵也可得以治愈，从而维护审判的正统性。换言之，这种解释路径能充分发挥听审请求权的主观防御权功能，进而增强我国辩论原则（听审请求权保障原则）的实质拘束力，从而有利于维护司法的权威性和公信力。

此外，对于非讼程序，在我国现行法还未明确规定听审请求权保障的具体条文之现状下，审判法官完全可以根据新《民事诉讼法》第12条规定裁判案件，以确保程序相关人和第三人能够实现其受通知权、陈述权、意见审酌请求权以及突袭裁判禁止请求权。事实上，我国司法实践中也已经产生了类似做法，即法官直接运用听审请求权保障原则（正当程序、程序参与权）来保障当事人的程序性权利。这一点通过列举以下三则案例即可说明。

案例18：在"浙江安吉法院裁定平安银行杭州分行诉中科迈高公司担保物权纠纷案"中，审判法官指出："在我国民事诉讼法中，没有对实现担保物权中如何确定优先债权数额进行规定。而优先债权数额的确定，涉及被申请人的利益，应当通过一定程序确定。没有明文规则，只能按照原则来规范程序，而此处应用的原则应当为正当程序原则。正当程序有两个基本准则：一是任何人不能当自己案件的法官；二是所有法官必须同时听取原告和被告的陈述与申辩。陈述与申辩前应给予当事人准备的时间。实现担保物权案件属于特别程序，应当在立案之日起三十日内审结，陈述与申辩前的准备时间应从整个程序三十日的时间长度和案件本身的性质、难度等

---

① 参见刘学在：《违法剥夺当事人辩论权的含义和表现》，载《人民法院报》2009年12月15日，第005版。

因素来考量，三至五天应该是比较恰当的时间。之后让双方进行陈述与申辩，此时的形式以听证比较恰当，但不排除其他方式让双方来陈述与申辩。"①

　　本案涉及实现担保物权程序中如何确定优先债权数额的问题，由于现行法没有对相关具体程序进行明确规定，审判法官只能根据正当程序原则，赋予当事人就优先债权数额陈述意见的机会，并给予其三至五天的准备时间。这种做法能够弥补现行法的制度漏洞，有利于确保当事人的程序主体地位，进而提升司法裁判的可接受性。虽然这则案例并未引用我国新《民事诉讼法》第12条规定，但是其关于正当程序原则的论述与听审请求权保障原则所强调的核心内容并无不同，因此，我们完全可以将其作为听审请求权保障原则之司法适用的一个范例。

　　案例19：在"深圳平安投资担保有限公司诉陈某申请实现担保物权案"②中，法官认为："实现担保物权案件属于非诉程序，是在当事人没有实质性争议前提下快速实现担保物权的程序规定。本院通过申请人提供的联系方式及地址未能向被申请人送达申请书、应诉及举证通知书、传票等法律文书，而本案涉及实体权利处分，担保物价值高，应保障被申请人的知情权和程序参与权。被申请人未到庭陈述相关事实，如仅进行简单的书面审查，难以判断当事人间是否存在实质性争议；如公告送达不仅有悖高效、低成本实现担保物权的程序目的，且公告送达系拟制送达，被申请人即使对裁定不服也难以在公告到期后依法提出异议，其权利救济难度较大。故本案不宜适用申请实现担保物权特别程序审查，应当裁定驳回申请人的申请，申请人可向有管辖权的人民法院提起诉讼。"

　　案例20：在"中国某某银行股份有限公司黔西县支行申请实现

<hr>

①　引自《浙江安吉法院〔2013〕湖安商特字第1号民事裁定书》，法宝引证码，CLI. C. 1439065。

①　引自《浙江安吉法院〔2013〕湖安商特字第1号民事裁定书》，法宝引证码，CLI. C. 1439065。

②　引自《江苏省扬州市邗江区人民法院〔2017〕苏1003民特8号民事裁定书》，法宝引证码，CLI. C. 38431224。

担保物权案"①中，法院认为："被申请人杨某某、涂某某于 2015 年 5 月 27 日经本院调解离婚。被申请人杨某某未在申请人提供的地址居住，根据申请人提供的电话号码，本院多次拨打均未能接通，被申请人涂某某亦不能提供被申请人杨某某的准确住址，导致本院无法向被申请人杨某某送达实现担保物权的申请材料及诉讼文书，在被申请人杨某某下落不明的情况下，为保障被申请人的知情权和程序参与权，对申请人的申请，本院不予支持。"

在这两个案例中，法官排除了公告送达方式在非讼程序中的运用，二者给出的理由具有一致性，即实现担保物权程序对当事人的实体权益影响较大，如果采用公告送达这一拟制送达方式，将不利于维护当事人的知悉权和诉讼参与权（听审请求权），也不利于当事人通过事后程序保障机制救济其合法权益。在这一裁判思路中，法官显然是运用了听审请求权保障原则，并对非讼程序的送达方式进行了筛选。这一思路合理协调了非讼程序的效率价值和听审请求权保障之间的冲突，对未来我国法官直接运用听审请求权保障原则裁判案件具有较大的启示意义。

（二）法律冲突情形下的司法应用

按照我国新《民事诉讼法》第 65 条第 3 款规定，当事人要想成功启动第三人撤销之诉，必须举证证明三个要件事实的存在：其一，他属于 65 条第 1 款和第 2 款所规定的第三人；其二，他因不可归责于己的事由而未参加原审裁判；其三，原审裁判错误并侵害了其民事实体权益。从法条的位置上，该条款位于第 65 条第 1 款和第 2 款之后。这两款的目的在于明确第三人的受通知权，进而保障其能够参加双方当事人已经展开的诉讼程序。而第 3 款所规定的第三撤销之诉则是一种为当事人提供的事后救济方法，即为听审请求权受侵犯的第三人提供救济。② 这意味着，只要第三人的听审请

---

① 引自《贵州省黔西县人民法院〔2017〕黔 0522 民特 2 号民事裁定书》，法宝引证码，CLI. C. 42720021。

② 参见张卫平：《中国第三人撤销之诉的制度构成与适用》，载《中外法学》2013 年第 3 期。

求权因不可归责于己的事由受到了侵犯，且原审裁判对其实体权益产生了影响，该当事人即可提起第三人撤销之诉，而不论该裁判是否错误。如此看来，就第三人撤销之诉的启动条件而言，单独按照新《民事诉讼法》第56条第3款进行的文义解读，便与结合前两款规定进行的体系解读产生了冲突。此时，新《民事诉讼法》第12条规定即听审请求权保障原则即可介入，成为上述法律冲突的解释依据。为切实贯彻听审请求权保障原则所体现的程序保障理念，我国法院应对第三人撤销之诉的构成要件采用第二种解读意见。换言之，在审查第三人撤销之诉的启动要件时，法官的主要关注点应在于，第三人是否因不可归责于己的事由而未能参加诉讼以及原审裁判是否损害了其实体权益两个要件，而非原审裁判是否存在部分或全部的内容错误。

当然，限于篇幅，以上分析还仅是围绕一些具有典型性的案例予以展开的。不过，这种分析意在为我国法官利用听审请求权保障原则弥补现有法律规定之不足，提供一种建设性的思路和规范性的操作方法，即便其是建立在"有限样本"的基础上，也不会影响这种分析对我国法官处理相关或类似的案件所具有的参考价值。

在此，需要再次强调的是，程序法规定永远都不可能尽善尽美，而总是存在这样或那样的不足。虽然这种不足往往给司法者造成极大的困扰和麻烦，但同时也为学者和法官带来了解释甚至"创造"程序法的契机。如果我们能够遵循基本的程序法原则，利用规范而科学的法解释学方法，同样可以实现修订法律所带来的效果。

第四节　建立听审请求权保障的约束机制

如上所述，在我国司法实践中，听审请求权保障现状不佳的另一重要原因在于，我国并未对该权利的实现建立约束机制。这具体体现在三个方面：一是，法官并不愿意对当事人积极履行其本应承担的保障义务，以确保听审请求权的顺利实现；二是，现行法并没有为听审请求权提供完善的救济体系，当事人无法通过既有法律途径及时救济其合法权益；三是，法官并不会因为侵犯当事人听审请求权而遭受否定性评价和司法追责，"违法成本"很低。正如张卫平教授指出的那样，"我国民事诉讼法中虽然有关于辩论权的规定，但却未规定辩论权行使的保障机制和法律效果，往往导致司法实践中'你辩你的，我判我的'，当事人的辩论意见并未受到法官的重视，辩论只流于形式。法院只保障当事人能够实施辩论行为，而并没有使当事人的辩论形成对法院裁判有约束作用的机制。当事人享有辩论权实际上更多的是一种政治象征，把辩论权注入政治意蕴，使其在制度层面空洞化，没有实在的保障机制和法律效果，仅留下'辩论'这种单纯的'话语'权利"。① 因此，在听审请求权的主观面向上，我国从强化法官的保障义务、完善权利的救济路径以及明确法官的司法责任等方面，为当事人行使听审请求权建立相应的约束机制。

一、强化法官的保障义务

在听审请求权的主观面向上，当事人享有的具体性权利与受诉法院负有的保障义务构成了"一一"对应的关系。譬如，与当事人的知悉权相对，法院负有受诉通知的义务。在大陆法系国家及地位，受诉法院不仅要为当事人提供陈述意见的机会，而且要履行释明义务以保障当事人能够进行充分而完整的陈述，同时还要对当事人发表的意见负有审酌义务，否则，便会构成对听审请求权的侵犯，进而成为二审或再审程序的启动事由。但是，在我国，受诉法院对当事人之听审请求权的保障意识非常薄弱。以当事人的陈述权（辩论权）为例，我国法院认为，只要让当事人在庭审过程中发表了意见，当事人的辩论权便得到了保障；至于当事人发表的辩论意见是否充分、法官对当事人陈述的意见是否进行了斟酌，则在所不问。因此，我国应通过职业培训的方式提升法官对听审请求权的保障意识，进而强化其所应肩负的保障义务。

---

　　① 张卫平：《转换的逻辑——民事诉讼体制转型分析》，法律出版社2007年版，第152页。

二、完善权利的救济途径

(一)建立当事人程序异议制度

对于那些听审请求权损害轻微的案件，譬如，法院因疏忽期间未合法送达、将文件放错案卷的"故障案件"，法院因疏忽遗漏当事人的诉讼请求或错误计算赔偿金额的"错误案件"，以及法院未及时履行提示义务而使当事人充分行使陈述权的"指示案件"，我国应建立当事人异议制度，以保障当事人能够在同一审级程序救济其听审请求权，而不必再启动二审或再审程序。对于当事人就上述侵害听审请求权的行为提出的程序异议申请，原审法院应进行审查，理由成立的，需要重新启动法庭辩论程序；理由不成立的，可以作出驳回异议申请的裁定。

(二)扩大听审请求权的救济范围

我国应在立法上将当事人受通知权受侵犯的情形、意见审酌请求权受侵犯的情形、法院未履行释明义务造成突袭性审判的情形以及证据失权规定适用错误的情形纳入二审事由。此外，立法机关也应将意见审酌请求权受侵犯、法院未履行释明义务造成突袭性审判以及证据失权规定适用错误等程序瑕疵作为再审程序的启动事由。

但需要明确的是，当事人只要通过任一法律途径对其听审请求权完成了救济，就丧失了提起其他救济途径的机会。原因在于，听审请求权的保障并不具有审级利益，因此该权利并不一定非得经过多层审级法院的救济。不过，对于一审或二审程序中产生的侵犯听审请求权行为，再审法官应撤销原审裁判、发挥重审，而不能径直通过给予当事人发表意见的机会这一补救措施，对原有程序瑕疵予以治愈，原因在于，原审程序所作裁判已经生效，为维护审判的正当性和司法的权威性，再审程序必须对其予以撤销。

(三)删除第三人撤销之诉中的实体要件

为充分保障当事人的听审请求权，突显第三人撤销之诉应有的制度目的，我国民事诉讼法应将原审裁判内容错误从第三人撤销之诉的启动要件中祛除。这意味着，对于当事人提起的第三人撤销之诉，法院只需审查其原告主体资格、未参加原审诉讼是否具有不可归责于己的事由、以及裁判结果是否对其合法权益造成损害即可。

三、明确法官的司法责任

在英美法系国家，侵犯当事人听审请求权属于司法追责的一种情形，即法院如果不当限制或剥夺了当事人参与诉讼并发表意见的机会，将违反司法裁判的行为规范，并可以对其作出司法惩戒。虽然我国目前也建有司法责任追究机制，但其主要侧重于错案追究，即对裁判结果错误的法官才追究司法责任，而没有将严重的程序瑕疵行为纳入其规制的范围。也就是说，我国的司法责任追究机制是一种以结果为导向的责任追究方式。但问题在于，裁判结果的准确性与否往往很难进行客观化的判断，即存在认定上的困难。因此，有学者主张，我国的司法责任追究机制应由结果导向转变为行为导向，将不端的司法裁判行为作为追究司法责任的衡量标准。[1] 对此观点，本书非常赞同，因为它更加符合司法的运行规律，且更具有可操作性。在此情形下，我们也可以将侵犯当事人听审请求权的行为作为法官承担司法责任的一种具体事由。这样一来，法官在裁判案件的过程中便不会在对当事人的听审请求权保障"置若罔闻"，而会更积极地履行相应的保障义务，从而大大提升听审请求权的约束性。

当然，为保障法院能够独立自主地行使裁判权，并为其提供必要的自由裁量空间，并不能将所有侵犯当事人听审请求权的行为，均纳入司法责任的规制范围。考虑到规范司法行为与保持法官独立两种目的之间的协调，这种关于听审请求权侵犯而引发的司法责任应限制在严重程序瑕疵的范围，譬如，根本没有给予当事人参与诉讼程序并表达意见的机会、未履行释明义务造成突袭裁判、裁判理由说理明显存在逻辑前后不一致等情形，并且法官对这种程序瑕疵具有主观的故意或重大过失。因此，对于那些因为法官疏忽而造成遗漏当事人陈述、将当事人归入其他诉讼的案卷、裁判文书出现文

---

① 参见王迎龙：《司法责任语境下法官责任制的完善》，载《政法论坛》2016 年第 5 期。

字错误或表述错误等轻微程序瑕疵，则不应成为司法责任的追究理由。如此安排，既不会影响法官正常的司法裁判活动，也不致衍生出司法机关肆意侵犯听审请求的现象。

本 章 小 结

为保障听审请求权之客观功能的有效发挥，我国应在法律层面确立听审请求权的程序法原则地位。但由于我国并无关于听审请求权保障的宪法表述，且缺乏解释宪法规范的有权机关，因此很难通过听审请求权的宪法化路径明确其程序法基本原则的地位。但庆幸的是，我国新《民事诉讼法》第12条规定的辩论原则，无论在核心意涵，还是在法律属性，抑或是在基本功能上，均与听审请求权保障原则具有耦合性。虽然学者们大多主张将我国辩论原则直接改造为大陆法系的辩论主义原则，然而，与辩论主义意在划分诉讼资料之提出责任不同，我国辩论原则更多的是在强调当事人就裁判重要事项发表意见的权利，使得二者具有本质上的不同。基于此，不若将我国辩论原则扩张解释为听审请求权保障原则，即在其固有含义的基础上将受通知权、意见审酌请求权以及突袭裁判禁止请求权也纳入其概念范围。当然，这绝不意味着，本书要否定我国对辩论主义的引入，而是主张"另辟蹊径"，即通过一系列具体制度的建设来逐步确立辩论主义的程序法原则地位。事实上，这一引入路径既符合德国法上的经验，也是目前我国立法机关正在极力践行的做法。

一旦我国确立了听审请求权的程序法原则地位，其在客观面向上的功能便能得以有效发挥。首先，我国立法机关可以按照该法律原则的基本要求，对民事诉讼程序、非讼程序以及现代型诉讼程序中的制度进行构造，以充实听审请求权的程序保障；其次，我国司法机关在民诉法存在漏洞或冲突的情形下，可以直接运用该程序法原则进行"拾遗补缺"。当然，无论是立法机关还是司法机关，其在贯彻听审请求权保障原则时，均应注意该原则与其他程序法原则之间的关系协调。在发生价值冲突的情形下，立法者与司法者应依照比例原则予以衡平。

　　此外，针对听审请求权在主客观面向之实现路径受阻的现象，我国应为当事人行使主观请求权建立必要的制约机制。具体措施分为以下三点：首先，强化法官对听审请求权负有的保障义务；其次，完善听审请求权的救济路径；最后，明确法官侵犯当事人听审请求权的司法责任。

结　语

在现代法治国家，程序保障与依法审判共同构成了司法审判的正当性基础。换言之，法院所作裁判之所以能够拘束当事人的正当化根据之一，便是当事人受到了必要的程序保障。作为程序保障理念中最核心的内容，听审请求权保障显得尤为重要，因此很多国家均非常重视对当事人听审请求权的保障。

在经历宪法化与国际化运动以后，听审请求权在世界范围内获得了程序基本权利的地位，从而拥有了客观价值秩序和个人主观权利两种面向。作为一种客观价值秩序，听审请求权对国家机关的所有职权行为均具有拘束力；而作为一项个人主观权利，它可以赋予权利人以主观请求权，要求受诉法院为或不为一定的行为。具体到民事诉讼领域，听审请求权的双重面向则表现在两个方面：一来，它是一项程序法基本原则，因此民事诉讼程序的架构以及相关法律规定的解读均应受其约束；二来，它是一项程序性权利，当事人可依据这一权利向受诉法院提出请求，而受诉法院必须按照该请求履行相应的义务。

在两种不同的面向上，听审请求权具有不同的功能。在客观面向上，它不仅对民事诉讼程序的架构发挥着立法指引作用，而且对程序法规定的适用发挥着合宪性解释功能。在主观面向上，它具有防御权功能，使诉讼参与人可以在权利受损时启动特定的救济程序，排除不法侵害。

根据听审请求权不同的面向及功能，法治发达国家为该程序性权利的实现提供一个周密而完备的保障体系。首先，立法机关在法律层面通过设立具体的诉讼制度，为听审请求权的实现提供制度和程序上的保障；其次，在法律规定出现漏洞与冲突时，作为程序法原则的听审请求权可被直接适用于司法审判，发挥其"拾遗补缺"
作用；最后，在具体案件中，如果法院因疏忽或故意没有履行相关
义务，违反了法律规定，当事人可依据听审请求权的防御权功能，
启动救济程序以救济其合法权益。

但反观我国，虽然民诉法为听审请求权提供的制度保障已经粗
具规模，却依然存在很多不足。从现行法规定看，立法者为听审请
求权设置的事前保障制度还存在不充分、松散化以及协调性差的问
题，所设计的事后保障制度也具有不周延、不及时和门槛高的不
足。在司法实践中，粗疏式送达、选择性说理，突袭性裁判等严重
侵犯当事人听审请求权的现象时有发生，但是，听审请求权的救济
渠道又十分不畅，使当事人无法通过既有路径有效维护其合法权
益。简言之，我国听审请求权在客观和主观面向上的实现路径均受
阻碍。而以上两种实现路径之所以受阻，一方面是因为，我国未在
民事诉讼领域确立听审请求权的程序法原则地位，致使其立法指导
功能和法解释功能无法发挥；另一方面是因为，我国没有建立起相
应的约束机制，使受诉法院不愿积极履行对听审请求权的保障义
务，且不会因此而遭受否定性评价和司法追责。

为保障听审请求权之客观功能的有效发挥，我国首先应在法律
层面确立听审请求权的程序法原则地位。在具体路径上，不若将我
国新《民事诉讼法》第 12 条规定的辩论原则扩张解释为听审请求权
保障原则，即在其固有含义的基础上将受通知权、意见审酌请求权
以及突袭裁判禁止请求权也纳入其概念范围。

一旦我国确立了听审请求权的程序法原则地位，其在客观面向
上的功能便能够得以有效发挥。首先，我国立法机关可以按照该法
律原则的基本要求，对民事诉讼程序、非讼程序以及现代型诉讼程
序中的制度进行构造，以充实听审请求权的程序保障；其次，我国
司法机关在民诉法存在漏洞或冲突的情形下，可以直接运用该程序
法原则进行"拾遗补缺"。当然，无论是立法机关还是司法机关，
其在贯彻听审请求权保障原则时，均应协调好它与其他程序法原则
之间的关系。在发生价值冲突的情形下，立法者与司法者应依照比
例原则予以衡平。

　　此外，针对听审请求权在主客观面向之实现路径受阻的现象，我国应为当事人行使主观请求权建立必要的制约机制。具体措施包括三点：一是，强化法官对听审请求权负有的保障义务；二是，完善听审请求权的救济路径；三是，明确法官在侵犯当事人听审请求权时负有的司法责任。

参 考 文 献

一、专著

[1]王亚新. 社会变革中的民事诉讼[M]. 北京：北京大学出版社，2014.

[2]张卫平. 程序公正实现中的冲突与衡平[M]. 成都：成都出版社，1993.

[3]范愉. 集团诉讼问题研究[M]. 北京：北京大学出版社，2005.

[4]沈冠伶. 诉讼权保障与裁判外纠纷处理[M]. 北京：北京大学出版社，2008.

[5]徐亚文. 程序正义论[M]. 济南：山东人民出版社，2004.

[6]沈冠伶. 新世纪民事程序法制之程序正义与权利救济[M]. 台北：元照出版有限公司，2012.

[7]史庆璞. 美国宪法理论与实务[M]. 台北：三民书局有限公司，2007.

[8]陈荣宗，林庆苗. 民事诉讼法：上册[M]. 台北：三民书局有限公司，2005.

[9]林钰雄. 刑事诉讼法：上册[M]. 北京：中国人民大学出版社，2005.

[10]陈清秀. 行政诉讼法[M]. 北京：法律出版社，2016.

[11]许士宦. 争点整理与举证责任[M]. 台北：新学林股份有限公司，2012.

[12]沈冠伶. 诉讼权保障与裁判外纠纷处理[M]. 北京：北京大学出版社，2008.

[13]姜世明. 民事程序法之发展与宪法原则[M]. 台北：元照出版

有限公司，2003.

［14］刘敏. 裁判请求权研究：民事诉讼的宪法理念［M］. 北京：中国人民大学出版社，2003.

［15］法治斌，董保城. 宪法新论［M］. 台北：元照出版公司，2004.

［16］邱联恭. 司法之现代化与程序法［M］. 台北：三民书局有限公司，1992.

［17］骆永家. 民事诉讼法［M］. 台北：三民书局有限公司，1999.

［18］邱联恭. 程序选择权论［M］. 台北：三民书局有限公司，2000.

［19］姜世明. 民事诉讼法基础论［M］. 台北：三民书局有限公司，2003.

［20］刘学在. 民事诉讼辩论原则研究［M］. 武汉：武汉大学出版社，2007.

［21］任凡. 听审请求权研究［M］. 北京：法律出版社，2011.

［22］吴庚. 宪法的解释与适用［M］. 台北：三民书局股份有限公司，2004.

［23］张翔. 德国宪法案例选释［M］. 北京：法律出版社，2012.

［24］陈瑞华. 程序正义理论［M］. 北京：中国法制出版社，2010.

［25］许宗力. 宪法与法治国行政［M］. 台北：元照出版有限公司，2007.

［26］王泽鉴. 民法思维：请求权基础理论体系［M］. 北京：北京大学出版社，2009.

［27］丁启明. 德国民事诉讼法［M］. 厦门：厦门大学出版社，2016.

［28］陈荣宗. 民事诉讼法：上册［M］. 台北：三民书局有限公司，2005.

［29］王甲乙，杨建华，郑健才. 民事诉讼法新论［M］. 台北：三民书局有限公司，2003.

［30］陈计男. 民事诉讼法论：上册［M］. 台北：元照出版有限公司，2004.

[31]许士宦．新民事诉讼法[M]．北京：北京大学出版社，2013.

[32]张文显．二十世纪西方法哲学思潮研究[M]．北京：法律出版社，2001.

[33]张卫平．诉讼的架构与程式[M]．北京：清华大学出版社，2000.

[34]汤维建．正当的法律程序与美国的民事司法[M]．北京：中国法制出版社，2001.

[35]谢怀轼．德意志联邦共和国民事诉讼法[M]．北京：中国法制出版社，2001.

[36]王亚新．对抗与判定：日本民事诉讼的基本结构[M]．北京：清华大学出版社，2002.

[37]许士宦．争点整理与举证责任[M]．台北：新学林股份有限公司，2012.

[38]张文显．法理学[M]．北京：北京大学出版社，1999.

[39]任凡．听审请求权研究[M]．北京：法律出版社，2011.

[40]邱联恭．程序制度机能论[M]．台北：三民书局有限公司，1996.

[41]刘显鹏．民事诉讼当事人失权制度研究[M]．武汉：武汉大学出版社，2013.

[42]陈新民．德国公法学基础理论：下册[M]．济南：山东人民出版社，2001.

[43]吴庚．行政法之理论与实用[M]．北京：中国人民大学出版社，2005.

[44]姜世明．概介法国第三人撤销诉讼、任意诉讼及部分程序争议问题[M]．台北：元照出版有限公司，2009.

[45]江伟．民事诉讼法专论[M]．北京：中国人民大学出版社，2005.

[46]赵钢，占善刚，刘学在．民事诉讼法：第3版[M]．武汉：武汉大学出版社，2015.

[47]全国人大常委会法制工作委员会民法室．中华人民共和国民事诉讼法解读[M]．北京：中国法制出版社，2012.

[48]奚晓明.《中华人名共和国民事诉讼法》修改条文理解与适用
[M].北京：人民法院出版社，2012.

[49]张卫平.最高人民法院民事诉讼法司法解释要点解读[M].北
京：中国法制出版社，2015.

[50]刘学在.民事诉讼辩论原则研究[M].武汉：武汉大学出版
社，2007.

[51]张卫平.转换的逻辑：民事诉讼体制转型分析[M].北京：法
律出版社年版，2007.

[52]谢立斌.宪法解释[M].北京：中国政法大学出版社，2014.

[53]江伟.民事诉讼法典专家修改建议稿及立法理由[M].北京：
法律出版社，2008.

[54]全国人大常委会法制工作委员会民法室.《中华人民共和国民
事诉讼法》释解与适用[M].北京：人民法院出版社，2012.

[55]全国人大常委会法制工作委员会民法室.《中华人民共和国民
事诉讼法》条文说明、立法理由及相关规定[M].北京：北京
大学出版社，2012.

[56]周道鸾.民事诉讼法教程[M].北京：法律出版社，1988.

[57]王怀安.中国民事诉讼法教程[M].北京：人民法院出版
社，1992.

[58]白绿铉.日本民事诉讼法典[M].北京：中国法制出版
社，2000.

[59][日]谷口安平.程序的正义与诉讼[M].王亚新，刘荣军译
注.北京：中国政法大学出版社，2002.

[60][德]奥特马·尧厄尼希.德国民事诉讼法[M].周翠译注.北
京：法律出版社，2003年版.

[61][德]卡尔·拉伦茨.法学方法论[M].陈爱娥译注.北京：商
务印书馆，2003.

[62][日]新堂幸司.新民事诉讼法[M].林剑锋译注.北京：法律
出版社，2008.

[63][美]E.博登海默.法理学：法律哲学与法律方法[M].邓正
来译注.北京：中国政法大学出版社，2004.

[64][意]莫诺·卡佩莱蒂．当事人基本程序保障权和未来的民事诉讼[M]．徐昕译注．北京：法律出版社，2000．

[65][美]约翰·V. 奥尔特．正当法律程序简史[M]．杨成明，陈霜玲译注．北京：商务印书馆，2006．

[66][美]斯蒂文·N. 苏本．民事诉讼法：原理、实务与运作环境[M]．傅郁林译注．北京：中国政法大学出版社，2004．

[67][德]汉斯-约阿希姆·穆泽拉克．德国民事诉讼法基础教程[M]．周翠译注．北京：中国政法大学出版社，2005．

[68][美]迈克尔·D. 贝勒斯．程序正义：向个人的分配[M]．邓海平译注．北京：高等教育出版社，2005．

[69][意]莫诺·卡佩莱蒂．比较法视野中的司法程序[M]．徐昕译注．北京：清华大学出版社，2005．

[70][德]米夏埃尔·施蒂尔纳．德国民事诉讼法学文萃[M]．赵秀举译注．北京：中国政法大学出版社，2005．

[71][日]中村英郎．新民事诉讼法讲义[M]．陈刚译注．北京：法律出版社，2001．

[72][英]J. A 乔罗威茨．民事诉讼程序研究[M]．吴泽勇译注．北京：中国政法大学出版社，2008．

[73][美]卡多佐．司法过程的性质及法律性质的成长[M]．张维译注．北京：北京出版社，2012．

[74][英]彼得·斯坦，约翰·香德．西方社会的法律价值[M]．王献平译注，北京：中国人民公安大学出版社，1990．

[75][德]罗森贝克，施瓦布，戈特瓦尔德．德国民事诉讼法[M]．李大雪译注，北京：中国法制出版社，2007．

[76][日]兼子一，竹下守夫．民事诉讼法[M]．白绿铉译注，北京：法律出版社，1995．

[77][日]高桥宏志．民事诉讼法：制度与理论的深层分析[M]．林剑锋译注．北京：法律出版社，2003．

[78][德]康拉德·黑塞．联邦德国宪法纲要[M]．李辉译注．北京：商务印书馆，2007．

[79][英]丹宁勋爵．法律的正当程序[M]．李克强，杨百揆，刘

庸安译注. 北京: 法律出版社, 1999.

[80][日]棚濑孝雄. 纠纷的解决与审判制度[M]. 王亚新译注. 北京: 中国政法大学出版社, 1994.

[81][日]大沼保昭. 人权、国家与文明[M]. 王志安译注. 北京: 三联书店, 2003.

[82][美]杰弗里·C. 哈泽德等. 美国民事诉讼法导论[M]. 张茂译注. 北京: 中国政法大学出版社, 1998.

[83]Michael Bayles. Principles for legal Procedure. D. Reidel Publishing Company, 1986.

[84]Richard Clayton. Hugh Tomlinson. Fair Trial Rights. Oxford university press, 2001.

[85]Kenneweg. Darstellung und Kritische Würdigung der Rechtsprechung zum Grundsatz des rechtlichen Gehörs unter besonderer Berücksichtigung verfassungsrechtlicher Gesichtspunkte. Diss Münster, 1967.

[86]R Keidel. Der Grundsatz des rechtlichen Gehörs im Verfahren der Freiwilligen. Gerichtsbarkeit, 1964.

[87]Wassermann, Zur Bedeutung. zum Inhalt und zum Umfang des Rechts auf Gehör(Art. 103 Abs, 1 GG). DRiZ, 1984.

[88]Schumann. Die Wahrung des Grundsatzes des rechtlichen Gehors-Dauerauftrag fur das. BVerfG NJW, 1985.

[89]Klaus Stern. Das Staatsrechtdes Bundesrepublik Deutschlands. Band, 1988.

[90]Anja Bruns. Prozessgrundrechte im System des Grundgesetzes. Münster Univ Diss, 2002.

[91]松本博之, 今井貴. 民事訴訟法の立法史と解釈学[M]. 東京: 信山社株式会社発行所, 2015.

[92]中野貞一郎. 民事訴訟法の概要[M]. 東京: 株式会社信山社発行所, 2007.

二、论文集

[1]樊崇义．正当程序断想[A]．樊崇义．诉讼法学研究：第6卷[C]．北京：中国检察出版社，2003.7-8.

[2]陈刚，汪三毛．宪法和民事诉讼程序[A]．陈刚．比较民事诉讼法：2000年卷[C]．北京：中国人民大学出版社，2001.

[3]邱联恭．突袭性裁判[A]．台湾地区民事诉讼法研究基金会．民事诉讼法之研讨：一册[C]．台北：三民书局，1998.

[4]许士宦．民事诉讼上之公平程序请求权[A]．现代国家与宪法[C]．台北：元照出版股份有限公司，1997.

[5]邱联恭．诉讼法理与非讼法理之交错适用[A]．台湾地区民事诉讼法研究基金会．民事诉讼法之研讨：二册[C]．台北：三民书局有限公司，1986.

[6]邱联恭．诉讼法理与非讼法理之交错适用[A]．台湾地区民事诉讼法研究基金会．民事诉讼法之研讨：四册[C]．台北：三民书局有限公司，1986.

[7]张嘉尹．基本权理论、基本权功能与基本权客观面向[A]．当代公法理论：上册[C]．台北：元照出版股份有限公司，2002.

[8]陈爱娥．基本权作为客观法规范：以"组织与程序保障功能"为例检讨其衍生的问题[A]．李建良、简资修．宪法解释之理论与实务[C]．台北："中央研究院"中山人文社会科学研究所，2000.

[9]李建良．基本权利与国家保护义务[A]．李建良．宪法理论与实践[C]．台北：三民书局有限公司，2000.

[10][德]Maurer．法治国家的诉讼法[A]．吴信华译注．Peter Badura、Horst Dreier．德国联邦宪法法院五十周年纪念论文集：下册[C]，台北：联经出版社，2010.

[11][德]彼得·巴杜拉．国家保障人权之义务与法治国家宪法之发展[A]．陈新民．宪法基本权利之基本理论：上册[C]．台北：元照出版股份有限公司，1999.

[12]本間靖規．上告理由と手続保障：ドイツの議論を参考にし

238

て[A]. 本間靖規. 手続保障論集[C]. 东京：株式会社信山社発行所，2015.

[13]本間靖規. 手続保障侵害の救済について：近時の西ドイツの議論を契機として[A]. 本間靖規. 手続保障論集[C]. 东京：株式会社信山社発行所，2015.

三、报纸文章

刘学在. 违法剥夺当事人辩论权的含义和表现[N]. 人民法院报，2009-12-15，（5）.

四、期刊文章

[1]季卫东. 法律程序的意义：对中国法制建设的另一种思考[J]. 中国社会科学，1993(1).

[2]段文波. 程序保障第三波的理论解析与制度安排[J]. 法制与社会发展，2015(2).

[3]张翔. 基本权利的双重属性[J]. 法学研究，2005(3).

[4]姜世明. 论合法听审权：以在民事程序法之实践为中心[J]. 法学丛刊，2002(10).

[5]沈冠伶. 家事非讼事件之程序保障：基于纷争类型审理论及程序法理交错适用论之观点[J]. 台湾大学法学论丛，2013(4).

[6]吴从周. 法律汉字译注语与法律继受：以民事诉讼法上"听审请求权"之形式译注语整合与"突袭性裁判禁止"之原始意涵诠释为例[J]. 成大法学，2005(10).

[7]魏伶娟. 听审侵害案件于民事诉讼程序之救济：从德国经验谈起[J]. 东海法学，2015(4).

[8]刘明生. 辩论主义与协同主义之研究：以德国法为中心[J]. 政大法学评论，2011(8).

[9]邵明. 论民事诉讼程序参与原则[J]. 法学家，2009(3).

[10]许士宦. 民事诉讼之程序权保障：以通常诉讼程序当事人之程序权为中心[J]. 台大法学论丛，2009(4).

[11]陈瑞华. 程序正义的理论基础：评马修的"尊严价值"理论

[J]. 中国法学，2000(3).

[12]孙祥生. 论自然正义原则在当代的发展趋势[J]. 西南政法大
学学报，2006(2).

[13]袁立. 公民基本权利野视下国家义务的边界[J]. 现代法学，
2011(1).

[14]占善刚. 主张责任的具体化[J]. 法学研究，2010(2).

[15]王亚新. 民事诉讼中质证的几个问题：以最高法院证据规定
的有关内容为中心[J]. 法律适用，2004(3).

[16]许士宦. 当事人对于证据之辩论权[J]. 植根杂志，1991(1).

[17]姜世明. 法律性突袭裁判之研究[J]. 万国法律，2000(118).

[18]郑春燕. 基本权利的功能体系与行政法治的进路[J]. 法学研
究，2015(5).

[19]陈荣宗. 审问请求权[J]. 司法周刊，2004(1178).

[20]许士宦. 民事诉讼之程序权保障：以通常诉讼程序当事人之
程序权为中心[J]. 台大法学论丛，2009(4).

[21]郝振江. 德国非讼事件程序法的新发展[J]. 河南省政法管理
干部学院学报，2011(2).

[22]沈冠伶. 家事非讼事件之程序保障：基于纷争类型审理论及
程序法理交错适用论之观点[J]. 台大法学论丛，2006(4).

[23]郝振江. 法国法中的非讼程序及对我国的启示[J]. 河南财经
政法大学学报，2012(2).

[24]郝振江. 论非讼事件审判的程序保障[J]. 法学评论，2014
(1).

[25]蔡进良. 宪法上公平听审权于行政程序中之适用：以欧洲人
权公约为中心[J]. 政大法律评论，2003(70).

[26]吴泽勇. 集团诉讼在德国："异类"抑或"蓝本"？[J]. 法学
家，2009(6).

[27]杨严炎. 群体案件的诉讼形式及其价值取向[J]. 清华法学，
2011(2).

[28]耿利航. 群体诉讼与司法局限性：以证券欺诈民事集团诉讼
为例[J]. 法学研究，2006(3).

[29]郭雳．美国证券集团诉讼的制度反思[J]．北大法律评论，2009(2)．

[30]吴泽勇.《投资者示范诉讼法》：一个群体性法律保护的完美方案？[J]．中国法学，2010(1)．

[31]章武生，张大海．论德国《投资者典型诉讼法》[J]．环球法律评论，2008(3)．

[32]廖福特．欧盟与欧洲人权公约[J]．月旦法学杂志，2000(62)．

[33]郑春燕．基本权利的功能体系与行政法治的进路[J]．法学研究，2015(5)．

[34]张翔．基本权利的受益权功能与国家的给付义务：从基本权利分析框架的革新开始[J]．中国法学，2006(1)．

[35]李震山．程序基本权[J]．月旦法学教室，1996(19)．

[36]沈冠伶．新世纪民事程序法制之程序正义：以民事诉讼及家事程序为中心[J]．台大法学论丛，2012(11)．

[37]魏大喨．诉讼基本权在民事诉讼法之实现[J]．月旦法学杂志，2004(105)．

[38]王锴．宪法上的程序权[J]．比较法研究，2009(3)．

[39]刘敏．论民事诉讼当事人听审请求权[J]．法律科学，2008(6)．

[40]吴泽勇．证明疑难案件的处理之道：从"彭宇案"切入[J]．西部法律评论，2011(5)．

[41]占善刚．我国民事诉讼中当事人缺席规制之检讨[J]．法商研究，2017(6)．

[42]章武生，吴泽勇．论我国缺席判决制度的改革[J]．政治与法律，2002(5)．

[43]舒国滢．法律原则适用的困境：方法论视角的四个追问[J]．苏州大学学报(哲学社会科学版)，2005(1)．

[44]李浩．民事诉讼当事人的自我责任[J]．法学研究，2010(3)．

[45]肖建华．现代型诉讼之程序保障[J]．比较法研究，2012(5)．

[46]郭雳．美国证券集团诉讼的制度反思[J]．北大法律评论，2009(2)．

[47]章武生. 我国证券集团诉讼的模式选择与制度重构[J]. 中国法学，2017(2).

[48]石晓波. 国外证券集团诉讼制度比较研究及启示[J]. 国外社会科学，2012(6).

[49]陈慰星. 群体性纠纷的示范诉讼解决机理与构造[J]. 华侨大学学报(哲学社会科学版)，2015(2).

[50]陈景辉. 比例原则的普遍化与基本权利的性质[J]. 中国法学，2017(5).

[51]杨登峰. 法无规定时正当程序原则之适用[J]. 法律科学，2018(1).

[52]刘明生. 诉讼参加与第三人撤销诉讼程序的研究[J]. 辅仁法学，2013(46).

[53]谭秋桂. 德、日、法、美四国民事诉讼送达制度的比较分析[J]. 比较法研究，2011(4).

[54]王次宝. 论我国民事送达制度的改革路径与方向：以 2015 年《新民诉解释》的相关规定为中心[J]. 上东科技大学学报(社会科学报)，2016(6).

[55]梁开斌，林占发. 法律适用的裁判突袭：兼评《民事诉讼法》第 179 条第 1 款第 10 项再审事由[J]. 华侨大学学报(哲学社会科学版)，2009(2).

[56]吴泽勇. 第三人撤销之诉的原告适格[J]. 法学研究，2014(3).

[57]宋朝武. 民事电子送达问题研究[J]. 法学家，2008(6).

[58]孙光宁. 判决理由的详略之辩：基于判决的可接受性[J]. 广西社会科学，2012(6).

[59]王韶华. 司法公开与审判秘密[J]. 人民司法，2014(5).

[60]龚海南，石珍. 司法实质公开之困境与突围[J]. 人民司法，2014(11).

[61]陈桂明，李仕春. 缺席审判制度研究[J]. 中国法学，1998(4).

[62]李浩. 民事诉讼程序权利的保障：问题与对策[J]. 法商研究，

2007(3).

[63]田平安,蓝冰.德国民事法定听审责问程序[J].金陵法律评论,2007(3).

[64]曹志勋.对民事判决书结构与说理的重塑[J].中国法学,2015(4).

[65]陈杭平."粗疏送达":透视中国民事司法缺陷的一个样本[J].法制与社会发展,2016(6).

[66]刘敏.民事诉讼中当事人辩论权之保障:兼析《民事诉讼法》第179条第1款第10项再审事由[J].法学,2008(4).

[67]霍海红.民事诉讼法理论的中国表达[J].法制与社会发展,2013(4).

[68]张卫平.我国民事诉讼辩论原则重述[J].法学研究,1996(2).

[69]许可.当事人主义诉讼模式在我国法上的新进展[J].当代法学,2016(3).

[70]张桂平,祝庭显.论民事诉讼辩论原则改造的必要性[J].河北法学,2003(6).

[71]刘学在.论辩论原则适用的事实范围[J].法学家,2005(5).

[72]王春.当事人收集证据权利的程序保障研究[J].海南大学学报(人文社会科学版),2005(2).

[73]唐力.司法公正实现之程序机制:以当事人诉讼权保障为侧重[J].现代法学,2015(4).

[74]肖建华,李美燕.示范诉讼对解决航班延误纠纷的启示[J].河南财经政法大学学报,2013(6).

[75]张卫平.中国第三人撤销之诉的制度构成与适用[J].中外法学,2013(3).

[76]杨建,庞正.法律原则与法律规则的界限:以德沃金与阿列克西的原则理论为主线[J].河北法学,2009(11).

[77]刘克毅.法律原则适用与程序制度保障:以民事法为中心的分析[J].现代法学,2006(1).

[78]廖永安.在理想与现实之间:对我国民事送达制度改革的再

思考[J]. 中国法学, 2010(4).

[79]任凡. 论美国法院对听审请求权的保障：从联邦最高法院判例谈起[J]. 法律科学, 2010(6).

[80]张卫平. 诉讼体制或模式转型的现实与前景分析[J]. 当代法学, 2016(3).

[81]任重. 论中国民事诉讼的理论共识[J]. 当代法学, 2016(3).

[82]刘哲伟. 论民事诉讼模式理论的方法论意义及其运用[J]. 当代法学, 2016(3).

[83]王迎龙. 司法责任语境下法官责任制的完善[J]. 政法论坛, 2016(5).

[84]许士宦. 2013年民事程序法发展回顾：家事及民事裁判之新发展[J]. 台大法学论丛, 2014(11).

[85]Lon L. Fuller. The Forms and Limits of Adjudication. Harv. L. Rev, 1978(92).

[86]R. S. Summers. Evaluating and Improving Legal Process-A Plea for "process Values". Cornell L. Rev, 1974(20).

[87]Melvin Aron Eisenberg. Participation, Responsiveness, and the Consultative Process: An Essay for Lon Fuller. Harv. L. Rev, 1978(92).

[88]Martin H. Redish, Lawrence C. Marshall. Adjudicatory Independence and the Values of Procedural Due Process. Yale Law Journal, 1986(95).

[89]Radtke, Hagemeier, Epping, Hillgruber. BeckOK Grundgesetz. Verlag C. H. Beck, 2015(33).

[90]Rosenberg, Schwab. Gottwald. Zivilprozesssrecht. Aufl, 2004(16).

[91]Sachs, Michael. Grundgesetz Kommentar. Aufl, 2007(4).

[92]Kollhosser, Borh, Jacoby. Freiwillige Gerichtsbarkeit. Aufl, 2002(2).

[93]Musielak, Voil. Zivilprozessrdnung. Auflage, 2016(13).

[94]E. Schuman. Bundesverfassungs gericht. Grundgesetz und Zivilproze β, 1983.

［95］K. Schlaich. Das Bundesverfassungsgericht. Aufl，1997(4).

［96］Spellenberg. Drittbeteiligung im Zivilprozess in rechtsvergleichender Sicht. ZZP，1993（106）.

［97］中野貞一郎．公正な手続求あゐ権利［J］．民事訴訟雑誌，1985(31).

［98］中野貞一郎．民事裁判と憲法［J］．講座民事訴訟法，1984（4）.

［99］山本克己．民事訴訟におけるいわゆる"Rechtsgesprach"について［J］．法学論叢，1986(1).

［100］中野貞一郎．民事訴訟ぃぁけゐ憲法的保障［J］．民事訴訟法の争点，1988(31).

五、学位论文

［1］蓝冰．德国民事法定听审请求权研究［D］．重庆：西南政法大学，2008.

［2］侍东波．程序参与及其保障［D］．北京：中国政法大学，2005.

［3］洪慧敏．听审请求权之研究［D］．嘉义：中正大学法律学研究所，2010.

［4］宋建弘．诉讼权之研究：以行政救济制度为中心［D］．台北：政治大学法律学研究所，1999.

［5］马龙．民事诉讼中逾时提出攻击防御方法之规制研究［D］．武汉：武汉大学，2016.

后　记

　　这本小书是以我博士论文为基础修改而来的。回想起来，以听审请求权为题撰写博士论文的想法，完全形成于一次偶然事件。在我攻读博士的第二个年头，一位从事律师工作的好友向我抱怨，实践中有一些法官常常不认真听取当事人及代理律师的陈述意见，在没有采纳当事人观点的情形下也不会给出具体理由，导致当事人并不相信律师已经付出最大的努力，也无法接受最终的判决结果。在安抚好友的同时，我隐约感到这似乎能够成为一个不错的选题。后经检索和梳理案例发现，这种情形在我国实则一种比较常见的司法现象。而这与旨在强调当事人程序主体地位的听审请求权保障理念相去甚远，也不利于维护司法裁判的正当性。于是，便萌生了将听审请求权作为博士论文选题的念头。随即，我向刘学在老师谈及了一些零散的想法和思路。在耐心听完我凌乱且略带激动的陈述后，刘老师肯定了这一选题，并尽一切可能为我提供资料。正是在与刘老师的反复交谈中，我进一步明确了听审请求权的基本内涵，逐渐形成了论文的核心观点和框架结构。

　　即便如此，在论文的书写过程中还是遇到了不小的难题。先是这一选题的跨度较大，其不仅需要运用诉讼法学的理论，也需要具备一定的法理学和宪法学知识，而且这一问题还涉及民事诉讼法的诸多程序与制度，譬如诉讼程序、非讼程序和现代型诉讼程序，二审、再审、第三人撤销之诉等程序，以及送达、庭审、释明和裁判说理等制度。再是外文资料的收集十分周折。听审请求权属于"舶来品"，目前国内对这一问题的研究尚不深入，需要运用大量的外文文献。由于武大图书馆对于德、日两国相关文献的收录十分有限，我不得不多次跑到国家图书馆和中国政法大学图书馆去查询和复印资料，着实费了一番心力。但值得庆幸的是，在刘老师的精心指导下，我最终战胜了种种客观困难，克服了观点反复的痛苦，并顺利完成了博士论文的写作。在本书即将付梓之际，我要对一直关心和支持我的老师、同学以及亲友道一声"感谢"。

首先，要感谢我的授业恩师刘学在教授。多年来，刘老师不仅对我的专业学习予以悉心指导，鼓励我从事自由的学术研究；在生活和工作方面也给了我数不尽的关怀与帮助。就毕业论文写作而言，从文章选题到观点形成再到行文逻辑复到遣词造句，刘老师无不倾注了大量心血。论文初稿完成后，刘老师又一遍遍地为我提供修改意见。当从师兄和师妹那里得知，刘老师在生病住院期间依然在仔细阅读和修改我的博士论文时，内心十分惶恐不安，但也充满了感动与温暖。生活中，刘老师更像一位和善、慈祥的长辈，给予我无微不至的关怀。师母胡振玲老师更是将我们这些学生当成自己孩子看待，怕我们在学校食堂吃不好，每一次聚餐都劝我们多吃点——尽管我早已营养过剩。对于老师和师母的深厚恩情，一声感谢实在过于单薄，惟在今后慢慢报答了。

感谢我的硕士生导师吴泽勇教授，是他为我开启了研习民事诉讼法的大门，并在我的成长道路上给予了无微不至的关怀与帮扶。作为学术事业上的引路人和护航者，吴老师给予我的太多太多，对此我时刻铭记在心，一刻也不敢相忘。

感谢赵钢教授、蔡虹教授、洪浩教授、占善刚教授、蔡杰教授、林莉红教授、陈岚教授、李傲教授在开题和预答辩过程中，对文章提出了非常中肯的修改意见，令我少走很多弯路，也避免了一些严重的错误。

感谢娄奇铭、郝晶晶、刘芳、郑涛、马龙、梁君瑜等师兄师姐，以及马康、柏孟仁、寿媛君、李易玫、胡煜、段阳伟、薛文超、薛丰民、敬力嘉、李京普等同学，为收集资料以及论文的书写提供了大力帮助，同时让我的博士生活变得丰富多彩且充满乐趣。此外，感谢刘鋆师妹、朱良师弟不辞辛劳，为筹备博士答辩程序忙前跑后。

另外，要感谢我的妻子、朋友李洹女士，在我攻读博士期间，她一人承担起照顾整个家庭的重任，使我能够全身心地从事学术研究，同时作为我忠实的读者，她一次又一次地阅读论文初稿，为我提供修改意见。

感谢占善刚教授，他多次为我博士论文的出版寻找契机，并大力向武汉大学出版社推荐我的文章，最终使我得以美梦成真。最后，要感谢武汉大学出版社以及出版社的张欣先生鼎力相助，令书稿能够最终成书。

我深知，尽管已经尽到最大努力来完成人生的第一本专著，但由于自己的学术能力和知识储备极为有限，本书难免会存在一些疏漏。如有不当之处，还请各位方家多多指正！

倪培根
2019 年 6 月 1 日于北京金阳大厦